Dr. Robert Bramson ist Verhaltensforscher und Managementberater. Zu seinen Klienten zählen IBM, die Bank of America und Hewlett-Packard. Er lebt in Oakland, Kalifornien.

Dieses Buch wurde auf chlor- und säurefreiem Papier gedruckt.

Deutsche Erstausgabe September 1996

Titel der Originalausgabe »Coping with Difficult Bosses«

Published by Arrangement with Carol Publishing Group Inc.
Originalverlag A Birch Lane Press Book Published by Carol Publishing Group Inc., New York
Umschlaggestaltung: Agentur Zero, München
Umschlagfoto: Bavaria Bildagentur Gauting/P. King
Satz: Franzis Druck GmbH, München
Druck und Bindung: Elsnerdruck, Berlin
Printed in Germany
ISBN 3-426-83034-5

5 4 3 2

Robert Bramson

Schwierige Chefs und wie man mit ihnen fertig wird

Aus dem Amerikanischen
von Angelika Bardeleben

Knaur

Vorwort

Da ich der Überzeugung war (und bin), daß viele Menschen Probleme im Umgang mit ihren Vorgesetzten haben, schrieb ich vor zehn Jahren *Schwierige Leute und wie man am besten mit ihnen umgeht.* Das Buch veränderte den Charakter meiner Beratungstätigkeit, vor allem da es mir unendlich viele Möglichkeiten gab, mich sehr intensiv mit Vorgesetzten und einer großen Anzahl von Untergebenen zu befassen, die unter schwierigen Chefs zu leiden hatten. In dem vorliegenden Buch berichte ich über Methoden und Techniken, die sich als durchführbar und effektiv erwiesen haben, auch wenn die Aussichten auf eine Veränderung zunächst entmutigend zu sein schienen und es um eine Verbesserung des Verhältnisses zwischen zwei Parteien ging, von denen die eine in der Firmenhierarchie eine Stufe höher gestellt war.

Viele Menschen haben zum Inhalt dieses Buches beigetragen: manche bewußt und direkt, andere eher indirekt und ohne ihr eigenes Wissen.

Meine derzeitigen Partner und Mitarbeiter, Susan Bramson, Lucy Gill, Joanne Smyth-Vartanian und Richard Terrell haben mich mit ihren Einsichten, ihrer Ermutigung und ihren Arbeitsmethoden unterstützt.

Susan, meine Ehefrau und Partnerin bei der Erziehung unserer Kinder (und zugleich meine freimütigste Kritikerin), hat – neben meinen ehemaligen Partnern Allen Harrison und Nicholas Parlette – an der Kategorisierung und Darstellung der verschiedenen Denkstile, die in Kapitel 4 beschrieben werden, mitgewirkt. Lucy, die zudem einen Forschungsauftrag am Palo Alto Mental Research Institute hat, leistete bahnbrechende Arbeit, was die Anwendung systematischer Veränderungstechniken bei chronischen Problemen am Arbeitsplatz angeht. Im Laufe der Jahre hat sie mein Repertoire an wirksamen Techniken im Umgang mit schwierigen Vorgesetzten stark erweitert. Wilson Yandell, mein langjähriger Berater und Mentor, und Walcott Beatty, emeritierter Professor der Psychologie an der San Francisco State University, haben mir immer wieder auf vorbildliche Weise gezeigt, wie wichtig es ist, sich angesichts der Komplexität der zwischenmenschlichen Beziehungen eine kluge und einfühlsame Sensibilität zu bewahren.

Richard Lazarus und Alan Monat haben mich schon früh in meiner Überzeugung unterstützt, daß mein Ansatz zur Verbesserung schwieriger menschlicher Beziehungen von praktischem Nutzen ist, während sie mich gleichzeitig darauf hinwiesen, daß es daneben auch dringend einer deutlicheren Formulierung des wissenschaftlichen Grundprinzips bedurfte. Daraufhin begann ich, den Einfluß verschiedener Denkstile von Managern auf das Verhalten ihrer Untergebenen zu untersuchen und aufzuzeichnen, um dadurch eine breitere theoretische Basis für die Entwicklung wirksamer Techniken im zwischenmenschlichen Umgang zu schaffen.

Meine Ansichten darüber, wie und warum Menschen in schwierigen Beziehungen oft unbewußt genau das Verhalten fördern, unter dem sie dann leiden, wurden durch die Arbeiten systematischer Therapeuten, besonders die von Richard Fisch, John Weakland, Lynn Segal und Steve de Shazer, bereichert.

Diejenigen Abschnitte des Buches, in denen es darum geht, die einzelnen Typen von schwierigen Vorgesetzten zu verstehen, die in den Kapiteln 2 bis 6 beschrieben werden, entstanden aufgrund meiner eigenen Erfahrungen, die ich im Laufe vieler Gespräche mit schwierigen Vorgesetzten gesammelt hatte, sowie unter Berücksichtigung der Erkenntnisse der kognitiven wie der dynamischen Psychologie. Dies soll, um auf George Kellys Formulierung zurückzugreifen, »das Verstehen von innen her« ermöglichen, das dem Betroffenen die Freiheit gibt, Angst oder Empörung zu überwinden und zu effektivem Handeln überzugehen.

Mein besonderer Dank gilt meiner Herausgeberin Gail Kinn, die mir half, dem Manuskript den letzten Schliff zu geben. Meine Freunde im Lektorat, Loretta Barrett und Marilyn Abraham sowie Carol Mann – zwölf produktive Jahre lang meine Freundin und Agentin – ermutigten mich gemeinsam, dieses thematisch passende Folgewerk zu meinem zuvor erschienenen Buch *Schwierige Leute und wie man am besten mit ihnen umgeht* zu schreiben, nach dem offenbar ein Bedarf bestand.

Dank auch an Margaret Smith, die meine kaum leserlichen handschriftlichen Notizen (sogar bei bis zu fünfmaliger Überarbeitung) in ein wundervoll getipptes Manuskript verwandelte und der es stets gelang, Änderungen, die kaum zu entziffern oder übersehen worden waren, kompetent und sauber einzufügen.

Meine Kinder Wendy Waits, Marni Welch, Robert Martin Bramson, Sean Gallaher, Patrick Gallaher und Jeremy Bramson haben mich im Laufe der Jahre immer wieder offen und rückhaltlos auf mein eigenes schwieriges Verhalten hingewiesen und mir insofern ein Feedback gegeben, das jeder, der es sich zur Aufgabe gemacht hat, anderen bei der Bewältigung ihrer eigenen Verhaltensprobleme zu helfen, dringend braucht.

Ein Hinweis zur Verwendung der Geschlechterbezeichnungen in diesem Buch: Wo es machbar war, habe ich versucht, auf die lästigen »er/sie«-Formulierungen zu verzichten, indem ich die Pluralform, oder, falls die Einzahl sinnvoller war, entweder er *oder* sie eingesetzt habe. In jedem Fall sind in allen Fallbeispielen für schwieriges Verhalten sowohl Männer als auch Frauen gemeint, denn weder schwieriges Verhalten noch die Fähigkeit, damit umzugehen, sind die ausschließliche Domäne des einen oder anderen Geschlechts.

Bis auf einige kenntlich gemachte Ausnahmen beschreiben die Beispiele in diesem Buch real existierende Personen. Die Dialoge zwischen schwierigen Vorgesetzten und den Untergebenen, die es schafften, die Beziehung zu ihnen zu verbessern, habe ich wenig später schriftlich festgehalten; sie wurden nur geringfügig modifiziert. Namen, Städte und, sofern es den Wert des Beispiels nicht beeinträchtigte, auch das Geschlecht der Betroffenen sowie die Standorte der Unternehmen wurden geändert, um die tatsächliche Identität sowohl der Vorgesetzten als auch meiner Klienten nicht preiszugeben.

Mein besonderer Dank gilt aber vor allem jenen Klienten, die zwar entmutigt waren, sich aber nicht geschlagen gaben, und die sich bereit erklärten, die in diesem Buch beschriebenen Strategien im Umgang mit ihren eigenen schwierigen Vorgesetzten anzuwenden. Dank auch den Vorgesetzten, die reagierten, indem sie ihr Verhalten positiv veränderten. Ohne sie gäbe es dieses Buch nicht.

1 Einleitung: Worum es beim erfolgreichen Umgang mit schwierigen Chefs geht, und warum sinnvolle Strategien eine bessere Alternative sind als Haß, eine Kündigung oder ein Rückzug nach innen

Wenn Sie noch nie von einem übellaunigen oder unfähigen Vorgesetzten aus der Fassung gebracht, herabgesetzt oder zumindest leicht demoralisiert worden sind, dann zählen Sie zu einer glücklichen Minderheit. Schwierige Vorgesetzte werten ihre Untergebenen ab, machen ihren eigenen Vorgesetzten das Leben schwer und vermindern das Produktivitätspotential der Abteilung, die ihnen untersteht. Nicht alle diese frustrierenden Vorgesetzten sind gleichermaßen bösartig. Manche von ihnen legen im Arbeitsalltag allerdings ein derart verabscheuungswürdiges Verhalten an den Tag, daß man sie in jedem sozialen Umfeld als unmöglich einstufen würde. Andere dagegen sind ansonsten ganz verträgliche Menschen, deren persönliche Schwächen – und die haben wir alle – durch Macht und Verantwortung um ein Vielfaches verstärkt wurden. Doch ob es sich nun um den Generaldirektor eines Mammutkonzerns oder den Bürovorsteher einer Behörde mit drei Mitarbeitern handelt – schwierige Vorgesetzte beeinträchtigen Eigeninitiative und Innovationsbereitschaft und sind häufig der Grund für das Abwandern kompetenter Angestellter in positivere Arbeitsumfelder, in denen sie mehr Unterstützung erfahren. Und es sind meist die Besten, die als erste gehen.

Hier zwei Beispiele für schwierige Vorgesetzte, die auf ganz unterschiedliche Art ihre Opfer bis aufs Blut reizten und ihren Arbeitseifer lähmten:

»Ich bin so wütend, daß ich aus der Haut fahren könnte«, beschwerte sich Aggie bei ihrer Freundin. »Ich habe meinen Chef, Alex, schon vor zwei Monaten um eine Gehaltserhöhung gebeten, und er hat mir versichert, daß er sich bei Tess Wilson, der Abteilungsleiterin, für mich einsetzen würde. Jetzt ist er endlich damit rausgerückt, daß sie ihn gefragt habe, ob mein Job denn tatsächlich so viel anspruchsvoller sei als der der anderen Techniker. Oh, es ist nicht diese Wilson, auf die ich wütend bin – schließlich ist es ja ihr Job, auf die Gehälter den Daumen zu halten. Ich bin sauer auf Alex, diesen Feigling. Er glaubt, Tess Wilson sei im Moment dagegen, daß irgend jemand mehr Geld bekommt, und tut absolut nichts, was ›irgendwie unkooperativ wirken‹ könnte. Ich dachte immer, es wäre die Aufgabe eines Vorgesetzten, sich für seine Untergebenen einzusetzen und das, was ihnen zusteht, für sie herauszuholen. Wenn er ihr deutlich sagen würde, daß ich für die Arbeit, die ich leiste, eigentlich mehr Geld bekommen müßte, oder wenn er wenigstens noch einmal mit ihr sprechen würde, wäre ich nicht so frustriert. Aber Alex tut überhaupt nichts für mich!«

»Ich will Ihnen mal was sagen, Mr. Fogel«, erklärte Frank Phillips voller Empörung dem Leiter der Personalabteilung. »Seit gestern habe ich endgültig die Nase voll davon, unter Larry Parks zu arbeiten. Gestern nachmittag, als ich gerade mit jemandem von der Einkaufsabteilung telefonierte – um genau zu sein, versuchte ich, ein paar Dinge in Ordnung zu bringen, die Parks verschlampt hatte –, platzte er plötzlich in mein Büro und brüllte herum wie ein Stier. Er befahl mir, keinerlei Telefonate ohne seine ausdrückliche Erlaubnis zu führen, und beschuldigte mich, ein, wie er sich ausdrückte, ›illoyaler Schleimscheißer‹ zu sein. Es stimmt zwar, daß ich nichts dagegen hätte, wenn man ihn rausschmeißen würde,

aber ich laufe jedenfalls nicht los und beschwere mich über meinen Vorgesetzten, ohne es ihm vorher mit deutlichen Worten anzukündigen, was ich heute morgen, bevor ich zu Ihnen kam, dann auch tatsächlich getan habe.
Ich bin immer ein ziemlich umgänglicher Mensch gewesen – Sie wissen schon, ich lasse mich normalerweise nicht allzu schnell aus der Fassung bringen –, aber ich bin nicht gewillt, mich anschreien, runtermachen und beleidigen zu lassen. Tatsache ist, daß ich kündigen werde, falls Sie mich nicht auf der Stelle in eine andere Abteilung versetzen wollen oder können. Ich erwarte Ihre Entscheidung. Rufen Sie mich an.« Bernie Fogel sah zu, wie sich die Tür zu seinem Büro schloß, seufzte und nahm die hastig hingekritzelte Notiz in die Hand, die ihm Larry Parks am frühen Morgen auf den Schreibtisch geworfen hatte. »Fogel«, stand dort geschrieben, »dieser junge Phillips wird dich heute wahrscheinlich sprechen wollen. Ich weiß, daß er einer eurer Aufsteigertypen aus dem Management-Trainingsprogramm ist, aber ich lasse es nicht zu, daß sich irgend jemand meinen Anweisungen widersetzt. Wenn er nicht akzeptieren kann, wer in meiner Abteilung der Boß ist, soll er gehen.«
»Die Abneigung scheint wohl auf Gegenseitigkeit zu beruhen«, dachte Bernie. »Und wenn du in deinem Job nicht so verdammt gut wärest, Larry Parks, hätten wir dich schon viel früher gefeuert.« Wohin könnte man den jungen Phillips nur versetzen? fragte er sich. Und, was noch viel schwieriger war, woher sollte er einen tüchtigen Mitarbeiter nehmen, der mit dem aufbrausenden Larry zurechtkam?

Seit über fünfunddreißig Jahren habe ich, als Arbeiter, als Angestellter und später als Berater von über dreihundert verschiedenen Unternehmen, für, mit und unter schwierigen Vorgesetzten gearbeitet. Manche von ihnen waren, wie Larry Parks, in ihrem Bereich außerordentlich kompetent, hatten aber zugleich eine charakteristische Neigung, ihre Mitmenschen mit ihrer Aggressivität und Feindseligkeit ständig einzuschüchtern. Aufgrund dieser beiden Persönlichkeitsfaktoren hatten sie sich geschickt zu Positionen mit Einfluß und Macht hochgearbeitet, die sie dann jahrelang ungestraft mißbrauchten. Andere, wie beispielsweise Alex, waren aus genau dem entgegengesetzten Grund schwierig. Sie verstanden es nicht, die Macht, über die sie aufgrund ihrer Stellung verfügten, sinnvoll zu nutzen, und verschleppten längst fällige Beförderungen oder lohnende Projekte, weil sie ihre Untergebenen nicht genügend unterstützten. Die Erfahrungen, die ich im Laufe meiner Beratungstätigkeit sammeln konnte – die letzten zehn Berufsjahre habe ich fast ausschließlich mit der Beratung von talentierten, jedoch leider für ihre Führungsposition mangelhaft qualifizierten Vorgesetzten und deren Untergebenen verbracht –, haben mich zuversichtlich gemacht, daß man doch einiges verändern kann, wenn man sich zweier wichtiger Tatsachen bewußt ist: Daß ein *schwieriger Chef* ein persönliches Desaster sein kann und daß Ihnen in Ihrem Unternehmen kaum jemand zu Hilfe kommen wird. Wenn Sie selbst schon unter einem schroffen, besserwisserischen oder einem Chef, der nie da war, wenn man ihn brauchte, zu leiden hatten, scheint die erste Tatsache auf der Hand zu liegen. Weniger offensichtlich ist möglicherweise die Tatsache, daß diese Vorgesetzten bei ihren Untergebenen oftmals die schädlichste Form von Streß erzeugen, die überhaupt möglich ist: hilflose, wütende Frustration. Jede Maßnahme, die bewirkt, dieses schwierige Verhalten von vornherein auszuschalten oder auf ein Minimum zu reduzieren, wird Ihnen helfen, sich weniger hilflos zu fühlen.

Die zweite Tatsache – daß Ihnen wohl kaum jemand zu Hilfe kommen wird – ist besonders für jene, die ihrem Unternehmen immer engagiert und loyal gedient haben, eine sehr bittere Pille. Aber: unfair oder nicht, kein anderer Mitarbeiter des Unternehmens wird bereit sein, für Sie den Kopf hinzuhalten, wenn Sie nicht zunächst einmal selbst versucht haben, mit der Situation fertig zu werden. Dies ist vor allem dann der Fall, wenn die Vorgesetzten, die ein bestimmtes Fehlverhalten zeigen, überaus intelligent oder in ihrem Beruf außerordentlich fähig sind. Da sie für das, was sie erreichen, respektiert werden, läßt man sie weiterhin ihr übles Spiel treiben, selbst wenn es für jeden außenstehenden Beobachter klar ersichtlich ist, daß sie den Betrieb auf längere Sicht mehr kosten, als sie ihm einbringen. Interessanterweise betrachten die meisten *schwierigen Chefs* sich selbst durchaus nicht als schwierig. Dies liegt sowohl an der erschreckenden Macht der Verdrängung als auch am Widerstreben *ihrer* jeweiligen Vorgesetzten, sich offen mit ihnen auseinanderzusetzen. (Vornehmlich die Tatsache, daß die Firmen Menschen mit schlechten Führungsqualitäten in Machtpositionen auf Dauer überhaupt akzeptieren, macht es so unerträglich, unter einem schwierigen Vorgesetzten zu arbeiten.) Da die Unternehmensleitung zögert, schlechtes Management abzuschaffen oder es zumindest zu korrigieren, ist es sinnlos, sich zu wünschen, daß solche Vorgesetzte einfach verschwinden sollten. Das wird wahrscheinlich nicht geschehen, zumindest nicht, sofern Sie nicht selbst ein wenig nachhelfen.

Als ich vor zwanzig Jahren zum ersten Mal damit begann, mich mit dem Verhalten von schwierigen Menschen am Arbeitsplatz zu befassen, war ich überrascht, festzustellen, wie gut es einigen Individuen gelang, sich mit den gleichen schwierigen Zeitgenossen, die auf ihren Mitmenschen einfach herumtrampelten, fröhlich abzufinden, sie zu ignorieren oder sogar äußerst produktiv mit ihnen zusammenzuarbeiten. Seitdem haben meine Mitarbeiter und ich schwierige Menschen, deren Opfer und jene, die gelernt haben, mit ihnen fertig zu werden, systematisch beobachtet und befragt. Wir haben festgehalten, welche Handlungsstrategien effektiv waren und welche nicht, um einen Weg zu finden, die komplizierten Verhaltensmuster von schwer zugänglichen Zeitgenossen zu eliminieren oder sie zumindest zu reduzieren. Diese Handlungsstrategien und Methoden des Umgangs mit schwierigen Vorgesetzten sind das Thema dieses Buches.

Es handelt sich also nicht einfach um eine Abhandlung, in der in schaurigen Details beschrieben wird, wie schrecklich *schwierige Chefs* sein können. Wer unter einem solchen Chef zu leiden hat, braucht wohl kaum ein Buch, in dem beschrieben wird, wie das ist. Hier geht es vielmehr darum, wie man Vorgesetzte wie Alex, Larry Parks und ihre Artgenossen, die zwar andere, doch genauso zermürbende, schwierige Verhaltensweisen an den Tag legen, erkennt und versteht und wie man es lernt, mit ihnen umzugehen. Die Methoden und Techniken, die in jedem Kapitel beschrieben werden, werden Ihnen helfen, mit Vorgesetzten zurechtzukommen, die ständig an Ihnen herummeckern, Sie tyrannisieren, einschüchtern, nie zu Wort kommen lassen oder auf andere Weise Ihr Leben negativ beeinflussen. Diese Methoden haben Menschen in den unterschiedlichsten Positionen und Organisationen helfen können. Die meisten von ihnen waren der Meinung, daß sie in verschiedenerlei Hinsicht davon profitiert haben:

- Sie hatten das Gefühl, wieder mehr Kontrolle über ihr Arbeitsleben erlangt zu haben.
- Sie fühlten sich weniger hilflos, frustriert und wütend.
- Da sie nicht mehr ständig unter emotionaler Anspannung standen, waren sie fähig, sowohl über ihren Job, als auch

über ihre Karriere klarer und objektiver nachzudenken.

- Sie waren wieder in der Lage, sich von Tendenzen zu passiver Abhängigkeit oder aggressiver Inkompetenz, die schwierige Vorgesetzte oftmals bei ihren Mitarbeitern wecken, zu befreien.
- Die Bereitschaft, Zeit und Energie in ihren Beruf zu investieren, erhöhte sich wesentlich.
- Es gelang ihnen, dem Gefühl zu entgehen, sie hätten persönlich versagt. Dieses Gefühl ist oftmals eine Folge emotionaler Resignation.

Und das Beste von allem: Als die oben geschilderten positiven Effekte einzutreten begannen, trauten sich diejenigen, die einen besseren Umgang mit ihren Vorgesetzten gelernt hatten, selbst wieder mehr zu und gewannen ihr Selbstwertgefühl zurück, das im Laufe von Wochen, Monaten, ja, manchmal sogar Jahren verschüttet worden war. Alles in allem fühlten sie sich wohler und arbeiteten wieder mit mehr Engagement. Und genau das können Sie auch erreichen!

Was bedeutet »Handlungsstrategien entwickeln«?

Für mich bedeutet »Handlungsstrategien entwickeln«, aus einer Position der Stärke heraus die Dinge zu beeinflussen suchen – und genau darum geht es, wenn man es mit einem Menschen zu tun hat, der weiß, wie man durch schwieriges Verhalten andere ausnutzen kann.

Schwieriges Verhalten ist, so überraschend das zunächst auch klingen mag, etwas Erlerntes, und in einigen wichtigen Aspekten verschafft es, zumindest kurzfristig, gewisse Vorteile. Beispielsweise haben fast fünfundsiebzig Prozent der Angestellten, die ich und meine Mitarbeiter in einem Zeit-

raum von elf Jahren befragten, berichtet, sie würden, wenn sie von einem wütenden und feindseligen Chef angegriffen werden, »den Rückzug antreten«. Bei der Befragung gaben sowohl Arbeiter als auch Angestellte zu, daß sie sich in einer solchen Situation verwirrt, ja sogar verängstigt fühlten. Sie saßen dann einfach wie gelähmt da, betrachteten den Fußboden, den Tisch oder ein Stück Papier und sagten gar nichts. Dann taten sie jedoch – wenn auch ohne große Begeisterung – genau das, was man ihnen aufgetragen hatte. Natürlich gab es auch einige Untergebene, die ganz anders reagierten: mit sprachloser Wut darüber, daß man sie auf so beleidigende Weise behandelt hatte. In dem einen wie in dem anderen Fall fühlten sich die Opfer hilflos unterlegen, und der Chef hatte die Situation völlig im Griff. Ob sie nun eingeschüchtert oder sprachlos wütend waren – sie taten genau das, was ihr Chef ihnen aufgetragen hatte, ohne den Versuch zu machen, ihren eigenen Standpunkt zu vertreten (und dadurch womöglich seine kostbare Zeit zu vergeuden).
Die *emotionale* Befriedigung, die ein tyrannischer Chef aus einer solchen Situation zieht, ist sogar noch größer. Indem er demonstriert, wie schwach und ohnmächtig andere sind, festigt er seine eigene Machtposition; ein großartiges Ergebnis für Menschen, die ihre eigenen Selbstzweifel beschwichtigen müssen*.
Zwar sind nicht alle schwierigen Verhaltensmuster genauso

* Natürlich entstehen durch schroffes, feindseliges Verhalten erhebliche Langzeitkosten. Erniedrigte und gedemütigte Angestellte sind unmotiviert, haben Angst, Initiative zu zeigen, und tun meist kaum mehr, als sie tun müssen. Es sind jedoch die kurzfristigen Vorteile, die Verhaltensmuster prägen (ein Grund, warum wir alle einige gewohnheitsmäßige Reaktionen an den Tag legen, die wir lieber vermeiden würden).

effektiv wie Einschüchterung und Tyrannei, aber sie sind alle auf ihre Weise Machtinstrumente, denn sie zwingen das jeweilige Opfer dazu, auf eine ganz bestimmte Weise zu reagieren. Deshalb besteht die wesentliche Funktion jeder der Techniken, die wir auf den folgenden Seiten beschreiben, darin, Ihnen »Ersatz«-Reaktionen verfügbar zu machen. Sie finden Vorschläge dazu, was Sie anstelle dessen, was Sie Ihrem Gefühl nach am liebsten sagen oder tun würden, alternativ tun oder sagen könnten. Indem Sie nicht mehr impulsiv reagieren, durchbrechen Sie den Teufelskreis. Wenn Sie beispielsweise in der Konfrontation mit einem Tyrannen weder kuschen noch wütend explodieren, haben Sie ihn sowohl um den konkreten als auch um den psychologischen Nutzen seines Betragens gebracht. Wenn schwieriges Auftreten nicht länger »wirkt«, greifen die meisten rücksichtslosen Menschen auf vernünftigere Verhaltensweisen zurück, die man ihnen möglicherweise nie zugetraut hätte.

Bevor wir aber dazu übergehen, herauszufinden, wie man Handlungsstrategien entwickeln kann, um mit den unangenehmen Typen fertig zu werden, die wir in den folgenden Kapiteln beschreiben, gibt es noch zwei weitere Punkte, die es wert sind, untersucht zu werden: das natürliche Widerstreben des gequälten Opfers, seinen Peiniger »verstehen« zu wollen, und die Sorge, durch geplantes Handeln andere möglicherweise zu »manipulieren«.

Warum ist es nützlich, den anderen zu verstehen?

Das Verhalten von Vorgesetzten, deren Handlungen so stark im Widerspruch zu den Grundregeln guter Menschenführung zu stehen scheinen, verwirrt die meisten von uns so sehr, daß wir uns damit begnügen, einfach einen tiefen Haß zu entwickeln, ohne uns zu bemühen, es zu verstehen. Oder wir erklären dieses Verhalten ohne langes Nachdenken einfach als Ausdruck einer krankhaften Persönlichkeit. Und doch würde schon ein Funken dessen, was der Psychologe George Kelly als »verstehen von innen« bezeichnet, dazu führen, daß Sie es aufgeben, sich zu wünschen, Ihr schwieriger Chef möge anders sein, als er ist. Diesen Wunsch aufzugeben ist deshalb so wichtig, weil man andere nur beeinflussen kann, wenn man sie so sieht, wie sie tatsächlich sind, und nicht so, wie man sie gerne hätte. Menschen von innen zu sehen bedeutet, sich selbst ein Bild davon zu machen, wie der Betreffende die Welt wohl betrachtet, ganz gleich, wie verzerrt einem diese Betrachtungsweise auch vorkommen mag. Es ist durchaus möglich, daß Sie jemanden, der Sie schlecht behandelt, gar nicht verstehen *wollen*. Wenn das der Fall sein sollte, rate ich Ihnen, diesen Unwillen zu überwinden und immer daran zu denken, daß »verstehen« durchaus nicht Zustimmung, Akzeptanz oder Billigung einschließt und daß das Verstehen von innen Ihnen in jedem Fall eine solide Grundlage bietet, mit der Situation fertig zu werden. Wenn Sie also in den folgenden Kapiteln Kurzbeschreibungen von Vorgesetzten finden, die Sie verabscheuen, reagieren Sie völlig normal, wenn Sie Widerwillen empfinden. Zwingen Sie sich aber dennoch dazu, diese Abschnitte genau zu lesen.

Handlungsstrategien zu entwickeln ist moralisch vertretbar

Die in diesem Buch beschriebenen Handlungsstrategien und Verhaltensweisen sollen natürliche Reaktionen ersetzen, die genau das Verhalten fördern, das Sie unterbinden möchten. Gelegentlich werden Sie, bevor Sie aktiv werden, es sogar sinnvoll finden, sich ein Konzept aufzuschreiben und die entsprechende Rolle einzuüben. Für einige von Ihnen wirft die Vorstellung, nicht so spontan zu reagieren, wie es beispielsweise im Umgang mit Freunden üblich ist, möglicherweise die Frage auf: »Ist das denn nicht manipulativ?« Meine Antwort auf diese Frage lautet eindeutig: »Doch«. Eine Strategie zum Umgang mit schwierigen Menschen zu entwickeln ist in dem Sinne manipulativ, als es darum geht, nicht einfach gedankenlos so zu reagieren, wie es dem Gefühl entspricht. Aber das ist für mich nicht die entscheidende Frage. Die entscheidende Frage ist vielmehr: »Ist es moralisch vertretbar?«. Und hier muß die Antwort meiner Meinung nach ebenfalls »Ja« lauten. »Eine Handlungsstrategie entwickeln« ist weder ein Synonym für ein bösartiges Sich-Rächen an polternden Vorgesetzten, noch ist es ein Euphemismus für ein Alles-Verzeihen oder für passive Akzeptanz. Auch geht es nicht darum, Ihrem Chef aus seinen Handlungen einen Strick zu drehen. Ihr Ziel ist es vielmehr, einen Weg zu finden, auf das verwirrende Verhalten Ihres Vorgesetzten in einer Weise zu reagieren, die es sowohl Ihnen als auch Ihrem frustrierenden Chef ermöglicht, in dieser besonderen Situation eine Basis für produktive Zusammenarbeit zu finden. Aus diesem Grunde halte ich das Entwickeln einer Handlungsstrategie und die sorgfältige Planung der eigenen Verhaltensweisen für ein höchst moralisches Bestreben.

An dieser Stelle empfinden Sie vielleicht bei dem Gedanken, überhaupt den Versuch wagen zu wollen, eine Strategie zum Umgang mit einem schwierigen Vorgesetzten zu entwickeln, heftige Angstgefühle. Nur Mut! Alle, die erfolgreich mit solchen Menschen fertig wurden, mußten sich zunächst mit den gleichen Ängsten auseinandersetzen. Ihr Vertrauen in Ihre Fähigkeit, die Situation zu meistern, wird wachsen, wenn Sie wissen, was Sie tun müssen und wie Sie das Problem mit Anstand lösen können. Und genau darum geht es in diesem Buch.

2 Wenn Ihr Vorgesetzter Sie angreift oder erniedrigt: Kopfabreißer, Feuerspucker und andere tyrannische Vorgesetzte

Fall 1: Larry Parks, dem wir schon zu Beginn des ersten Kapitels begegnet sind, war ein überaus tüchtiger technischer Leiter, der im Personalbüro der Firma unter dem Spitznamen »die alte Pestbeule« bekannt war. Er war überzeugt, daß seine wesentlichen Probleme daher rührten, daß »diese inkompetenten Blödmänner« im Personalbüro ihm nur »Nulpen und Arschlöcher« für seine Abteilung schickten. Larry war sechsundvierzig Jahre alt, sah jedoch viel jünger aus. Er war groß und eckig gebaut und sein breitbeiniger Gang und sardonischer Gesichtsausdruck hatten ihm einen weiteren Spitznamen eingebracht: »Revolverheld«. Wenn er mit wiegenden Schritten durch die Werkhalle ging, pflegte er vor einem Arbeiter, der vielleicht gerade etwas zusammenschraubte oder verpackte, stehenzubleiben und ihn zu fragen: »Was tun Sie da?« Dann wartete er mit deutlichen Anzeichen von Ungeduld darauf, daß der derart bedrängte arme Kerl ihm eine intelligente Antwort gab. Nur in den seltensten Fällen war dies der Fall. Sprachlos vor Schreck arbeiteten die meisten einfach weiter, oder versuchten es zumindest, natürlich in der Hoffnung, daß er weggehen würde. Das tat er dann auch – nachdem er wieder einmal bewiesen hatte, daß die Welt tatsächlich von lauter Blödmännern bevölkert war.

In Konferenzen unterbrach er häufig die Präsentationen seiner Untergebenen mit sarkastischen Bemerkungen wie: »Ich muß mich doch wohl verhört haben, Sally, oder meinen Sie das, was Sie gesagt haben, wirklich ernst?« Gewöhnlich bestand er darauf, daß Sally seine »Frage« beantwortete. Wie auch immer die Antwort ausfallen mochte – er reagierte darauf mit einem besserwisserischen Grinsen und damit, die zögernden Konferenzteilnehmer aufzufordern, sich seiner unausgesprochenen Meinung – »Wie kann ein Mensch nur so blöd sein?« – anzuschließen. Wenn er von der Personalabteilung für seine groben Umgangsformen getadelt wurde, konterte er einfach in blasiertem Ton, er halte sich lediglich strikt an den »›Management-durch-Zielsetzung-Plan‹, von dem Ihr Jungs ständig behauptet, er würde uns alle zu Gesellschaftern machen«.

Diejenigen, die für Larry arbeiteten, wußten jedoch, daß Larry den »Management-durch-Zielsetzung-Plan« insgeheim zu der Drohung: »Erfüllt Eure Zahlen, sonst...« umformuliert hatte. Die vierteljährlichen Geschäftsberichte waren für seine Untergebenen die reinste Qual. Wenn sie ihr Soll erfüllt hatten, zwang er sie zuzugeben, daß das Ziel viel zu niedrig angesetzt gewesen sei, wenn sie es aber nicht erfüllt hatten, verkündete er, daß dies ein weiterer Beweis für ihre Faulheit oder Inkompetenz sei. Wenn der Leiter der Personalabteilung ihn darauf hinwies, daß der Grundgedanke des »Management-durch-Zielsetzung-Plans« darin bestand, die Arbeiter in das Abstecken der Fertigungsziele mit einzubeziehen, wurde er verächtlich mit einer unumstößlichen Tatsache konfrontiert: Larrys Abteilung war eine der produktivsten der gesamten Firma. In dem Unternehmen wurden sowohl Gruppen- als auch Individualbonusse gezahlt, und jene, die es trotz allem in Larrys Abteilung aushielten, bekamen am Ende des Monats recht ansehnliche Schecks. Daher berichteten die von mir befragten Angestellten, daß sie sich ebensosehr von ihren eigenen widersprüchlichen Gefühlen hin und hergerissen fühlten wie von Larrys Schikanen. Eine erfahrene Technikerin drückte es so aus: »Nur meine Gier nach diesen tollen Gehaltsschecks ist schuld daran, daß ich nicht schon vor langer Zeit gekündigt habe. Dadurch fühle ich mich aber nur noch schlechter.«

Fall 2: Stellen Sie sich folgendes Szenario vor: Timothy Ronald, Direktor einer Behörde im mittleren Westen der USA, trifft sich wie gewöhnlich an einem Montagmorgen mit seinem Führungsstab, um die kommende Woche zu planen. Seine schlanke, jugendliche Erscheinung und seine angenehmen Umgangsformen lassen nicht ahnen, daß er die ganze Nacht kein Auge zugetan hat, da er ständig über die kürzlich erlebte, äußerst unangenehme Situation nachdenken mußte, als der Gouverneur des Staates ihm schreckliche Vorhaltungen machte, weil er, Timothy Ronald, bei einer Pressekonferenz angeblich »politisch gefährliche Äußerungen« von sich gegeben hatte. Dennoch gelingt es Timothy, die Konferenz wie üblich in sehr professioneller Manier zu leiten, und daher läuft auch alles glatt, bis bei der Diskussion eine Verfahrensänderung der Behörde zur Sprache kommt, die der Gouverneur für »äußerst wünschenswert« hält. Hal, einer von Tims Abteilungsleitern, äußert sich voller Verachtung über dieses Ansinnen und spöttelt: »Nun, ich hoffe doch, daß Sie den Typen von dieser blöden Idee abbringen konnten.«

»Haben Sie irgendwelche Zweifel darüber, wer hier in dieser Behörde das Sagen hat?« knurrt Tim mit zusammengebissenen Zähnen und hochrotem Gesicht. »Wenn ich mir irgendwelche dummen Kommentare von Ihnen anhören will, werde ich Sie danach fragen. Aber bis dahin halten Sie den Mund und hören zu, und das gilt auch für sämtliche anderen Anwesenden!«

Hal sitzt völlig versteinert auf seinem Stuhl. Er mustert mit unsicheren Blicken die Gesichter seiner Kollegen, da er sehen will, wie sie auf Tims Ausbruch reagieren.
Was er sieht, ist wenig tröstlich. Einige starren auf den Tisch, andere, die rot geworden sind und sich überaus unwohl in ihrer Haut zu fühlen scheinen, lächeln, als hätte Hal einen guten Witz gemacht, und alle wünschen sich offensichtlich nichts sehnlicher, als irgendwo weit fort zu sein.
Vorgesetzte haben viele Möglichkeiten, ihre Untergebenen zu überrumpeln, einzuschüchtern oder niederzuwalzen. Larry Parks und Tim Ronald sind jedoch Beispiele für die beiden Typen von Vorgesetzten, über die sich Angestellte am häufigsten beklagen. Ich nenne die eine der beiden Spezies den Kopfabreißer und die andere den Feuerspucker, denn ihre Macht kommt größtenteils aus der hoch entwickelten Fähigkeit, ihren jeweiligen Partner zu überrumpeln, indem sie seine verdrängten Kindheitsängste aktivieren. Die beiden Typen sind sich in vielerlei Hinsicht sehr ähnlich. Beide werden, häufig schon aus geringfügigem Anlaß, sehr aggressiv und rufen bei ihren Opfern entweder stumme Verwirrung oder sprachlose Wut hervor. Aber zugleich sind sie auch so verschieden, daß es sich lohnt, sie separat zu untersuchen.
In einem späteren Abschnitt dieses Kapitels werden wir zu der Aufgabe zurückkehren, Feuerspucker zu verstehen und Strategien zum Umgang mit ihnen zu entwickeln. In diesem Zusammenhang werden wir dann das Schicksal von Timothy Ronalds bemitleidenswertem Team weiterverfolgen. Aber beginnen wir mit den eindrucksvollsten Einschüchterern: den Kopfabreißern.

Kopfabreißer erkennen

Kopfabreißer wie Larry Parks treiben die besorgten Leiter der Personalabteilung, die mit ihnen zu tun haben, oftmals zur Verzweiflung, während sie gleichzeitig den Männern der Chefetage, die vor allem an der Bilanz interessiert sind, ein Lächeln entlocken, das sie natürlich vor den Kollegen in der Personalabteilung verbergen. Aus diesem Grund rufen Beschwerden bei leitenden Führungskräften häufig nur ein peinliches Schweigen hervor und führen selten zum Erfolg. Von Zeit zu Zeit wird Larry »nahegelegt«, seinen »Kommunikationsstil ein wenig zu verbessern«. Häufiger jedoch schrecken die Vorgesetzten von Kopfabreißern davor zurück, *überhaupt irgend etwas* zu unternehmen, das die goldenen Produktionszahlen negativ beeinflussen könnte. Aber eine solche Laissez-faire-Einstellung der Unternehmensleitung ist mit einigen harten Realitäten absolut nicht vereinbar. Zum einen schließen sich hohe Produktivität und mitmenschliche Rücksicht nicht gegenseitig aus. Es ist durchaus möglich, hohe Anforderungen zu stellen und seine Untergebenen trotzdem mit Respekt zu behandeln. Obwohl Kopfabreißer ihre Untergebenen im Endeffekt durchaus dazu zwingen können, das zu tun, was sie von ihnen verlangen, und auf diese Weise bei Routinearbeiten einen hohen Leistungsstandard erreichen, fügen sie dem Unternehmen auf lange Sicht Schaden zu und sabotieren ihre eigenen Aufstiegschancen.

Entmutigte, verängstigte und wütende Arbeiter und Angestellte sind selten kreativ und haben kaum etwas anderes als Widerstand im Sinn. Aber für die komplexen Probleme der heutigen Arbeitswelt und die sich schnell verändernde Umwelt bedarf es begeisterungsfähiger und intelligenter Mitarbeiter, nicht übellauniger Roboter.

Allerdings sind nicht alle einschüchternden Vorgesetzten so offensichtlich als Kopfabreißer zu erkennen wie beispielsweise Larry Parks. Einige lassen ihren Sarkasmus nur auf sehr subtile Weise zum Tragen kommen, und die meisten behandeln ihre Vorgesetzten und Kollegen mit Respekt, wenn nicht sogar Bewunderung. Zu Mitarbeitern, die die gleiche Stärke zeigen, die sie an sich selbst so schätzen, entwickeln Kopfabreißer häufig ein kumpelhaftes Verhältnis.

Kopfabreißer verstehen

Wenn die folgenden drei Persönlichkeitsmerkmale zusammentreffen, dann entsteht das Bild eines einschüchternden Vorgesetzten. (1) Er hat eine Art des Denkens, die zu einer schnellen und selbstbewußten Entscheidungsfindung führt, (2) das Bedürfnis, sich als machtvoll und einflußreich zu erleben, und (3) eine – zumindest vor sich selbst – versteckte Neigung zu Selbstzweifeln.

Schnelles, selbstbewußtes Denken. Wenn es darum geht, schnell und zielstrebig zu handeln, dann ist es eine Freude, mit Menschen zusammenzuarbeiten, die rasch Entscheidungen fällen. In den zehn Jahren, in denen meine Partner und ich die verschiedenen Denkstile von Vorgesetzten untersuchten, stellten wir fest, daß Menschen mit einem klaren Verstand – wir haben sie als *realistische Denker* bezeichnet – in jede Situation viel Positives hineinbringen. Sie kümmern sich nicht um Nebensächlichkeiten, arbeiten sich direkt zum Kern des Problems vor und bringen dann das, was schiefgelaufen ist, rasch in Ordnung. Gewiß sind sie auch häufig mit einer nicht ganz so perfekten Lösung zufrieden, und möglicherweise werden sie schon aktiv, bevor sämtliche wichtigen Daten vorliegen.

Wenn andere noch zögern, weil sie zunächst noch mehr Informationen haben wollen oder weil sie glauben, daß der Plan mit den anderen Beteiligten noch nicht ausreichend abgesprochen wurde, werden sie möglicherweise schon ungeduldig. Selbstverständlich sind nicht alle realistischen Denker auch gleichzeitig Kopfabreißer (obwohl es denen unter uns, die eher auf wohlüberlegte Entscheidungen hinarbeiten und daran glauben, daß auch andere zu Rate gezogen werden müssen, so erscheinen mag). Wenn allerdings ein realistischer Denker zugleich ein starkes Bedürfnis nach Kontrolle entwickelt, kann es dazu kommen, daß er andere Menschen einfach überrollt.

Ein Bedürfnis nach Macht. Wir alle haben ähnliche Bedürfnisse, die jedoch nicht bei jedem gleich stark ausgeprägt sind. Beispielsweise haben einige von uns ein starkes Bedürfnis nach Prestige und Anerkennung und wollen unbedingt von allen anderen wahrgenommen werden. Anderen wiederum liegt nichts daran, aufzufallen und sich aus der Menge hervorzuheben. Möglicherweise freuen sie sich aber über die Anerkennung von Freunden und Mitarbeitern. Wieder anderen liegt nicht viel daran, von ihren Mitmenschen Sympathie oder Zuwendung zu bekommen, aber sie fühlen sich nicht wohl, wenn sie ohne Macht und Einfluß sind. Kopfabreißer sind Menschen, die zu dieser letzten Gruppe gehören. Sie haben das Bedürfnis, in der Hackordnung stets ganz oben zu sein, und sind deprimiert, wenn sie gezwungen sind, in der zweiten Reihe zu stehen.*

* Aus einer Studie über eineiige Zwillinge, die über die gleichen genetischen Informationen verfügen, schloß man, daß ein Großteil unserer Motivationen ererbt wurde. In diesem Fall würden dominante Menschen sich nicht dafür entscheiden, nach Macht zu streben, sondern wären schon mit diesem Bedürfnis geboren worden.

Damit ist das Bild jedoch erst zu zwei Dritteln vollständig. Schnelldenker, die ein starkes Bedürfnis nach Kontrolle haben, sind ohnehin schwer zu übersehen; es ist ein drittes Charakteristikum, das einem Kopfabreißer den schroffen, einschüchternden Aspekt verleiht: das ständige Bedürfnis, sich seinen Selbstwert zu beweisen.

Das Bedürfnis, sich seinen Selbstwert zu beweisen. Kopfabreißer haben das fast schon krankhafte Bedürfnis, sich stets zu beweisen, wie stark und wichtig sie sind, indem sie ihren Mitmenschen ständig deren vermeintliche Schwäche und Inkonsequenz vor Augen führen. Ob Sie sich nun ducken oder vor Wut explodieren – ein Kopfabreißer wird Ihnen und, was viel wichtiger ist, sich selbst zu beweisen suchen, wie sehr er seinen Mitmenschen doch überlegen ist.

Es ist kaum verwunderlich, daß Kopfabreißer die Stärke anderer sehr wohl zu schätzen wissen, solange sie sich dadurch nicht persönlich bedroht fühlen. In privaten Gesprächen mit mir haben Kopfabreißer sich häufig sehr verächtlich über Personen geäußert, die es nie wagten, die Entscheidungen eines Vorgesetzten in Frage zu stellen. Eine solche Kritik klingt seltsam aus dem Munde eines Menschen, der ansonsten jeden niederwalzt, der sich erkühnen sollte, eine entgegengesetzte Meinung zu vertreten. Und doch liegt es an dieser parodoxen Einstellung der Kopfabreißer, daß unsere auf den folgenden Seiten geschilderten Strategien so gut funktionieren. Zwar werden Kopfabreißer häufig verächtlich als »innerlich völlig unsicher« eingestuft – was sie ja auch tatsächlich sind –, jedoch ist dies eine Schwäche, derer sie sich in den seltensten Fällen bewußt sind, und wenn doch, dann streiten sie sie vehement ab. Vielmehr fühlen sie sich gegenüber Menschen, die sie selbst als durch und durch schwach ansehen, selbstsicher und mächtig und begegnen ihnen voller Ungeduld. Es stimmt zwar, daß durch Ungeduld und tyrannisches Verhalten auf lange Sicht hohe Kosten entstehen, aber es sind stets die momentanen Erfolgserlebnisse, die bestimmte Verhaltensmerkmale zu einem festen Bestandteil der Persönlichkeit werden lassen, besonders wenn das Erfolgserlebnis ausreichend stark ist.

Unglücklicherweise steigert gerade das Herumhacken auf Leuten, die es anscheinend verdienen, weil sie schwach sind, das Selbstwertgefühl ganz enorm, vor allem, wenn der Tyrann unfähig ist, sich in die Seelenschmerzen seiner Opfer einzufühlen. Ebenso unglücklich ist der Umstand, daß viele Unternehmen ein solches Verhalten unterstützen. Man lobt die »Führungspersönlichkeit«, die aus ihren Untergebenen mehr herausholt, als diese sonst möglicherweise zu leisten bereit wären, und scheint – ganz im Gegensatz zu öffentlichen Lippenbekenntnissen – bereit zu sein, die auf längere Sicht entstehenden Mehrkosten zu akzeptieren.

Wenn Sie selbst es mit einem Kopfabreißer zu tun haben und sein Verhalten zu analysieren versuchen, denken Sie stets daran, daß die fraglichen Motive und inneren Kräfte vom einen zum anderen Menschen variieren. Beispielsweise ist ein realistischer Schnelldenker, der zwar machthungrig ist, aber zugleich über ein Mindestmaß an Selbstwertgefühl verfügt, meist schon zufrieden, wenn er in einer Gruppe die dominante Rolle spielt, und braucht deswegen nicht viel Aufhebens zu machen. Im Umgang mit einem solchen Menschen ist es meist nur wichtig, ihn wissen zu lassen, daß man seine Führungsrolle anerkennt. Je stärker ein Vorgesetzter dagegen von der Angst getrieben wird, ein unsympathischer, wenig liebenswerter Mensch zu sein, desto stärker ist sein Bedürfnis, anderen zu beweisen, wie mächtig er ist. Wenn Ihr einschüchternder Chef sich also damit brüstet, daß er »den

Laden ganz allein schmeißt«, dann wird es wahrscheinlich längerer und härterer Anstrengungen bedürfen, mit ihm zurechtzukommen.

Strategien für den Umgang mit Kopfabreißern: Was man vermeiden sollte

Das Einschüchtern und Tyrannisieren von Untergebenen ist deshalb so erfolgreich, weil man damit genau die gewünschten Reaktionen provoziert: stillschweigende Duldung, gerechtfertigte Beschwerde, Beschwichtigung oder wütende Auflehnung. Dies sind natürliche Abwehrreaktionen. Dennoch gibt es gute Gründe, solche Reaktionen soweit wie möglich zu vermeiden. Wir wollen sie uns einmal der Reihe nach anschauen.

Stillschweigende Duldung. John Franks war einer von Larry Parks' kompetentesten Untergebenen. Von Natur aus war er ein stiller, zurückhaltender Mensch, der Larrys Verhalten einfach nicht verstehen konnte und es gerade bei einem Menschen in Larrys Position besonders verwerflich fand. John reagierte auf Larry mit Schweigen und innerem Rückzug. Wenn die Beschimpfung oder die Strafpredigt – je nachdem, was Larry an diesem Tag für ihn vorgesehen hatte – vorüber war, beeilte sich John stillschweigend und beflissen, genau das auszuführen, was Larry ihm aufgetragen hatte. Für John waren Schweigen und Rückzug die einzigen rationalen Reaktionen, die ihm zur Verfügung standen. Schließlich, so meinte er, seien Protest oder lautstarke Auseinandersetzungen in der Öffentlichkeit unprofessionell. Larry war über Johns stillschweigend duldende Haltung zutiefst verwundert. Er schätzte Johns Fähigkeiten und hatte mir gegenüber sogar einmal geäußert, daß John seine Aufgaben stets gut und termingerecht erledige. (Als ich Larry fragte, ob er das John gegenüber jemals erwähnt habe, antwortete er grinsend: »Na hör mal, Bob, wir wollen doch nicht, daß unsere Leute übermütig werden, oder?«) Er war überrascht zu erfahren, daß John ein typischer »Ja-Sager« war, der niemals für sich selbst einstand. (Larry war übrigens jemand, der peinlich darauf bedacht war, alle gleich zu behandeln. Er schnauzte jeden an, ganz gleich ob Mann oder Frau, schwarz oder weiß, jung oder alt. Fairerweise muß ich jedoch erwähnen, daß bei ihm auch weibliche Mitarbeiter auf wichtige Posten befördert wurden.) Für Larry kam Johns Verhalten einer verabscheuungswürdigen Kapitulation gleich – eine Haltung, die er weder verstand noch respektierte.

Gerechtfertigte Beschwerde. Es ist wohl kaum verwunderlich, daß Menschen sich häufig über Kopfabreißer beklagen und sich gelegentlich auch bei ihnen selbst beschweren. Wenn wir uns ungerecht behandelt fühlen, dann beginnen die meisten von uns, zu klagen und zu jammern, ohne aber etwas an der Situation zu ändern. Dennoch gibt es zwei Faktoren, die dagegen sprechen, sich über einen einschüchternden Vorgesetzten oder gar bei ihm selbst zu beschweren. Zum einen wird der möglicherweise klagende, passive Ton einer Beschwerde – in gewisser Weise zu Recht – als Zeichen von Schwäche gedeutet und reizt zu noch schärferen Attacken. Darüber hinaus beinhalten Äußerungen wie: »Warum müssen Sie mich immer anbrüllen?« nicht nur eine Beschwerde, sondern auch einen Vorwurf. Das Mittel eines Kopfabreißers, sich gegen einen Vorwurf zu wehren, ist stets eine neue Attacke.

Und was bringt es, sich bei Kollegen, Freunden oder Familienmitgliedern über einen gemeinen Chef zu beklagen? Hat man, wenn man anderen eine traurige Geschichte erzählt, nicht wenigstens die Illusion, eine schlimme Situation einigermaßen unter Kontrolle gebracht zu haben? Ist Jammern nicht ein gutes Ventil, um sich von Gefühlen zu befreien, die sich anderenfalls anstauen und zu übermäßigem Streß führen könnten? Ja, zum Teil. Wägt man jedoch die positiven und die negativen Wirkungen gegeneinander ab, so überwiegen die negativen. Zum einen kann die Tatsache, daß Sie sich selbst beim Jammern zuhören, nicht nur neuen Streß erzeugen, sondern verleitet eventuell sogar dazu, die Dinge pessimistischer zu sehen, als sie in Wirklichkeit sind. Die Psychologin Carol Tavris hat darauf hingewiesen, daß das verbale »Dampfablassen« dazu führen kann, die innere Wut noch zu schüren, anstatt sie zu vermindern.

Schlimmer jedoch ist die Tatsache, daß Freunde oder Familienmitglieder mit ihren gutgemeinten Sympathiebekundungen es Ihnen erschweren können, sich aus der Rolle des hilflosen Opfers zu befreien. Zwar sind Jammern und Beschwerden eine durchaus verständliche Reaktion auf das Gefühl, ungerecht behandelt worden zu sein, aber es kann Sie daran hindern, aktive Gegenmaßnahmen zu ergreifen.

Beschwichtigung. Einige Menschen sind der Meinung, es sei das beste, sich in jeder Situation soweit wie möglich anzupassen. Anstatt Widerstand zu leisten, versuchen sie, ihre Widersacher mit Freundlichkeit und Diensteifrigkeit zu besänftigen. Bemerkungen wie: »Ich habe frischen Kaffee für Sie aufgebrüht«, oder: »Ich habe gestern Überstunden gemacht, damit Sie den Bericht heute morgen auf dem Tisch haben«, können durchaus helfen, Spannungen abzubauen; von Kopfabreißern werden sie aber leider meist als weiteres Schwächesignal angesehen und fordern nur noch mehr

Demütigungen und Angriffe heraus. Larry Parks' Sekretärin, die er von seinem Vorgänger übernommen hatte, war eine gewissenhafte dreiundfünfzigjährige Frau, die sich sehr bemühte, ihn stets zufriedenzustellen. Er nannte sie insgeheim »das kleine Liebchen«, und ihre Bemühungen, sich stets als hilfsbereit zu erweisen, gingen ihm auf die Nerven. Er wünschte sich, daß sie wenigstens ab und zu einmal laut werden und sich so als ein »Mensch aus Fleisch und Blut« zeigen würde. Dennoch bewahrten ihr Eifer und ihre Tüchtigkeit als Sekretärin sie vor seinen schlimmsten Ausbrüchen. So gesehen kann also Beschwichtigung das letzte Mittel sein, wenn andere Strategien versagt haben. Dennoch ist das Beschwichtigen – genau wie das Klagen und die stillschweigende Duldung – wenig hilfreich, wenn es darum geht, das erniedrigende Verhalten eines Kopfabreißers zu unterbinden. Mit der Zeit kann Ihr Selbstwertgefühl dadurch immer mehr unterminiert werden, während Sie selbst immer stärker in eine passive Rolle geraten.

Auflehnung. Die meisten von uns werden früher oder später zum aktiven Widerstand provoziert, und Kopfabreißer sind geradezu prädestiniert dafür, uns derartige Provokationen zu liefern. Wer von uns hat sich nicht schon einmal voller Schadenfreude ausgemalt, wie es wäre, wenn man einen beleidigenden und herablassenden Vorgesetzten mit ein paar sarkastischen Bemerkungen zum Schweigen brächte? Wie verlockend eine solche Szene auch erscheinen mag – es gibt einige ausgezeichnete Gründe, sie von vornherein zu vermeiden.

Zunächst einmal würden Sie diesen Kampf höchstwahrscheinlich verlieren. Die meisten Kopfabreißer haben ihre Kämpferkarriere schon früh begonnen und hatten seither reichlich Gelegenheit, ihre Fähigkeiten weiterzuentwickeln.

Sie dagegen sind ein Amateur. Sie haben nicht die jahrelange Übung im Beleidigen, Vortäuschen von Wut und anderen Grundmanövern des emotionalen Nahkampfs, die zur täglichen Routine jedes versierten Kopfabreißers gehören. Und was noch schlimmer ist: Sie sind ein wohlerzogener, zivilisierter Mensch, der überzeugt ist, daß Prügeleien, und seien es auch nur verbale, eigentlich nur – wenn überhaupt – an irgendwelchen abgeschiedenen Plätzen ausgetragen werden sollten. Sie fühlen sich gehemmt und meinen, man sollte Probleme am besten durch vernünftige Diskussionen und nicht durch Herumbrüllen lösen. Wie also sollen Sie es beim gegenseitigen Beschimpfen mit einem Meister aufnehmen, wenn Sie mitten im Streit daran denken müssen, daß es doch eigentlich einen besseren Weg geben sollte, dieses Problem zu lösen, als im Flur herumzuschreien. Kopfabreißer dagegen haben selten solche Hemmungen. Außerdem werden sie von ihrem Bedürfnis nach Selbstbestätigung und ständigem Dominieren dazu getrieben, einen Streit immer weiter hochzuschaukeln. Oftmals kommt es dann zu so schlimmen persönlichen Beleidigungen, daß Sie es schnell bereuen werden, sich überhaupt auf die Auseinandersetzung eingelassen zu haben.
Zudem besteht natürlich die Gefahr, daß Sie Ihrem Chef tatsächlich überlegen sind und ihn geschlagen und demoralisiert zurücklassen. Ist der Mensch, den Sie so erfolgreich an die Wand gedrängt haben, dann auch gleichzeitig derjenige, der Sie belohnen, bestrafen und befördern kann, wird Ihre Genugtuung nicht von langer Dauer sein.
Sie sind in der paradoxen Situation, mit einem Vorgesetzten fertig werden zu müssen, der einerseits auf Schwäche mit Verachtung reagiert, Sie jedoch andererseits zur Schnecke macht, wenn Sie es wagen sollten, sich zur Wehr zu setzen.

Genau darum geht es bei den Strategien, die wir im folgenden beschreiben wollen.

Strategien für den Umgang mit Kopfabreißern: Was man tun sollte

Beim erfolgreichen Umgang mit einem Kopfabreißer geht es im wesentlichen darum, ihm zwar die eigene Stärke zu demonstrieren, ihn aber gleichzeitig wissen zu lassen, daß man sein Bedürfnis, sich machtvoll und kompetent zu fühlen, in keiner Weise bedroht. Der Haken an der Sache ist, daß Sie Stärke zeigen müssen, wenn Ihre innere Stimme Ihnen eigentlich befiehlt, in Ohnmacht zu fallen, zu kämpfen oder zurückzuweichen. Natürlich gibt es Augenblicke, in denen ehrliche Spontaneität *der* entscheidende Beitrag zur Verbesserung einer zwischenmenschlichen Beziehung ist. Wenn Sie aber gerade in der Schußlinie eines aggressiven Vorgesetzten stehen, dann ist Spontaneität gewiß das falsche Mittel. In solchen Situationen müssen Sie genau das tun, was die meisten Schauspieler tun: Gefühle simulieren, die Sie gar nicht empfinden. Beginnen Sie damit, die Signale zu kontrollieren, die Sie durch Ihre Körperhaltung aussenden. Das ist relativ einfach: Bleiben Sie aufrecht stehen, und schauen Sie Ihrem einschüchternden Gegenüber in die Augen (oder irgendwo darüber oder darunter).

Achten Sie auf Ihre Körperhaltung. Versuchen Sie einmal, sich vorzustellen, wie Sie reagieren würden, wenn ein tyrannischer Chef Sie mit glühenden Augen, aufgeblähten Nasenflügeln, rotem Kopf und wütendem Gesichtsausdruck beschimpft. Wenn Sie nicht anders sind als die meisten Menschen, die von mir interviewt wurden, dann würde folgendes

passieren: Ihre erste Reaktion wäre, daß Sie unterwürfig in sich zusammensinken; die Schultern werden rund, Sie senken den Blick, und Sie weichen vor Ihrem Angreifer zurück. Aber in diesem Augenblick werden Ihnen Ihre neu erlernten Techniken zu Hilfe kommen: Statt automatisch in sich zusammenzusinken, richten Sie sich kerzengerade auf, wenden sich dem Kopfabreißer zu und zwingen sich, ihm in die Augen zu schauen. Beginnt Ihr Peiniger, wie von einem bösen Zauber getroffen, zurückzuweichen? Leider nein. Dennoch haben Sie bereits einen Fortschritt erzielt, denn Sie haben ihm zu verstehen gegeben, daß Sie Rückgrat haben. Sie sind weder bereit, den Rückzug anzutreten, noch wollen Sie sich in eine Streiterei hineinreißen lassen.

Sind die »Todesstrahlen«, wie einer meiner Klienten sie bezeichnete, die aus den Augen Ihres Vorgesetzten schießen, zu intensiv? Wenn ja, können Sie auf seine Nase, seine Stirn oder auf die Spitze seines Kinns schauen. Ihr Chef wird den Unterschied nicht bemerken, und Sie erreichen damit fast dieselbe Wirkung.

Wenn Sie der Person, mit der Sie sich unterhalten, ins Gesicht schauen, wird es Ihnen auch leichter fallen, laut und deutlich zu sprechen. Nachdem Sie nun durch eine gerade Haltung und eine vernehmliche Stimme Ihre Standhaftigkeit unter Beweis gestellt haben, können Sie zum nächsten Schritt übergehen, nämlich Ihren Vorgesetzten beim Namen zu nennen.

Verlagern Sie die Beziehung auf die menschliche Ebene. Die meisten Menschen, auch die Kopfabreißer, genießen es, ihren Namen zu hören. Darüber hinaus macht eine namentliche Anrede die Beziehung ein wenig menschlicher. Ein tyrannischer Mensch hat im allgemeinen weniger Hemmungen, auf Untergebenen herumzutrampeln, die er zuvor mit

einem Schimpfwort abgestempelt und denen er so ihre menschliche Würde genommen hat. Es ist viel einfacher, »Schlamper«, »Faulenzer« und »Anfänger« herunterzuputzen als eine »Frau Meier«, eine »Frau Müller« oder einen »Franz-Josef«. Deshalb sollten Sie versuchen, Ihre Unterredung mit einem wütenden Vorgesetzten damit einzuleiten, daß Sie ihn beim Namen nennen (obwohl Sie ihm wahrscheinlich viel lieber ein paar Schimpfworte an den Kopf werfen würden).

Benutzen Sie dabei die Anrede, die Sie auch sonst verwenden. Wechseln Sie also nicht zu »Frau Meyer«, wenn Sie die Dame normalerweise duzen, und nennen Sie sie nicht »Hertha«, wenn Sie sie normalerweise mit »Frau Meyer« anreden. Ein derartiger Wechsel der Anrede soll nämlich meist dazu dienen, jemanden zurechtzustutzen – »Hertha-Annemarie Meyer, wo bist du gestern vormittag gewesen?« – und wirkt daher eher provozierend als besänftigend.

Versuchen Sie von Zeit zu Zeit – vielleicht bei einer Tasse Kaffee – das Gespräch auf ein paar interessante Aspekte Ihres Privatlebens zu bringen. Ein Bericht über Ihre Hobbys oder ein Familienfest kann das stereotype Bild, das sich im Kopf Ihres Chefs festgesetzt hat, zerstören oder zumindest korrigieren. Was Sie ihm vermitteln wollen, ist, daß Sie nicht einfach eine dümmliche Sekretärin, ein langweiliger Techniker oder ein schlappschwänziger Buchhalter sind, sondern eine Persönlichkeit, die sich den Anforderungen ihres einzigartigen Lebens täglich aufs neue stellt.

Streiten Sie nicht, bringen Sie Ihre abweichende Meinung zum Ausdruck! Für einen feindseligen, aggressiven Menschen sind Aussagen wie: »Sie sind im Unrecht« oder: »Das stimmt nicht« Kampfansagen, die viel eher den Wunsch nach einem Gegenangriff als Aufmerksamkeit für Ihre Argumente hervorrufen. Statt dessen sollten Sie sich ein paar alternative Antworten einprägen, mit denen Sie Ihrem Kontrahenten nicht direkt widersprechen, die Ihnen aber dennoch die Möglichkeit bieten, Ihre Ansichten mit Nachdruck zu äußern. Redewendungen wie: »Soweit ich das beurteilen kann ...« oder: »Meiner Meinung nach ...« ermöglichen es Ihnen, das Gespräch fortzuführen, ohne die eindeutige Aussage machen zu müssen, daß Ihr Vorgesetzter im Unrecht ist. Die beste dieser ichbezogenen Aussagen ist: »Ich bin da nicht ganz Ihrer Meinung«, besonders, wenn darauf die Bitte um weitere Informationen folgt. Sagen Sie beispielsweise: »Herr Fleischhauer, ich bin da nicht ganz Ihrer Meinung, aber erzählen Sie mir doch bitte mehr darüber, wie Sie sich die Sache gedacht haben.« Das Entscheidende an diesen Antworten ist, daß sie das stereotype Bild zerstören, das Herr Fleischhauer sich von Ihnen gemacht hat: Sie stimmen ihm weder unterwürfig zu, noch beharren Sie hartnäckig auf Ihrem Standpunkt oder streiten herum. Statt dessen bitten Sie ihn in aller Ruhe (nun ja, jedenfalls so ruhig wie möglich), Ihnen noch mehr Informationen zu geben.

Brechen Sie den bösen Zauber. Es ist häufig hilfreich, den Ablauf dessen, was gerade geschieht, zu unterbrechen. Wenn Sie sitzen, dann erheben Sie sich von Ihrem Stuhl, gehen zu einem Schreibtisch hinüber, lehnen sich dagegen oder setzen sich auf dessen Rand. Oder bücken Sie sich, um einen Bleistift aufzuheben, den Sie vorsätzlich fallen gelassen haben. Ihr Ziel ist es, eine kurze natürliche Unterbrechung der Interaktion zu bewirken. Sie gewinnen dadurch ein paar Sekunden Zeit, um über die nächsten Schritte nachzudenken, und Sie können dem Kopfabreißer sogar vermitteln, daß das momentane Kräftemessen sich von den meisten derartigen Spielchen in irgendeiner Weise unterscheidet.

Wenn man Sie unterbricht, dann schlagen Sie daraus einen Vorteil. Realistische Denker haben eine besondere Begabung, anderen ins Wort zu fallen. Sie betrachten das als ein Zeichen für ihre geistige Effizienz. Nachdem sie die ersten paar Sätze Ihrer Ausführungen gehört haben, meinen sie, sie könnten sich den Rest ohnehin denken. Sie finden es nur vernünftig, Ihnen das Wort abzuschneiden, denn schließlich sparen sie dadurch Zeit. Darüber hinaus ist es für einen realistischen Denker wichtig, Ihnen zu demonstrieren, daß er sowohl die Macht als auch das Recht hat, Sie zu unterbrechen, etwa mit Bemerkungen wie: »Das habe ich schon mal gehört.« Solche Einwürfe können Sie zu Ihrem Vorteil nutzen, indem Sie so ruhig wie möglich entgegnen: »Herr Fleischhauer, Sie haben mich unterbrochen«. (Ein verbindliches Lächeln tut der Wirkung des Satzes keinen Abbruch). »Sie haben mich unterbrochen« – das ist eine Feststellung, die nicht die gleiche emotionale Botschaft trägt wie: »Unterbrechen Sie mich nicht« – eine Kampfansage! – oder: »Ach, bitte unterbrechen Sie mich doch nicht« – ein lascher Appell. Die beiden letztgenannten Aussagen werden Ihren Vorgesetzten höchstwahrscheinlich nur dazu veranlassen, Ihnen zu beweisen, daß er durchaus fähig und gewillt ist, Ihnen das Wort abzuschneiden, wenn er es für nötig hält. Nachdem Sie ihn auf die Unterbrechung hingewiesen haben, fahren Sie mit der Darlegung Ihrer Argumente fort. Versuchen Sie, so ruhig und so sachlich wie möglich zu bleiben. Vermeiden Sie es, auf Fehler im Plan Ihres Vorgesetzten hinzuweisen, und schlagen Sie statt dessen lieber alternative Verfahrensweisen vor oder stellen Sie wichtige Fakten heraus. Seien Sie darauf vorbereitet, daß Sie erneut unterbrochen werden – die meisten Kopfabreißer geben nicht so schnell klein bei –, und reagieren Sie einfach mit einem erneuten: »Herr Fleischhauer,

Sie haben mich unterbrochen.« (Vermeiden Sie unbedingt das provozierende: »Sie haben mich *schon wieder* unterbrochen.«) Diese Strategie ist in zweierlei Hinsicht wirkungsvoll. Erstens beweisen Sie dadurch, daß Sie jemand sind, mit dem man rechnen muß, ohne jedoch die Machtposition Ihres Vorgesetzten in Frage zu stellen. Zweitens erreichen Sie dadurch, daß sich die Aufmerksamkeit nun auf die Lösung des Problems und nicht etwa auf die beteiligten Personen richtet. Sie wissen, daß Sie durch Ihren Schachzug an Boden gewonnen haben, wenn Ihr Vorgesetzter Sie anstarrt, als hätte er Sie noch nie zuvor gesehen, oder wenn er verwirrt dreinschaut, sich Ihre Argumente plötzlich anhört und schließlich an der Diskussion über die beste Möglichkeit zur Lösung des Problems teilnimmt. Die meisten aggressiven Vorgesetzten sind nämlich ernsthaft daran interessiert, Dinge, die in der Firma schiefgelaufen sind, wieder ins Lot zu bringen, obwohl diese Tatsache oft durch ihr polterndes Auftreten verschleiert wird. Neben ihrer Fähigkeit, andere beiseite zu schieben, ist es nämlich diese Begabung zum »korrektiven Denken«, die sie in der Hierarchie vieler Unternehmen an die Spitze gebracht hat. Wobei wir wieder beim Grundgedanken dieses Buches sind: Wenn Kopfabreißer mit ihrem schwierigen Verhalten nicht die gewünschte Reaktion erzielen, wenn Sie als ihr Opfer also nicht verstummen, in Tränen ausbrechen oder in ohnmächtige Wut geraten, werden sich selbst derart unangenehme Menschen normalerweise von einer produktiveren Seite zeigen.

Wenn Sie nicht sprechen können, dann schreiben Sie!

Viele Einschüchterungsexperten haben festgestellt, daß sie ihre Überlegenheit auf wundervoll sadistische Art demonstrieren können, indem sie ihr Opfer zunächst verbal zur Schnecke machen und ihm dann die Möglichkeit nehmen, sich zu wehren, indem sie einfach hinausgehen, das Faxgerät ausschalten oder den Telefonhörer auflegen. Wenn Sie jemals durch einen solchen geschickten, wenn auch unangenehmen Schachzug abgeblockt werden, versuchen Sie ja nicht, Ihren Peiniger zu bedrängen oder ihm hinterherzulaufen. Aber natürlich müssen Sie etwas unternehmen, um Ihr Image des standhaften, aber nicht mit ihm rivalisierenden Mitarbeiters aufrechtzuerhalten. Möglicherweise gelingt es Ihnen in diesem aufgebrachten Zustand jedoch nicht, gelassen zu bleiben. Reagieren Sie in einer derartigen Situation also lieber schriftlich, mit einer informellen Notiz – nicht mit einem offiziellen Memorandum oder Brief –, in der Sie jene Punkte aufführen, die nicht mehr zur Sprache kamen, weil Sie so abrupt unterbrochen wurden. Eine solche Notiz könnte folgendermaßen lauten: »Frau Müller, gestern sind wir leider nicht mehr dazu gekommen, meinen zweiten Vorschlag zur Frage der Preiserhöhungen auszudiskutieren. Zwar weiß ich nicht ganz genau, was Sie sich vorgestellt hatten, aber ich glaube, daß mein Vorschlag viele der Probleme, die Ihnen Sorgen bereiten, lösen könnte. Ich würde mich morgen früh gerne mit Ihnen zusammensetzen, damit wir die Einzelheiten klären können. Sollte ich keinen gegenteiligen Bescheid von Ihnen erhalten, werde ich morgen um 8:30 h in Ihrem Büro sein.« Es wäre gut, wenn Sie Ihre Notiz einem Kollegen, Freund oder Familienmitglied zeigen könnten, um sicherzugehen, daß sich kein klagender Ton eingeschlichen hat. Ihre Aussage sollte sachlich sein und keinerlei Vorwürfe enthalten. Wenn diese Kriterien erfüllt sind, geben Sie Ihre Nachricht ab oder schicken Sie sie per Post oder Fax.

Halten Sie ihn auf dem laufenden. Sie können einer wütenden Konfrontation mit einem Kopfabreißer in vielen Fällen vorbeugen, wenn Sie ihn frühzeitig vom Auftreten möglicher Probleme in Kenntnis setzen. Wenn etwas im argen liegt, sollte es der Kopfabreißer nämlich möglichst nicht durch einen Dritten erfahren. Informieren Sie ihn so bald wie möglich über das Problem, und unterrichten Sie ihn davon, daß Sie bereits einen Plan haben, wie man es wieder in den Griff bekommen kann. Lassen Sie sich jedoch nicht dazu hinreißen, ihn um seine Hilfe zu bitten, denn möglicherweise wird er Ihnen dann wirklich einige Vorschläge machen. Dann stehen Sie aber unter dem Zwang, seine Ideen, seien diese nun brauchbar oder nicht, akzeptieren oder ablehnen zu müssen, und am Ende sitzen Sie mit einem undurchführbaren Plan da oder werden in eine Auseinandersetzung hineingezogen, die Sie ganz und gar nicht gebrauchen können. Wenn Ihre Aussage, Sie hätten einen Vorschlag, in Zweifel gezogen wird, seien Sie bereit, Rede und Antwort zu stehen und Ihr Konzept kurz zu umreißen. Akzeptieren Sie die Kommentare Ihres Vorgesetzten als Anregungen, die Sie dankbar annehmen.

Eine entsprechende Rückmeldung wäre: »Das ist eine gute Idee, Frau Müller. Ich werde versuchen, Ihre Anregungen in meinen Plan zu integrieren und werde Sie natürlich auch weiter über die Entwicklung auf dem laufenden halten.«

Lassen Sie den Kopfabreißer wissen, daß Sie seine Stärke und Kompetenz durchaus respektieren. Wie gesagt: Sie können Ihre Position gegenüber einem tyrannischen Vorgesetzten dadurch stärken, daß Sie hin und wieder Bemerkungen darüber fallenlassen, welche positiven Auswirkungen seine Einfälle gehabt haben oder wie sehr Sie, ganz allgemein, seine Kompetenz zu schätzen wissen. Sätze wie: »Ihr letzter Vorschlag ist bares Geld wert« oder: »Sie wissen in diesen Dingen immer bestens Bescheid, Herr Peters«, machen Ihren Vorgesetzten geneigt, Ihren Lösungsvorschlägen zuzuhören, besonders, wenn Sie es vermieden haben, Ihrer Aussage ein »aber« folgen zu lassen. Bei Sätzen wie: »Das ist schon richtig, aber…«, nehmen die meisten Menschen nämlich sofort eine Abwehrhaltung ein, weil sie aus Erfahrung wissen, daß auf dieses »aber« Argumente folgen werden, die ihnen beweisen sollen, daß ihre Vorschläge ganz und gar nicht überzeugend sind. Eine bessere Formulierung ist: »Und hier sind noch ein paar weitere Vorschläge zu unserem Aktionsplan«. Und was ist zu tun, wenn Sie doch einige Mängel im Konzept Ihres Vorgesetzten entdeckt haben? Ich schlage vor, daß Sie die nötigen Korrekturen vornehmen, indem Sie Änderungen oder Zusätze zur genannten Strategie vorschlagen. Vermeiden Sie es, die Logik, die hinter den Gedanken Ihres Chefs steht, zu widerlegen. Beispielsweise könnte es vorkommen, daß Ihnen sein Plan zu übereilt erscheint und daß ein Aufschub oder eine langsamere Vorgehensweise einen größeren Erfolg versprechen. Anstelle der Bemerkung: »Wir gehen in dieser Sache zu übereilt vor« – was einer direkten Herausforderung gleichkommt – sagen Sie besser: »Und es würde vielleicht noch besser funktionieren, wenn wir unsere neue Marketingkampagne über einen Zeitraum von drei Monaten verteilen, damit niemand das Gefühl hat, wir würden die Sache mit Gewalt durchboxen.«

Halten Sie sich eine Rückzugsmöglichkeit offen. Möglicherweise zeitigt Ihre erste Strategie, mit einem Vorgesetzten von der Sorte eines Larry Parks zurechtzukommen, keinen Erfolg. Vielleicht kommt als Reaktion auf Ihr »Ich bin da nicht ganz Ihrer Meinung« eine wütende Beschimpfung. Oder Sie werden mit barschen Worten aus dem Büro gewiesen, weil auch eine andere Ihrer Strategien fehlgeschlagen ist. In solchen Momenten fühlen Sie sich wahrscheinlich ratlos und entmutigt und neigen dazu, ergeben zu schweigen, in

Tränen auszubrechen oder wütend zu explodieren. Sie können aber trotzdem das Schlimmste vermeiden, indem Sie Ihr Wissen über Kopfabreißer dazu benutzen, sich für den Fall, daß Ihre Strategien erfolglos waren, eine Rückzugsmöglichkeit offenzuhalten. Denn sollten Ihre Strategien tatsächlich erfolglos gewesen sein, haben Sie wahrscheinlich unabsichtlich einige der tiefsitzenden Ängste Ihres Einschüchterers – vor allem in bezug auf seinen Selbstwert oder einen möglichen Kontrollverlust – geschürt. Insofern wird eine deutliche Klarstellung in dem Sinne, daß Sie keinesfalls vorhatten, den Status oder die Autorität Ihres Gegenübers in Frage zu stellen, den Schaden wahrscheinlich reparieren können. Sie könnten Ihre entsprechende Aussage folgendermaßen formulieren: »Sekunde, Herr Schmitz! Es hört sich fast so an, als wären Sie der Meinung, ich wüßte nicht, wer hier der Boß ist. Das ist aber ganz und gar nicht der Fall. Ich werde natürlich das tun, was *Sie* entscheiden.« Dann sagen Sie etwas im Sinne von: »Genau wie Sie möchte ich nur sicherstellen, daß wir unseren Auftrag so gut wie möglich erledigen.« Ob Ihr Chef sich dadurch nun besänftigen läßt oder nicht – auf jeden Fall haben Sie anders reagiert als erwartet: Sie haben sich weder geduckt, noch sind Sie zum Gegenangriff übergegangen. Beides sind nämlich ebenso natürliche wie wirkungslose Reaktionen, die lediglich den Weg für neue Beleidigungen ebnen.

Sich mit Kopfabreißern in Aktion arrangieren. Janet Price gehörte zu den Menschen, die gelernt hatten, wie man mit Larry Parks umgehen mußte. Sie war die Leiterin seiner Planungsabteilung und eine der wenigen seiner Untergebenen, die er mochte. Larry sagte folgendes über sie: »Sie ist sehr produktiv, tut normalerweise das, was man ihr sagt, und ist bereit, mich ehrlich darauf hinzuweisen, wenn ich im Irrtum bin.« Schon sehr bald hatte ich Gelegenheit, mit eigenen Augen zu sehen, was er damit meinte.

Der Direktor von Larrys Abteilung hatte verlangt, Larry solle bei mir ein Training absolvieren, um seine »zwischenmenschlichen Fähigkeiten« zu verbessern (obwohl Larry ganz offensichtlich der Meinung war, daß es eher etwas an der Inkompetenz seiner Mitarbeiter als an seinen Führungsqualitäten zu verbessern gab). Da Larry sich jedoch wenigstens den Anschein von Kooperationsbereitschaft geben mußte, lud er mich ein, an einer anstehenden Personalbesprechung teilzunehmen. Er meinte, er könne ja durchaus ein paar »Tips mitnehmen, wie man die Leute bei Laune hält«. Im Laufe der Besprechung begann Larry, eine neue Verfahrensweise zu beschreiben, die bei der Zusammenarbeit mit der Einkaufsabteilung zu befolgen sei. Er hatte offensichtlich das Gefühl, daß diese neue Regelung seinen Einfluß als technischer Leiter untergrub, denn seiner Meinung nach wog der niedrigere Preis der Ware deren mangelhafte Qualität nicht auf. Er blickte von einem zum anderen und schlug, während er sprach, mit der Faust auf den Tisch, um seine Worte zu unterstreichen. »Ich möchte, daß jeder von Ihnen *(bumm)* peinlich genau darauf achtet *(bumm)*, daß auf jeder einzelnen Bedarfsmeldung die Auftragsspezifikation vermerkt ist *(bumm, bumm)*. Diese Arschlöcher im Einkauf *(bumm)* haben doch nichts als Stroh im Kopf *(bumm)*, und ich möchte nicht *(bumm)*, daß irgendeiner von Euch Spaßvögeln sich vor ein bißchen Mehrarbeit drückt *(bumm)*.«

An diesem Punkt ergriff Janet das Wort. »Einen Moment mal, Larry. Wollen Sie damit etwa andeuten, daß ich mich eventuell weigern würde, Ihre Anweisungen auszuführen? Erklären Sie mir das bitte genauer.«

Larry erwiderte ein wenig verdutzt: »Ich will lediglich vermeiden, daß diese Typen glauben, sie könnten mit uns machen, was sie wollen.«

»Das möchte ich auch«, gab Janet zurück. »Und in diesem Zusammenhang habe ich ein paar Ideen, wie Ihr Plan noch besser funktionieren könnte. Soll ich sie Ihnen jetzt gleich vortragen, oder wäre es Ihnen lieber, wenn ich sie schriftlich festhalte?«

»Ich bin immer an Verbesserungsvorschlägen interessiert«, erklärte Larry. »Aber machen Sie's am besten schriftlich.«

Bei späteren Besprechungen mit anderen Mitarbeitern aus Larrys Abteilung führte ich diese Form der Kommunikation als Beispiel für eine effektive Strategie an, Larrys beleidigendes Verhalten jedenfalls in gewissen Grenzen zu halten. Zwei von ihnen gaben zu, daß sie schon mehrfach beobachtet hätten, wie Janet es mit Larry aufnahm, meinten jedoch, daß ein solcher Versuch, wenn sie ihn selbst unternähmen, unweigerlich in einer Katastrophe enden würde. Innerhalb von nur sechs Monaten mußten dieselben Mitarbeiter feststellen, daß sie sich getäuscht hatten. Was Janet getan hatte, war keine Zauberei. Sie hatte gelernt, ihrer eigenen, durch Larrys Verhalten ausgelösten ärgerlichen Reaktion mit ein paar Techniken zu begegnen, die normalerweise zum Erfolg führten. Und selbst wenn sie einmal nicht funktionierten, ging es ihr deshalb nicht schlechter.

Bis jetzt haben wir uns mit den tyrannischen Vorgesetzten beschäftigt, die Sie durch ihre vorsätzlich schroffe Art in Ihrer Arbeitsleistung beeinträchtigen. Im folgenden wollen wir uns ihren nächsten Verwandten zuwenden, einer äußerst emotionalen und impulsiven Spezies, für die der Name »Feuerspucker« am passendsten erscheint.

Die Feuerspucker

Obwohl Feuerspucker in Aktion ihren kopfabreißenden Verwandten möglicherweise stark ähneln, bestehen zwischen jenen beiden Typen von Vorgesetzten dennoch ausreichend viele Unterschiede im Umgangston und in den Absichten, um sie deutlich voneinander unterscheiden zu können.

Das Verhalten von Feuerspuckern. *Reizbar*, *launisch*, *aufbrausend* und *unkontrolliert* sind Begriffe, die ich oft zur Beschreibung von Feuerspuckern zu hören bekomme. Menschen, die unter Feuerspuckern arbeiten und erleben müssen, wie ihr Vorgesetzter in einem Augenblick vernünftig und im nächsten wie tollwütig reagiert, beschreiben diese Erfahrung oftmals als einen Tanz auf dem Vulkan, da sie niemals wissen können, wann der nächste emotionale Ausbruch erfolgen wird. Ich habe schon mit einer ganzen Reihe von Leuten zusammengearbeitet, die durchaus in der Lage waren, die Gemeinheiten eines Kopfabreißers zu schlucken, jedoch die plötzlichen Wutausbrüche der Feuerspucker nicht verkraften konnten, besonders, wenn sie nur wenige Minuten zuvor noch vollkommen ruhig mit ihnen diskutiert hatten. Die Büroleiterin Rhoda Walsh beschrieb den geschäftsführenden Gesellschafter des Pharmakonzerns, bei dem sie arbeitete, wie folgt:

> »Mit Dr. Miller komme ich meistens ziemlich gut zurecht. Er hat so seine eigenen Vorstellungen, wie die Dinge zu erledigen sind, und manchmal ist er morgens, wenn er ins Büro kommt, ein wenig muffig. Aber mittlerweile haben wir alle gelernt, damit umzugehen – Sie wissen schon, man geht ihm einfach aus dem Weg, bis er wieder ansprechbar ist. Manchmal allerdings bekommt er ohne nennenswerten Anlaß einen schrecklichen Wutanfall. Er macht ein paar aggressi-

ve Bemerkungen und fängt dann an, mit der Faust auf den Tisch zu schlagen und uns anzuschreien. Bisweilen bin ich so schockiert, daß ich keinen Ton herausbringe. Normalerweise bleibe ich dann ganz einfach ruhig sitzen und warte, bis der Sturm sich wieder gelegt hat. Es ist wirklich ein bißchen verrückt, denn nach einer Weile kommt er dann meist an meinen Schreibtisch und entschuldigt sich. Natürlich ist das kein großer Trost, denn wenn er das tut, erwartet er von mir, daß ich ihm versichere, es wäre nicht weiter schlimm, wie er sich verhalten hat. Aber ich finde es schlimm! Dr. Miller ist ein netter Mensch und ein guter Arzt, aber ich weiß nicht, wie lange ich noch an einem Arbeitsplatz bleiben kann, wo in jedem Moment ein Gewitter losbrechen kann.«

Manche Feuerspucker, wie Dr. Miller, bereuen ihr Verhalten, wenn sie sich bewußt werden, wie sehr sie andere dadurch gekränkt und verletzt haben. Die meisten von ihnen sind sich jedoch der Wirkung, die sie auf andere ausüben, gar nicht bewußt. Nehmen wir als Beispiel einen feuerspuckenden Abteilungsleiter; er pflegte auf Berichte, Memos oder Briefe – je nachdem, welches Schriftstück ihn wütend gemacht hatte – mit roter Tinte und in Großbuchstaben zu schreiben: »Das ist kompletter Unsinn«. Das entsprechende Schriftstück wurde dann durch die üblichen Kanäle an den Absender zurückgeschickt. Als ich ihn damit konfrontierte, was für eine katastrophale Auswirkung dieses Verhalten auf die Arbeitsmoral seiner Mitarbeiter hatte, sah er mich ungläubig an. Er konnte es nicht fassen, daß sie nicht wußten, was er wirklich dachte: »Ich halte sie alle für wundervolle Menschen. Nur geht hin und wieder mein Temperament mit mir durch. Aber alle wissen doch, daß ich es nicht so meine.«

Feuerspucker verstehen. Die plötzlichen und scheinbar

grundlosen Ausbrüche von Feuerspuckern sind das Ergebnis zweier gleichzeitig ablaufender innerer Prozesse: Sie fühlen sich persönlich bedroht, während sie gleichzeitig unter dem Druck stehen, irgend etwas tun zu müssen. Um besser verstehen zu können, warum ansonsten vernünftige Menschen sich von einem Augenblick zum nächsten in irrationale Brüllaffen verwandeln, wollen wir zunächst einmal klären, was »sich persönlich bedroht fühlen« in diesem Zusammenhang bedeutet.

Wir alle wissen, was es bedeutet, mit einem Messer oder einer Pistole bedroht zu werden: Wir fürchten um unser Leben oder haben Angst davor, körperlich verletzt zu werden. *Persönlich bedroht* fühlen wir uns dann, wenn wir fürchten, man würde uns das fortnehmen, was wir uns am meisten wünschen: daß wir gemocht oder geschätzt werden, daß man unsere Leistungen anerkennt oder daß die Menschen, die wir respektieren, von unserer Tüchtigkeit und Klugheit überzeugt sind. Die »Bedrohungen«, von denen hier die Rede ist, erscheinen dem normalen Beobachter oftmals belanglos: eine apathische Reaktion auf eine intelligente Idee, ein Essen, zu dem man nicht eingeladen wurde, komplizierte Fragen, mit denen uns ein in Panik geratener Vorgesetzter bombardiert, der meint, unbedingt irgend etwas tun zu müssen. Diese Bedrohungen können, auch wenn dies nicht beabsichtigt war, den Betroffenen so heftig schmerzen wie ein Schlag unter die Gürtellinie. Nach einer solchen Attacke auf unsere Selbstachtung neigen die meisten von uns dazu, wie verletzte Tiere einen Ort aufzusuchen, wo wir eine Weile lang Ruhe finden können, und das bedeutet oftmals, daß wir uns in uns selbst zurückziehen. Wir verkriechen uns, um unsere psychischen Wunden zu lecken und uns danach erneut in die Schlacht zu stürzen. Häufig fehlt uns jedoch die Zeit, um wieder zu Kräften zu kommen. Man drängt uns, *auf der Stelle* aktiv zu werden oder eine Entscheidung zu treffen. In solchen Situationen, in denen wir unter Druck stehen, greifen wir auf bestimmte Taktiken zurück, die uns schon weitergeholfen haben, wenn wir uns als kleine Kinder frustriert, wütend oder verängstigt fühlten. Beispiele für solche Taktiken sind wütendes Trampeln, herzzerreißendes Schluchzen, zuckersüßes Lächeln, bockiges Schmollen und stillschweigende Resignation. Später wurden diese primitiven Reaktionen natürlich in die »Erwachsenensprache« übertragen: wildes Fäusteschütteln wurde durch verbale Schläge ersetzt. Das Ziel jedoch bleibt dasselbe: Wir wollen uns aus einer unhaltbaren Situation befreien oder unbedingt unseren Willen durchsetzen. Genau wie die kindlichen Wutausbrüche, denen sie so sehr ähneln, scheinen auch die plötzlichen Zornesausbrüche der Feuerspucker unkontrollierbar zu sein – und in gewissem Sinne sind sie das auch. Ein Feuerspucker wie Dr. Miller ist über seine plötzlichen Wutausbrüche selbst genauso überrascht wie Sie. Wenn Sie aber verstehen, warum diese plötzlichen Stürme losbrechen, dann sind Sie sicher weniger irritiert, wenn jemand, der Sie erst vor einer Stunde zusammengestaucht hat, sich jetzt verlegen bei Ihnen entschuldigt. Auch die Einsicht, daß Feuerspucker, wie verletzend ihr Verhalten auch manchmal sein mag, viel eher Unterstützung als Vorwürfe brauchen, kann manchmal hilfreich sein.

Strategien für den Umgang mit Feuerspuckern

Wenn man erst vor wenigen Sekunden von einem feuerspuckenden Vorgesetzten heruntergeputzt worden ist, ist es natürlich nicht leicht, vernünftig zu reagieren. Daher sollte jede Strategie in Richtung auf eine bessere Kommunikation einfach, direkt und effektiv sein. Es macht nichts, wenn Sie sich dabei zunächst ein wenig ungeschickt und linkisch anstellen. Die folgenden vier Schritte erfüllen in den meisten Fällen genau diese Anforderungen: (1) Warten Sie, bis Ihr Vorgesetzter sich wieder beruhigt hat, (2) versuchen Sie, seine Aufmerksamkeit zu gewinnen, und (3) sagen Sie etwas, um die Drohung abzuschwächen und eine erneute Explosion zu verhindern, und (4) beenden Sie die Interaktion für den Augenblick.

Lassen Sie Ihrem Vorgesetzten Zeit, sich wieder zu beruhigen. Feuerspuckern geht gewöhnlich nach einer gewissen Zeit die Luft aus. Wenn sich dann die Wogen wieder geglättet haben, erkennt ein solcher Mensch – nun wieder so verantwortungsbewußt und zivilisiert, wie man es sich nur wünschen kann –, daß er an Ihnen, einem verläßlichen Mitarbeiter, ungehemmt seine Wut ausgelassen hat. Er ist vor Ratlosigkeit und oft auch vor Scham wie gelähmt, und es kann sogar vorkommen, daß er – falls diese Fähigkeit ihm nicht als Kind ausgetrieben worden ist – ein paar Tränen vergießt. Wenn Sie ihm ein wenig Zeit lassen, sich zu beruhigen, sparen Sie eine Menge Energie.

Versuchen Sie, seine Aufmerksamkeit zu gewinnen. In manchen Fällen scheint der wütende Ausbruch sich endlos hinzuziehen; dann müssen Sie den Feuerspucker unterbrechen oder versuchen, seine Aufmerksamkeit zu gewinnen. Durch neutrale Ausrufe wie: »Moment mal!«, »Stop!«, »Ja!« oder durch mehrfaches lautes und scharfes Wiederholen seines Namens könnte es Ihnen gelingen, sich Gehör zu verschaffen.

Es gibt zwei wichtige Gründe für Sie, einen Feuerspucker zu

unterbrechen: Erstens ist es unbedingt notwendig, daß Sie möglichst schnell zum nächsten strategischen Schritt übergehen, das heißt die Bedrohung abschwächen, die Ihren Vorgesetzten so sehr außer Fassung gebracht hat. Zweitens ist es immer klug, den Feuerspucker davor zu bewahren, Dinge zu sagen, die er später nicht mehr zurücknehmen kann. Die Tiraden eines Feuerspuckers können sich bisweilen zu scharfen, ja manchmal sogar brutalen persönlichen Beleidigungen steigern, die dann aus dem Gedächtnis des Opfers nie mehr zu löschen sind.*

Schwächen Sie die Bedrohung ab. Sobald das Gebrüll nachläßt oder aufhört, müssen Sie versuchen, der Bedrohung die Spitze zu nehmen. Manchmal wissen Sie im Grunde recht gut, was Ihren Vorgesetzten so sehr in Rage gebracht hat. Beispielsweise haben Sie versucht, ihm eine neue Verfahrensweise nahezubringen, und dabei unausgesprochen impliziert, daß die alte (*seine* alte) Verfahrensweise ziemlich dumm war. Viel häufiger kommt es jedoch vor, daß Sie nicht die leiseste Ahnung haben, was schiefgelaufen sein könnte. In beiden Fällen müssen Sie Ihrem Chef jedoch durch Wortwahl, Stimme und Verhalten vermitteln, daß Sie ihn ernst nehmen, daß Sie an dem, was er zu sagen hat, interessiert sind und daß Sie vorhaben, ihn zu unterstützen. Benutzen Sie dabei Redewendungen wie: »Moment mal, Frau Müller.

* In der gewohnten Arbeitsumgebung sind die Angriffe eines Feuerspuckers stets verbal. Außerhalb dieser Umgebung können Zusammenstöße mit Feuerspuckern für die Betroffenen jedoch mit Schaden an Leib und Leben enden – wie Sie täglich in der Zeitung nachlesen können. Greifen Sie in einem solchen Fall auf die oben beschriebenen Strategien zurück, achten dabei aber stets darauf, einen Sicherheitsabstand einzuhalten oder dafür zu sorgen, daß zwischen Ihnen und dem Feuerspucker ein Hindernis steht.

Was Sie da eben gesagt haben, scheint wirklich wichtig zu sein. Könnten Sie mir noch einmal erklären, wie Sie das meinen?«, oder: »Ich weiß, daß Sie sich da wirklich auskennen. Was sollen wir Ihrer Meinung nach also tun?«, oder: »Sie wissen, daß ich Ihre Meinung sehr schätze. Lassen Sie uns noch einmal ein paar Schritte zurückgehen und die Sache von Anfang an durchsprechen.«

Vor allem wenn es darum geht, eine erneute Explosion zu verhindern, ist es sehr wichtig, die Bedrohung abzuschwächen. Vielleicht haben Sie bei einem Familienstreit schon einmal erlebt, wie eine emotional geführte »Diskussion« ein weiteres emotionales Nachspiel hatte. Zuerst kommt es zu einem Wutausbruch, der sich jedoch nach einer gewissen Zeit totläuft. Sie sind erleichtert und glauben, Sie könnten nun vernünftig an das Problem herangehen. Also beginnen Sie erneut, die Fakten ruhig und sachlich darzulegen, müssen jedoch erleben, daß Ihr Feuerspucker ein zweites Mal explodiert. Natürlich war das nicht Ihre Absicht, dennoch ist es gut möglich, daß Sie an diesem Nachspiel nicht ganz unschuldig waren. Der Feuerspucker – normalerweise ein zivilisierter und umsichtiger Mensch – hat gerade bemerkt, daß er einen Mitmenschen angeschrien hat. Er schämt sich und ist über sich selbst wütend. Mit anderen Worten: Er fühlt sich persönlich bedroht. Der soziale Druck, in dieser Situation etwas sagen zu müssen, ist der Funken, der eine erneute Explosion auslöst. Möglicherweise haben Sie dem Feuerspucker nicht deutlich genug gezeigt, daß Sie ihn ernst nehmen. Zwei weitere Strategien werden Ihnen helfen, einem solchen unangenehmen Teufelskreis zu entrinnen: (1) Brechen Sie das Gespräch für den Augenblick ab, und (2) ziehen Sie sich zurück.

Das Gespräch abbrechen. Wenn alle Anwesenden Symptome von starker emotionaler Anspannung – etwa Verwirrung, Angst oder Wut – zeigen, kann schon der kleinste Anlaß einen erneuten Wutausbruch auslösen. In einem solchen Augenblick kann jeder Vorwand, der eine Atempause ermöglicht, äußerst hilfreich sein. Einige Aussagen, deren positive Wirkung ich selbst miterlebt habe, sind: »Entschuldigen Sie bitte, aber ich muß mal eben zur Toilette«, »Ich muß schnell mal jemanden zurückrufen« und: »Ich brauche ein paar Minuten, um über das nachzudenken, was eben zur Sprache kam.« Schon allein das Heben der Hand mit der Handfläche nach außen (das vertraute »Stop«-Zeichen), und ein darauf folgendes aufmerksames und konzentriertes Aufschreiben der Anordnungen, die man Ihnen zugeschrien hat, (natürlich in zensierter Form!) kann hilfreich sein. Welchen Vorwand Sie auch immer anführen, um die Situation zu entschärfen – vergessen Sie niemals, allen Beteiligten mitzuteilen, *wann* Sie wieder auf die Sache zurückkommen wollen. Genauso wichtig ist es, diesen Zeitpunkt dann auch genau einzuhalten. Wenn Sie es beispielsweise geschafft haben, nach einer Konfrontation zu sagen: »Moment mal! Ich brauche ein bißchen Zeit zum Nachdenken. Wie wäre es also mit einer zehnminütigen Pause?«, dann lassen Sie sich durch nichts und niemanden – sei es nun ein Gespräch mit einem Mitarbeiter oder ein Anruf von zu Hause – daran hindern, genau nach zehn Minuten wieder zurückzusein. Eine Verspätung kann den Feuerspucker erneut wütend machen, und in dem Fall haben Sie die Vorteile, die Ihnen die Unterbrechung gebracht hat, wieder verspielt.

Sorgen Sie für eine Rückzugsmöglichkeit. Nachdem Sie eine Unterbrechung bewirkt haben, ist es gleichermaßen wichtig, dem Feuerspucker die Möglichkeit zu geben, für kurze Zeit allein zu sein. Eine solche Besinnungspause kann verhindern, daß eine vorübergehende Reiberei sich zu einer ausgewachsenen Schlacht entwickelt. Sollte ein zeitweiliges Alleinsein nicht möglich sein, versuchen Sie, die Zahl derjenigen, die Zeuge des Ausbruchs Ihres Vorgesetzten werden könnten, zu reduzieren. Schlagen Sie beispielsweise vor, daß Sie sich beide in ein nahe gelegenes Büro oder in einen Konferenzraum begeben.

Versuchen Sie, wenn möglich, seinen Stimmungszyklus zu erkennen.

Einige Menschen sind von Natur aus »launisch«. Sie neigen dazu, sich in Zeitabständen, die sich über mehrere Wochen oder gar mehrere Monate erstrecken können, etwas besser oder schlechter zu fühlen. Das heißt nicht, daß sie sich während dieser Phase nicht durch gute Nachrichten beschwingt oder durch schlechte Nachrichten deprimiert fühlen. Es ist vielmehr so, daß sie sich in einer Negativphase von leicht negativen Nachrichten geradezu am Boden zerstört fühlen und daß wirklich positive Dinge sie dann nur wenig freuen. Sind sie dagegen in ihrer euphorischen Phase, dann tendieren sie dazu, fast alles Negative – außer den schlimmsten Katastrophen – zu übersehen oder gleichmütig hinzunehmen, während schon mittelmäßige Erfolge sie außerordentlich befriedigen. Miles Harder, stellvertretender Leiter der Personalabteilung eines Großunternehmens, beschrieb den Umgang mit seinem Chef wie folgt:

> »Frank ist einfach ein launischer Typ. Zur Zeit kommen all die unangenehmen Dinge, über die ich mich beschwert habe – Wutausbrüche bei Konferenzen, totale Bevormundung

von Leuten, die sich um ihre Angelegenheiten durchaus selbst kümmern können – nur sehr selten vor. Wenn ich es nicht besser wüßte, würde ich sagen, er habe eine neue Seite aufgeschlagen. Aber ich weiß, daß seine Stimmung irgendwann, vielleicht in zwei Monaten, wieder umschlagen wird, und dann werden ihn schon die unwichtigsten Dinge wieder aus der Fassung bringen. Sein Verhalten hat sich zwar nicht geändert, aber mein Leben ist trotzdem viel leichter geworden, einfach, weil ich jetzt seinen Stimmungszyklus kenne. Wenn er schlecht drauf ist, tue ich alles, um eine Konfrontation zu vermeiden. Wenn er dann wieder eine gute Phase hat, kann ich mich ein wenig entspannen und muß mich nicht so streng an meine Strategien für den Umgang mit schwierigen Vorgesetzten halten.«

Lernen Sie die wunden Punkte Ihres Vorgesetzten kennen. Je besser Sie die Gründe für die Wutausbrüche Ihres Chefs kennen, desto eher sind Sie in der Lage, entsprechende Situationen von vornherein zu vermeiden. Ihre Liste könnte beispielsweise folgende Auslöser beinhalten:

- Schlußtermine, die nicht eingehalten werden können und von denen Ihr Chef nicht rechtzeitig in Kenntnis gesetzt wurde
- Mitarbeiter, die zu spät zu einer Konferenz erscheinen
- Telefonanrufe (für den Chef) vom Ehepartner oder von Freunden
- Tippfehler oder falsch buchstabierte Namen
- Produktions- oder Kostenberichte, die die Abteilung – und damit den Chef – in ein schlechtes Licht rücken.

Ob es nun sinnvoll ist, wegen solcher normaler Vorkommnisse gleich aus der Fassung zu geraten, steht hier nicht zur Debatte. Es geht vielmehr darum, sich zu bemühen, die oben genannten Situationen zu vermeiden, indem man beispielsweise auf Tippfehler achtet oder dringende oder schwierige Entscheidungen so lange aufschiebt, bis man sieht, wie der Chef auf den Anruf von zu Hause reagiert.

Und was ist mit einer direkten Konfrontation? Ist es hilfreich, den Feuerspucker mit den negativen Wirkungen seiner Angriffe direkt zu konfrontieren? Für eine solche Annahme gibt es mehrere Gründe: Erstens sind Feuerspucker sich nur selten der Konsequenzen ihres Verhaltens bewußt. In den seltensten Fällen haben sie bewußt und ausdrücklich den Entschluß gefaßt, ihre Mitarbeiter zu beschämen, sie zu reizen oder ein Gefühl der Hilflosigkeit in ihnen hervorzurufen. Zweitens ist es zwar den meisten Feuerspuckern nicht möglich, ihre Wutausbrüche gänzlich zu unterdrücken, aber sie können einiges tun, um deren Dauer und Heftigkeit einzuschränken. Drittens kann es durchaus sein, daß Sie selbst sich nicht mehr ganz so hilflos fühlen, wenn Sie einmal die Gelegenheit hatten, Ihrem Vorgesetzten offen zu sagen, welche Auswirkungen sein schwieriges Verhalten auf Sie hat.

Um zu vermeiden, daß Ihre Offenheit nur eine weitere Explosion auslöst, ist es wichtig, genau zu planen, was Sie sagen und wie Sie Ihre Argumente vorbringen wollen. Häufig ist es hilfreich, sich ein Konzept aufzuschreiben; dabei ist es wichtig, auch die kleinsten Anzeichen von Vorwurf, Nörgelei oder Beschwerde von vornherein auszuschalten. Ihr Konzept sollte nach folgendem Muster aufgebaut sein: »Wenn X passiert, reagiere ich darauf in dieser oder jener Weise, und das hat dann diese und jene Wirkungen.« In Kapitel 7, in dem es um das Thema »Verhaltensblindheit« geht, werden Sie einige Beispiele dafür finden, wie ein Gespräch mit Hilfe eines zuvor entwickelten Konzepts äußerst produktiv verlaufen kann.

Wir kehren nun zum zweiten Fallbeispiel zurück, das zu Anfang dieses Kapitels vorgestellt wurde: das allgemeine Schweigen, das auf Tim Ronalds wütende Beschimpfung seines Abteilungsleiters Hal folgte. Tatsächlich dauerte das Schweigen höchstens zehn Sekunden, aber sämtlichen Anwesenden kam es sehr viel länger vor. Es war Diana, Tims stellvertretende Abteilungsleiterin, die schließlich das Wort ergriff.
»Hör mal, Tim. Natürlich müssen wir das, was der Gouverneur von dir erwartet, alle sehr ernst nehmen. Wir stehen hundertprozentig hinter dir. Sag mal, wie wäre es jetzt mit einer kurzen Pause? Danach kommen wir wieder zusammen und überlegen, wie wir weiter verfahren wollen. Ich muß allerdings noch kurz etwas mit dir besprechen. Könnten wir beide uns in ein paar Minuten in deinem Büro treffen?«
Diana stand auf, sah Tim fragend an und wartete.
»Ja, meinetwegen«, brachte Tim schließlich hervor. Er starrte auf den Tisch und rieb die Handflächen nervös an der Tischkante.
Diana brach die Spannung: »Also, wir treffen uns hier in einer halben Stunde wieder.«
Nachdem Diana den Raum verlassen hatte, holte ich sie im Flur ein und lobte sie dafür, daß sie die Strategien, die wir in der vorangegangenen Woche besprochen und geübt hatten, so geschickt angewandt hatte.
Sie erwiderte: »Sie sind also der Meinung, daß ich es gut gemacht habe. Das freut mich. Als ich sprach, war ich nämlich alles andere als gefaßt. Mir fiel einfach nichts Besseres ein. Aber Sie hatten recht: Tim scheint es tatsächlich geschluckt zu haben und wieder einigermaßen ansprechbar zu sein. Jetzt muß ich mir aber schnell etwas einfallen lassen,

worüber ich mich mit ihm unterhalten kann, wenn ich mich in fünf Minuten mit ihm treffe. Mir ging es vor allem darum, ihn irgendwie von den anderen zu trennen. Er ist nicht der einzige, der sich wieder sammeln muß.«

Humor und feindselige Aggression

Durch Humor kann man sowohl den Kopfabreißer als auch den Feuerspucker entwaffnen. Dabei muß es sich jedoch – und das ist sehr wichtig – um die *richtige* Art von Humor handeln. Es geht darum, zwei gleichermaßen deutliche Botschaften zu übermitteln: (1) »Ich anerkenne und schätze Ihre Stärke«, und (2) »aber ich lasse mich davon nicht einschüchtern.« Die folgenden Beispiele verdeutlichen, wie diese Botschaften in einer spontanen und mehr oder weniger witzigen Art und Weise gleichzeitig übermittelt wurden.

Im ersten Fall geht es um den Lieblingsspruch eines Vertreters. Er pflegte sich geduldig die Beschimpfungen anzuhören, die gelegentlich auf ihn einprasselten, und dann mit einem leisen Lächeln zu antworten: »Mr. Jones [Ted, Sally], ich bin wirklich froh, Sie [Dich] an einem Ihrer [Deiner] guten Tage erwischt zu haben.« Normalerweise rief das folgende Reaktion hervor: ein verwirrter Gesichtsausdruck, der langsam einem Lächeln und dann einem etwas unsicheren Lachen wich. War dies der Fall, ging er dann meist zu seiner Version von: »Dies ist wirklich wichtig, und ich wüßte gerne, was Sie davon halten« über.

Um das zweite Beispiel wirklich schätzen zu können, müssen Sie sich zunächst folgende Situation vorstellen: Katrin, eine junge Verwaltungsangestellte, arbeitete mit ausschließlich männlichen Kollegen – Ingenieuren, Mechanikern und

Arbeitern – zusammen, die komplizierte elektrische Geräte herstellten. Sie war beauftragt worden, die Kosten unter Kontrolle zu halten, und hatte die Vollmacht, Ausgaben zu bewilligen oder auch abzulehnen – eine Aufgabe, die dieser jungen Frau unter keinen Umständen besonders viel Sympathie eingetragen hätte. Erfahrene Ingenieure und alteingesessene Vorarbeiter empfanden es als demütigend, sich für bestimmte Ausgaben, über die sie früher selbst hatten entscheiden können, erst Katrins Zustimmung einholen zu müssen. Jede dieser Kostendebatten artete am Ende zu einer erhitzten Schreierei aus. Katrin wurde meistens beschimpft, und man warf ihr Ignoranz, Arroganz oder einfach Dummheit vor. Zwar ließ Katrin sich nie von einer einmal gefällten Entscheidung abbringen, aber natürlich haßte sie es, in einer Atmosphäre von Feindseligkeit und Aggression zu arbeiten. Eines Tages fiel ihr eine komische Szene aus einem Stummfilm ein, die sie sich für ihre eigenen Zwecke zunutze machte. Zunächst einmal besorgte sie sich eine etwa 50 cm hohe Trittleiter, wie sie häufig in Büchereien benutzt werden, um an die obersten Bücherregale heranzukommen. An dieser Stelle sollte ich vielleicht erwähnen, daß Katrin ziemlich klein und zierlich ist. Wenn dann ein wutschnaubender Mitarbeiter unangemeldet in ihr Büro platzte, hob sie die Hand, schob ruhig ihren Bürostuhl zurück, ging langsam um ihren Schreibtisch herum, kletterte auf die Trittleiter, stellte sich dann leicht vorgebeugt, die Arme in die Seiten gestemmt, ihrem Angreifer gegenüber und schaute ihm – aufmerksam, aber nicht im geringsten verängstigt – direkt in die Augen. Der Wüterich brach dann meist in schallendes Gelächter aus, reichte ihr das Papier, das ihn so in Rage versetzt hatte, und setzte sich dann mit ihr zusammen, um ruhig und sachlich eine Lösung des Problems zu finden. Schon nach zwei

Wochen konnte Katrin die Trittleiter in eine Ecke ihres kleinen Büros verbannen – sie hatte ihr als Symbol gedient, daß auch kleine Leute sich durchsetzen können.

Mir gefallen diese beiden Beispiele besonders deshalb, weil sie beweisen, daß der Humor, der Ihnen zum gewünschten Erfolg verhelfen soll, weder außerordentlich originell noch umwerfend komisch sein muß. Er soll nur dazu dienen, dem anderen zu zeigen, was für eine starke und gleichzeitig vernünftige Persönlichkeit Sie doch sind.

3 Wenn Ihr Vorgesetzter nie für Sie da ist
Die geschickten Drückeberger: Ausrede-Weltmeister, Schwafler und Super-Delegierer

Um in einem Unternehmen, ganz gleich, ob groß oder klein, gute Arbeit zu leisten, muß man wissen, welche Richtung einzuschlagen ist, welche Kompetenzen man hat und – jedenfalls von Zeit zu Zeit – wie die eigene Leistung eingeschätzt wird. Es ist die Aufgabe Ihres Vorgesetzten, Ihnen diese Informationen in Form allgemeiner Richtlinien zukommen zu lassen. Wenn es jedoch darum geht, die entsprechenden Richtlinien auszuarbeiten und zu artikulieren, entwickeln einige Vorgesetzte eine erstaunliche Fähigkeit, sich erfolgreich davor zu drücken. Hier drei Fälle von Drückebergern in Aktion:

Fall 1: Als ich den zweiundvierzigjährigen George Hamilton, Wirtschaftsreporter einer großen Tageszeitung, kennenlernte, war seine Depression bereits abgeklungen. Inzwischen war er nur noch irritiert und voller Groll. Dies ist seine Geschichte:

> Ich wollte schon seit Jahren eine eigene Rubrik haben. Ständig sprang ich ein, wenn ein anderer Reporter krank war oder einen Kater hatte – aber natürlich schrieb ich dann unter dessen Namen. Bis vor zwei Wochen war ich auch allen Ernstes der Meinung, ich hätte unserer liebenswerten Kate Bradshaw, der Redakteurin des Wirtschaftsteils, meine Kompetenz und Zuverlässigkeit dadurch in ausreichendem Maße

bewiesen. Jetzt endlich ist es in meinen blöden Schädel eingedrungen, daß aus der eigenen Rubrik niemals etwas werden wird. Das schlimme daran ist, daß ich zwei Jahre meines Lebens darauf verschwendet habe, zu warten, wie sie sich entscheiden würde. Zuerst sagte sie: »Wir müssen warten, bis über das neue Budget entschieden worden ist.« Dann hieß es: »Warte, bis Roger in Rente geht.« Dann erzählte sie mir, daß das Budget unserer Abteilung gekürzt worden sei. Dann wußte sie nicht so genau, welche Überschrift sie der neuen Rubrik geben sollte, und meinte, die Sache erst einmal mit dem Chef vom Dienst durchdiskutieren zu müssen. Wissen Sie, wenn sie mir geradeheraus gesagt hätte, mein Stil ließe zu wünschen übrig, meine Berichte wären langweilig oder ich sei eben leider zu dumm, hätte mir das zwar nicht gefallen, aber ich hätte gewußt, woran ich bin. So etwas hat sie aber nie gesagt. Ganz im Gegenteil! Wenn ich sie fragte, ob ich ihrer Meinung nach überhaupt in der Lage wäre, eine eigene Rubrik zu schreiben, versicherte sie mir stets, daß ich das zweifellos leicht schaffen würde, lobte den einen oder anderen der Berichte, die ich geschrieben hatte, und versprach, die Sache mit der eigenen Rubrik so schnell wie möglich durchzuboxen. Und naiv wie ich war, glaubte ich ihr. Vor zwei Wochen wachte ich eines Morgens mit der Erkenntnis auf, daß sie sich *niemals* zu einer endgültigen Entscheidung durchringen würde. Ich werde mich also bis ans Ende meiner Tage als Reporter herumschlagen oder zu einer anderen Zeitung wechseln und da wieder von ganz vorne anfangen müssen. Ich kann nur nicht verstehen, wie ein dermaßen entscheidungsschwacher Mensch wie sie es in diesem harten Geschäft so weit bringen konnte.

Fall 2: Diese Unterhaltung wurde an einem sonnigen Frühlingstag zwischen Fred Williams, einem hervorragenden Handelsvertreter, und seinem Chef, Sam Estaban, Bezirks-Verkaufsleiter der Armstrong Soap Products Inc., geführt:

Fred: Hör mal, Sam! Ich bin echt sauer auf Dich, weil Du dieser Neuen, dieser Stella, meine besten Bezirke gegeben und mir dafür den absatzschwächsten Bereich des ganzen Landkreises aufs Auge gedrückt hast! Diesen Bezirk müßte ich wieder ganz neu aufbauen, und dazu habe ich absolut keine Lust! Ich habe jetzt sieben Jahre lang bewiesen, was ich leisten kann, und diese Stella fängt gerade erst an! Daß sie jetzt die Sahnestücke bekommt und ich mich wieder abrackern soll, ist ein verdammt schlechtes Geschäft für mich, und das gefällt mir absolut nicht!

Sam: Äh, hör mal, Fred, das meinst Du doch bestimmt nicht ernst. Du bist gut – einer der Besten –, und ein neues Gebiet zu erschließen ist doch für Dich noch nicht einmal eine echte Herausforderung! Außerdem kennst Du doch Wilma [die Gebietsleiterin und Sams Vorgesetzte]. Sie ist wirklich beeindruckt von Stellas Fähigkeiten, und sie möchte sichergehen, daß Stella nicht gleich zu Anfang entmutigt wird und wieder kündigt.

Fred: Sam, ich habe mir diese Bezirke hart erarbeitet, und ich verdiene es, sie zu behalten! Falls es etwas nützt, spreche ich selbst mit Wilma.

Sam: Also gut, Fred. Ich will natürlich nicht, daß Du Dich hintergangen fühlst. Aber ich glaube, es ist das beste, wenn ich selbst mit Wilma rede. Überlaß die Sache ruhig mir. Ich glaube nicht, daß es irgendwelche Probleme gibt.

Fred: Danke, Sam. Ich weiß es zu schätzen, daß Du Dich in dieser Sache für mich einsetzt.

Genau zwei Wochen später stürmt Fred um genau neun Uhr zweiundfünfzig in Sams Büro, und das folgende Gespräch findet statt:

Fred: Verdammt noch mal! Ich dachte, Du wolltest mir meinen alten Bezirk lassen! Gerade kam Wilma in mein Büro und sagte mir, wie froh sie darüber wäre, daß ich mich Stella gegenüber so »hilfsbereit« gezeigt hätte.

Sam: Also, ich habe wirklich vor zwei Wochen versucht, mit ihr darüber zu reden, aber ich bin nicht sehr weit gekommen.

Fred: Warum hast Du mir das nicht gleich gesagt? Dann hätte ich ihr selbst erzählt, was ich von der ganzen Sache halte. Jetzt ist es zu spät dafür. Meine Kunden haben bereits ein Schreiben erhalten, in dem angekündigt wurde, daß von jetzt an Stella die zuständige Vertreterin ist. Du bist zwar ein netter Kerl, Sam, aber Du hast mir die Sache völlig vermasselt!

Sam: Hör mal, Fred. Wie wäre es, wenn ich Dein Festgehalt für die kommenden sechs Monate erhöhe. Dann wärest Du nicht so stark von Deiner Umsatzprovision abhängig. Na, was hältst Du davon?

Fred: Ich will Dir mal was sagen, Sam. Du kannst Dir Deine Gehaltserhöhung und diesen Job nehmen, und sie Dir in den ...

Fall 3: Kaum hatte ich ihr Büro betreten, sprudelte Shirley Todd folgende Geschichte hervor:

Was mich am meisten bei Sid [ihrem Chef] aufregt, ist die Tatsache, daß er sich überall damit brüstet, wie toll er delegieren kann. Im Klartext heißt das allerdings: Er erwartet von mir, daß ich in jeder Hinsicht seine Gedanken lesen kann, und wenn ich dann einmal nicht richtig geraten habe, läßt mich dieser miese Angsthase im Regen stehen. Ich, als kleine Abteilungsleiterin, kann ja wohl nun wirklich nicht für jede firmenpolitische Entscheidung verantwortlich gemacht werden. Verstehen Sie mich nicht falsch. Es gefällt mir durchaus, für meine Abteilung verantwortlich zu sein und einen Chef zu haben, der mir nicht ständig über die Schulter schaut. Aber es gibt nichts Schlimmeres, als ständig herumraten zu müssen, nach welchen Richtlinien ich meine Entscheidungen zu fällen habe, und – wenn ich mich einmal geirrt habe – fürchterlich angebrüllt zu werden.

Bei diesen Worten schob Shirley mir ein zusammengefaltetes Stück Papier zu. Es war eine handgeschriebene Notiz vom Leiter der Gesundheitsbehörde, bei der sie arbeitete. Das Schreiben war ihr an jenem Morgen von Sids Sekretärin mit einem leicht herablassenden Lächeln überreicht worden. Es war an Sid adressiert, aber es ging im Grunde um Shirley. Der unangenehme Teil lautete ungefähr so:

> Ihre Mitarbeiter werden doch sicherlich wissen, daß Pflegebeihilfen für Familien von schwerbehinderten Patienten nur dann gewährt werden dürfen, wenn die Familien es sich finanziell nicht leisten können, für dic tägliche Betreuung selbst aufzukommen. Da auf diese Regelung mehrfach hingewiesen wurde, müssen wir annehmen, daß Shirley Todd, als sie der Familie Jones eine Pflegebeihilfe gewährte, versucht hat, diese Regelung zu umgehen, obwohl diese Familie wirklich nicht als bedürftig zu bezeichnen ist. Zwar können wir Miß Todds Sympathie für eine Familie, die sich um ein autistisches Kind kümmern muß, durchaus verstehen, aber wir dürfen nicht zulassen, daß Vorschriften ignoriert oder, schlimmer noch, vorsätzlich umgangen werden. Tragen Sie also bitte dafür Sorge, daß Miß Todd auf ihre Fehlentscheidung hingewiesen wird.

Nachdem ich die Notiz überflogen hatte, sagte Shirley: Sid hat nicht einmal den Anstand besessen, die Sache mit mir persönlich zu besprechen. Und morgen tut er dann wieder so, als wäre überhaupt nichts gewesen. Das frustrierendste daran ist, daß ich beim nächsten Mal, wenn ich ihn wegen irgendwelcher Richtlinien um Rat bitte, wieder einmal seine

Standardantwort zu hören bekomme: »Tu, was du für richtig hältst.« Und das auch nur, wenn ich ihn überhaupt zu fassen kriege. Er ist nämlich nie da, wenn ich ihn mal brauche.

Vorgesetzte wie Kate, Sam und Sid sind nie da, wenn Sie sie brauchen. Oft haben sie sehr liebenswerte Eigenschaften – sie sind freundlich, fair und manchmal idealistisch. Doch wenn man von ihnen erwartet, offen und unmißverständlich ihre Meinung zu äußern und dadurch zu riskieren, sich unbeliebt zu machen, enttäuschen sie oftmals die Erwartungen ihrer Mitarbeiter oder verschwinden von der Bildfläche. Gewiß – wenn Sie sich mit einem dieser Monster auseinandersetzen müssen, die wir im vorangegangenen Kapitel kennengelernt haben, können Sie wahrscheinlich wenig Mitgefühl für die Menschen aufbringen, die sich mit völlig andersartigen und scheinbar sehr viel harmloseren Typen zu befassen haben. Aber auch Vorgesetzte, die einfach verschwinden, wenn man einen Rat, eine Entscheidung oder ein ehrliches Feedback braucht, tragen dazu bei, daß ihre Untergebenen immer gereizter, wütender oder auch apathischer werden.
Dieses Kapitel handelt also von Führungskräften, die niemanden führen, und davon, welche Strategien man entwickeln kann, um erfolgreich mit ihnen umzugehen.

Wie man die geschickten Drückeberger erkennt: Ausrede-Weltmeister, Schwafler und Super-Delegierer

Bei den geschickten Drückebergern unterscheidet man drei verschiedene Typen: Ausrede-Weltmeister (Kate), Schwafler

(Sam) und Super-Delegierer (Sid). Alle drei vernachlässigen ihre Führungsaufgaben in wichtiger Hinsicht. Ausrede-Weltmeister und Schwafler zeigen oft ähnliche Verhaltensweisen und sind kaum zu unterscheiden, obwohl die Ursachen ihres schwierigen Verhaltens meist ganz unterschiedlicher Natur sind. Diese beiden Typen wollen wir uns gemeinsam ansehen. Später werden wir uns dann den Super-Delegierern zuwenden.

Ausrede-Weltmeister fühlen sich in Anbetracht von Konflikten wie gelähmt, und sie sind nur selten bereit, etwas in Angriff zu nehmen, was möglicherweise eine stark negative Reaktion auslösen könnte. (Sie stellen ihr Zaudern oft als Tugend dar, mit Sprüchen wie: »Mit Speck fängt man Mäuse«, oder erklären ihr mangelndes Engagement für die Mitarbeiter mit Loyalität gegenüber der Firma, oder sie behaupten, man fahre am besten, wenn man »sich bedeckt hält«.) Als Vorgesetzte sind sie typische Softies. Es wird selten vorkommen, daß sie an Ihrer Leistung offene Kritik üben, obwohl sie möglicherweise die eine oder die andere indirekte Andeutung machen. Wenn Sie Ausrede-Weltmeister fragen, ob sie mit Ihrer Leistung zufrieden seien, werden sie Ihnen mit überschwenglichen Worten versichern, daß das der Fall sei. Danach haben Sie oft das ungute Gefühl, daß irgend etwas unausgesprochen geblieben sei, ohne jedoch die leiseste Ahnung zu haben, was Sie eventuell verbessern sollten. Von solchen Vorgesetzten werden Sie höchst selten eine präzise, eindeutige und unmißverständliche Antwort erhalten.

»Frau Nußbaum, letzten Monat haben Sie vierzehn Fehler gemacht. Lassen Sie uns mal sehen, ob Sie das um die Hälfte reduzieren können!« Statt einer solchen Aussage werden Sie mit vagen allgemeinen Floskeln eingelullt: »Frau Meyer möchte, daß wir bei der Qualitätskontrolle präziser vorgehen. Schauen wir doch mal, ob wir unsere Fehler ein wenig reduzieren können!« Es werden nur vage Andeutungen gemacht, so daß Sie meist gar nicht erkennen, daß einige dieser Aussagen auf Sie gemünzt sind, bis man Ihnen eine Gehaltserhöhung verweigert oder sogar das Kündigungsschreiben auf dem Tisch liegt.

Ausrede-Weltmeister und Schwafler schrecken auch davor zurück, genaue Produktionsziele zu stecken, Prioritäten zu setzen, präzise Zeitpläne zu erstellen oder überhaupt die Verantwortung für Dinge zu übernehmen, die das Leben für irgend jemanden schwierig machen könnten. Obwohl die Chefs dieser Vorgesetzten durchaus konkrete Ziele definieren, Pläne aufstellen und Maßstäbe setzen, tun unsere beiden Drückeberger-Typen kaum mehr, als diese jeweiligen Vorgaben an Sie weiterzuleiten, sozusagen als Lasten, die ihnen von *denen da oben* aufgebürdet worden sind. Tatsächlich verhält es sich so, daß Ausrede-Weltmeister und Schwafler ihre eigenen Vorgesetzten zu den Ihren gemacht haben. Doch da diese Drückeberger-Typen ihre eigene Position in der Hierarchie ängstlich zu schützen suchen – ein solcher Vorgesetzter wäre beleidigt, wenn Sie versuchten, ihn zu umgehen –, könnten Sie sich am Ende auf einem Abstellgleis wiederfinden. Die Beschwerden über Firmenpolitik und Verfahrensweisen werden gutmütig und geduldig entgegengenommen und dann wieder vergessen, oder, was noch schlimmer ist: Sie werden in einer Form weitergeleitet, die darauf schließen läßt, daß man es bei Ihnen eher mit einem Nörgler als mit einem engagierten und verantwortungsbewußten Angestellten zu tun hat.

Wenn es dann doch einmal vorkommt, daß diese Vorgesetzten Ziele stecken oder Richtlinien vorgeben, dann geschieht es gewöhnlich in sehr vorsichtigen und allgemeingefaßten Formulierungen: »Ich frage mich, ob es eventuell möglich wäre, unsere Kosten ein wenig zu reduzieren?« So können Sie sich niemals ganz sicher sein, welche Bedeutung die so übermittelte Forderung tatsächlich hat. Da solche Vorgesetzte außerdem selten ein Projekt zu Ende bringen und sich auch kaum darum kümmern, wie weit ein Projekt gediehen ist, werden Sie daraus wahrscheinlich mit einer gewissen Berechtigung folgern, daß die Angelegenheit wohl nicht mehr so wichtig sei und somit vernachlässigt werden könne. Das ist aber meistens nicht der Fall. Es kommt häufig vor, daß Ihre Vorgesetzten, ohne daß Sie etwas davon ahnen, eben diese Angelegenheit widerwillig und stillschweigend selbst in die Hand genommen haben.

Ausrede-Weltmeister und Schwafler zeigen häufig ein starkes Interesse am Privatleben, an den Familien und den Karrierewünschen jener, für die sie sich verantwortlich fühlen. Die Warmherzigkeit, die sie durch dieses persönliche Interesse beweisen, verleitet ihre Untergebenen oftmals dazu, das schwierige Verhalten eines ansonsten so »aufmerksamen« Chefs so lange geduldig hinzunehmen, bis es fast schon zu spät ist, erfolgversprechende Strategien für den Umgang mit ihnen zu entwickeln.

Um mit Ausrede-Weltmeistern und Schwaflern erfolgreich umgehen zu können, muß man zunächst einmal verstehen, wie ihr frustrierendes Verhalten zustande kommt. Zwar legen beide ähnliche Verhaltensweisen an den Tag, aber ihre Beweggründe unterscheiden sich doch erheblich. Deshalb wollen wir sie uns einen nach dem anderen einmal anschauen.

Ausrede-Weltmeister verstehen. In ihrer Rolle als Mitarbeiter sind Ausrede-Weltmeister regelrechte Arbeitstiere und genießen es, Mitglied eines Teams zu sein. Sie unterstützen ihre Mitarbeiter, sind gute Zuhörer und setzen sich nachdrücklich für hohe Qualität und außergewöhnliche Leistungen ein. Aufgrund dieser Eignungen ist es kaum verwunderlich, daß sie sich bis ins Management emporgearbeitet haben, auch wenn sie, was ihre beruflichen Fähigkeiten und Führungsqualitäten angeht, weniger begabt sind. Nachdem ein Ausrede-Weltmeister jedoch mit einer solchen Machtposition belohnt worden ist, sieht er sich mit einer Unzahl von quälenden Problemen konfrontiert. Andere Menschen zu mögen und sich um sie zu kümmern ist gewiß großartig. Wenn aber ein solcher Menschenfreund gleichzeitig ein Perfektionist ist und deshalb hin und wieder auch jenen, die er mag, etwas abschlagen muß, löst das bei ihm ein Gefühl ständiger Überforderung aus*.

Wenn Ausrede-Weltmeister beispielsweise das Gefühl haben, ein Mitarbeiter werde von der Geschäftsleitung ungerecht behandelt, dann neigen sie dazu, sich schützend vor ihn zu stellen und in seinem Namen heftig zu protestieren.

Aber Vorsicht! Ein Ausrede-Weltmeister neigt auf der anderen Seite genauso dazu, es seinen eigenen Vorgesetzten recht machen zu wollen. Er versucht, deren – ausgesprochene oder unausgesprochene – Wünsche im Hinblick auf Kostendämpfung oder Vermeidung von unangenehmen Problemen zu

* In der psychologischen Fachliteratur ist diese Eigenschaft in letzter Zeit als »Co-Abhängigkeit« bezeichnet worden. Co-abhängige Personen haben häufig das Gefühl, es sei ihre Pflicht, dafür zu sorgen, daß alles für jedermann perfekt läuft. Dies stürzt aber einen Vorgesetzten, der andere auch hin und wieder darauf hinweisen muß, daß seine Leistungen nicht den Anforderungen entsprechen, in ein qualvolles Dilemma. Diejenigen unter Ihnen, die mehr über diese interessante Beziehung zwischen co-abhängiger Führung und deren Rolle bei der unfreiwilligen Förderung von schlechter Leistung erfahren möchten, werden in der Bibliographie eine Reihe von Literaturhinweisen finden.

erfüllen. Ausflüchte, Beschwichtigungen und schlaflose Nächte sind die Folgen, die der Ausrede-Weltmeister sich damit einhandelt.
Sie selbst sind dann mit der unangenehmen Tatsache konfrontiert, daß Ausrede-Weltmeister solche Probleme oftmals zu lösen versuchen, indem sie sie von vornherein umgehen.

Problem des Ausrede-Weltmeisters: Wenn ich dich wegen deiner ungenügenden Leistungen offen kritisiere, bereite ich dir damit Kummer. Tue ich es nicht, komme ich selber in Schwierigkeiten.
Problemlösung: Ich lasse im Zusammenhang mit dem Problem ein paar Bemerkungen fallen. Die bewirken zwar, daß du dich unwohl fühlst, sind aber nicht deutlich genug, um eine Änderung zu bewirken.
Problem des Ausrede-Weltmeisters: Du verdienst zwar eine Gehaltserhöhung, mein eigener Chef scheint sich aber Sorgen wegen der Kosten zu machen, und ich möchte es euch beiden recht machen.
Problemlösung: Ich sage zu meinem Chef: »Es wäre schön, wenn Sabine das Gehalt bekäme, das sie verdient«. Zu Sabine sage ich: »Ich habe es versucht, aber momentan ist kein Geld da.« Dadurch habe ich es geschafft, keinen von beiden vor den Kopf zu stoßen.

Die Tatsache, daß solches Verhalten jedoch eher zu mehr als zu weniger Frustration führt, wird aus dem Bewußtsein verdrängt und an jenen dunklen Ort verbannt, wo Ängste und Spannungen ständig wachsen. Ja gewiß, letztendlich entstehen dem Unternehmen durch verpaßte Chancen und wütende, unmotivierte Angestellte erheblich höhere Kosten. Doch der Gedanke an solche langfristigen Kosten steht viel weniger im Vordergrund als das Bedürfnis des Ausrede-Weltmeisters, sich so rasch wie möglich aus seinem emotionalen Dilemma zu befreien.

Was man vermeiden sollte

Natürlich ist es verlockend, sich gegen einen Vorgesetzten, der nie da ist, zur Wehr zu setzen, indem man sich an jemanden wendet, der präsent ist – nämlich dessen Chef. Oder warum sollte man nicht, wenn das nicht machbar ist, die Sache selbst in die Hand nehmen und entsprechende Schritte unternehmen, ohne erst lange auf die Zustimmung eines Vorgesetzten zu warten? So verständlich und verlockend diese Vorgehensweisen auch sein mögen – Sie sind dennoch gut beraten, sie zu vermeiden, zumindest so lange, bis alle anderen Möglichkeiten ausgeschöpft worden sind. Nicht, daß die eine oder andere Vorgehensweise auf kurze Sicht nicht funktionieren würde. Schon möglich, daß Sie einem leitenden Vorgesetzten ein »Vermutlich haben Sie recht« abringen können. Möglicherweise nimmt er an, Sie brauchten deshalb seine Zustimmung, weil Ihr Chef nicht verfügbar ist. Die Probleme beginnen dann, wenn Sie eben diesen Chef mit den vollendeten Tatsachen konfrontieren müssen. Die häufigsten Reaktionen darauf sind ein wütendes Schmollen oder, was noch schlimmer ist, eine versteckte Gereiztheit, die sich später in einem wüsten Temperamentsausbruch äußert. Mit anderen Worten, Sie haben durch Ihr Vorgehen Ihren Ausrede-Weltmeister in ein verzogenes Kind oder einen Feuerspucker verwandelt.

Strategien für den Umgang mit Ausrede-Weltmeistern

Der Schlüssel zum erfolgreichen Umgang mit einem Ausrede-Weltmeister liegt darin, sich große Mühe zu geben, um ihm zu helfen, genau das zu sagen, was Sie eigentlich gar nicht hören wollen.

Erleichtern Sie es ihm, ehrlich zu sein. Ehrlichkeit ist – zumindest theoretisch – für einen Ausrede-Weltmeister enorm wichtig. Sein Bedürfnis, ehrlich zu sein, mag im Widerstreit mit seinem Bedürfnis liegen, Sie bei Laune halten zu wollen. Dennoch glaubt er fest daran, daß man zu seinen Mitmenschen immer ehrlich sein sollte. Einem Ausrede-Weltmeister auf den Kopf zu zu sagen, daß er mit der Wahrheit hinter dem Berg halte, ist jedoch am wenigsten effektiv. Ziehen Sie nämlich seine Ehrlichkeit in Zweifel, dann ist mit unangenehmen Folgen zu rechnen: Zunächst einmal könnten Sie dadurch starke Schuldgefühle bei ihm auslösen, die in den seltensten Fällen zu produktivem Handeln führen. Nachdem sich der Ausrede-Weltmeister mit schrecklichen Gewissensbissen für seine Sünden gegeißelt hat, fühlt er sich (wie die meisten Menschen, die unter Schuldgefühlen leiden) entlastet und wieder frei zu sündigen. Zweitens werden Ausrede-Weltmeister, in ihrem krampfhaften Bemühen, Sie vor sich selbst zu schützen, Ihnen glaubhaft versichern, daß sie durchaus die ganze Wahrheit gesagt haben. Kein Wunder, daß George, nachdem er Kate dazu gebracht hatte, ihre Meinung über ihn als Kolumnisten zu äußern, zu hören bekam, daß alles in bester Ordnung sei.

Anstatt die Ehrlichkeit Ihres Vorgesetzten in Frage zu stellen, sollten Sie versuchen, Ihr Bedürfnis nach direkter und eindeutiger Information in Form einer Bitte um Hilfe vorzutragen. Sie könnten beispielsweise sagen: »Was mir jetzt wirklich am meisten weiterhelfen würde, Kate, wären ein paar Vorschläge, wie ich mich noch verbessern könnte, auch wenn ich schon jetzt recht gut bin.« Eine solche Formulierung ist in verschiedener Hinsicht von Vorteil. Ausrede-Weltmeister glauben fest daran, daß man an sich selbst arbeiten sollte, um sich weiterzuentwickeln, und sie sind stark motiviert, auch ihren Mitmenschen bei diesen Bemühungen zu helfen. Außerdem geben Sie dem Ausrede-Weltmeister, indem Sie ihn um »Vorschläge« bitten, die Möglichkeit, harte Wahrheiten als relativ unbedeutend darzustellen. Aber wenigstens Sie selbst sind dann in der Lage, seine Umschreibungen zu durchschauen und dahinter das zu erkennen, was eigentlich gemeint ist. Der Ausrede-Weltmeister bietet Ihnen einen Wink mit dem Zaunpfahl, um zunächst einmal vorsichtig zu überprüfen, wieviel Kritik Sie einstecken können. Daher ist es unerläßlich, daß Sie auf jede schlechte Neuigkeit mit einem Lächeln, einem Nicken und einer bestätigenden Bemerkung wie: »Das ist hochinteressant«, »Genau das, was ich wissen wollte«, »Ich weiß das zu schätzen« oder: »Erzählen Sie mir mehr darüber« reagieren. Erwarten Sie nicht, daß Sie auch *empfinden*, was Sie da sagen. Sie mögen sich zwar bewußt sein, daß negatives Feedback eine notwendige Voraussetzung für persönliches Wachstum ist, aber Ihr zartes Ego wird sich dagegen auflehnen und versuchen, Ihnen einzureden, all die negativen Dinge, die Sie zu hören bekommen, seien nichts weiter als das Ergebnis unbedeutender, durchaus menschlicher und verzeihlicher kleiner Schwächen. Oder es könnte geschehen, daß Sie von einer Welle von Selbsthaß überflutet werden und sich plötzlich bloßgestellt und wertlos fühlen. Obwohl beides durchaus normale menschliche Reaktionen sind, sollten Sie es vermeiden, sie offen zu zeigen. Demonstrieren Sie dem Ausrede-Weltmeister statt dessen, daß Sie beispielsweise durchaus in der Lage sind, über sich selbst zu lachen. Dadurch beweisen Sie ihm, daß Ihre Abwehrreaktion mit dem Bedürfnis vereinbar ist, die Probleme klar zu erkennen und sich realistisch mit ihnen auseinanderzusetzen. Denken Sie immer daran, daß co-abhängige Menschen dazu neigen, andere als hilflose Kinder zu betrachten, die es nicht ertragen können, sich auch nur vorübergehend unwohl zu fühlen, selbst wenn sie dadurch auf lange Sicht gesehen einen Vorteil gewinnen. Wenn Sie also den Eindruck erwecken, Ihr Ego sei überaus zerbrechlich, dann fordern Sie bei einem Ausrede-Weltmeister genau das Verhalten heraus, das Sie eigentlich unterbinden wollen. Und noch etwas: Achten Sie aufmerksam auf Anzeichen dafür, daß man Sie in die Rolle des Abhängigen gelockt haben könnte.

Vermeiden Sie es, in ein Abhängigkeitsverhältnis zu geraten. Die meisten Leute sehnen sich nach einem Menschen, der sie beschützt und sich um sie kümmert, so wie zu der Zeit, als sie noch kleine Kinder waren (zumindest meinen sie, daß es damals so gewesen sei). Daher ist es kaum verwunderlich, daß Ausrede-Weltmeister – die perfekten Coabhängigen – andere, ansonsten selbständige Menschen leicht in die Rolle des Abhängigen drängen können. Hier ein typisches Interaktionsmuster:

> **Angestellter:** Der Typ in der Einkaufsabteilung hat mich eben ganz schön fertig gemacht. Mir ist bei der Angabe der Typen-Nummer des Druckers, den ich bestellt habe, ein kleiner Fehler unterlaufen, und er hat mich am Telefon furchtbar angebrüllt und dann einfach aufgelegt.
>
> **Vorgesetzter (Ausrede-Weltmeister):** Ja, der führt sich manchmal wirklich unmöglich auf. Möchten Sie, daß ich ihn für Sie anrufe?

Angestellter: Oh, das wäre wirklich toll. Danke! Ich kann überhaupt nicht verstehen, wie er mit diesem unmöglichen Verhalten überhaupt durchkommt!

Es ist immer angenehm, wenn wir jemanden haben, der für uns die Kastanien aus dem Feuer holt, und gerade Ausrede-Weltmeister sind in dieser Hinsicht meist sehr hilfsbereit (obwohl sie es hinterher möglicherweise bereuen). Wenn Sie aber die Rolle des Abhängigen akzeptieren, werden Sie den Ausrede-Weltmeister möglicherweise dazu verleiten, Sie auch dann in Schutz zu nehmen, wenn sich das langfristig für Sie eher nachteilig auswirkt.

Bringen Sie sämtliche Konflikte auf den Tisch. Auch wenn Ausrede-Weltmeister nicht darüber reden – Sie sind unweigerlich in einem Netz aus widersprüchlichen Bedürfnissen gefangen. Sie geraten häufig in Konflikte: etwa zwischen den Wünschen ihrer jeweiligen Vorgesetzten nach ausnahmslos guten Nachrichten und den durchaus angebrachten Beschwerden ihrer Untergebenen. Oder es macht ihnen das Mißverhältnis zwischen den begrenzten Geldmitteln einerseits und den Forderungen der verdienstvollen Angestellten nach einer Gehaltserhöhung andererseits zu schaffen. Wenn sie mit einem solchen Dilemma konfrontiert sind – auf der einen Seite steht ein Angestellter, der durchaus eine Gehaltserhöhung verdient, und auf der anderen Seite das Management, das sich Sorgen wegen der ständig steigenden Lohnkosten macht – neigen Ausrede-Weltmeister dazu, überhaupt nichts zu unternehmen und dann die Fakten sowohl der einen wie der anderen Seite gegenüber zu verschleiern. Dem Angestellten wird versichert, die Verzögerung sei »wahrscheinlich auf ein vorübergehendes Liquiditätsproblem« zurückzuführen, während dem Management erklärt wird, es gäbe momentan »keine dringenden Fälle«, die eine Ausnahme zu der Firmenpolitik (»im Augenblick keine Gehaltserhöhungen«) rechtfertigen würden. Da die meisten von uns glauben möchten, daß alles in Ordnung sei, spielen wir bei diesem Verwirrspiel sogar noch mit, indem wir solche beschwichtigenden Aussagen mit einem unterstützenden Nicken und einem akzeptierenden Lächeln hinnehmen.

Eine sehr viel sinnvollere Vorgehensweise, um Ihren Ausrede-Weltmeister zum Handeln zu bewegen, wäre es, ihn dazu aufzufordern, den Konflikt, in dem er steckt, deutlich zu artikulieren. Manchmal genügt es, zu sagen: »Kate, Sie scheinen sich nicht ganz sicher zu sein, welchen Weg Sie einschlagen sollen. Worin besteht der Konflikt?« Sie bekommen das Problem jedoch noch besser in den Griff, wenn Sie schon einmal die eine Seite des Problems zur Sprache bringen: »Auf der einen Seite sind unsere finanziellen Mittel zur Zeit recht knapp. Wie sieht die andere Seite aus?«

Es war diese Herangehensweise, mit deren Hilfe George endlich herausfand, warum Kate sich ständig ausweichend äußerte, wenn er seine eigene Rubrik zur Sprache brachte.

»Hör mal, Kate«, sagte er zu ihr, »du hast doch meinen Wunsch nach einer eigenen Rubrik die ganze Zeit unterstützt, aber jetzt kommt es mir so vor, als hätte ich dich in eine Zwickmühle gebracht. Auf der einen Seite weiß ich, daß du mir wirklich gerne weiterhelfen willst, aber wie sieht die andere Seite aus?« Kates Antwort löste widersprüchliche Gefühle in ihm aus: Er war erleichtert zu erfahren, warum sie ihn so lange hingehalten hatte, aber zugleich auch entsetzt – denn was er herausfand, gefiel ihm ganz und gar nicht. Vor einigen Jahren hatte Jerry, der damalige Chefredakteur, zufälligerweise mit angehört, wie George mit einer seiner Reportagen ein wenig angegeben hatte. Jerry hatte George sofort als oberflächlichen, egozentrischen Emporkömmling eingeschätzt, und dieser Eindruck hatte sich niemals verloren. Zwar hatte er Kate niemals aufgefordert, George zu feuern, aber Kate hatte aufgrund von Jerrys gelegentlichen abfälligen Bemerkungen über George den Eindruck gewonnen, daß Jerry niemals bereit wäre, einen Kolumnisten, der sich eines dermaßen unprofessionellen, großspurigen Verhaltens schuldig gemacht hatte, zu unterstützen. Sie teilte durchaus nicht Jerrys Meinung, daß George ein »gräßlicher Angeber« sei, aber sie hatte großen Respekt vor Jerrys Erfahrung und Position und befürchtete, daß sie ihn dadurch, daß sie Georges Anliegen unterstützte, vor den Kopf stoßen würde.

Natürlich gefiel es George ganz und gar nicht zu erfahren, was Jerry über ihn dachte. Hätte er diese Information jedoch nicht endlich aus Kate herausgeholt, wäre er nie in der Lage gewesen, etwas an seiner Situation zu ändern.

Übernehmen Sie die Rolle des Beraters. Ihren Ausrede-Weltmeister zu ermutigen, freimütig über Mängel in Ihrer Leistung oder über jeden anderen Konflikt, den er möglicherweise spürt, zu sprechen, reicht häufig schon aus, um ihn aus seiner Lethargie zu reißen. Diese Wirkung werden Sie mit noch größerer Wahrscheinlichkeit erreichen, wenn Sie in die Rolle eines Beraters schlüpfen. Stellen Sie Fragen, die zur Lösung des Problems beitragen, schlagen Sie Alternativen vor, entwickeln Sie Strategien, und versuchen Sie, auf alle möglichen anderen Arten Ihrem Chef oder Ihrer Chefin dabei zu helfen, das zu tun, wofür er/sie auch bezahlt wird – nämlich Probleme zu lösen und Entscheidungen zu fällen. Es mag Ihnen widerstreben, so etwas zu tun. Sollte das der Fall sein, dann denken Sie immer daran: Es geht darum, sich selbst zu helfen, nicht dem Ausrede-Weltmeister. Ausrede-Weltmeister, die sich in einem Dilemma befinden oder es vermeiden wollen, andere zu verstimmen, sind gewiß in einer schwierigen Lage, aber im Endeffekt sind Sie selbst es, der mit den negativen Auswirkungen ihrer schwierigen Persönlichkeitsstruktur fertig werden muß. Wenn Sie dem Ausrede-Weltmeister nicht ein wenig Hilfestellung geben, kann es geschehen, daß er sich ständig in Unklarheit und Passivität flüchtet.

Geben Sie verbale Unterstützung. Ein Ausrede-Weltmeister empfindet es als hart und ermüdend, Entscheidungen zu fällen. Deshalb ist es sinnvoll, ihn energisch zu unterstützen, wenn er es doch einmal tut. Als Kate beispielsweise versprach, einmal bei Jerry vorzufühlen, was er von einer neuen Wirtschaftskolumne halte, erwiderte George: »Kate, wirklich, ich halte das für eine ganz tolle Idee.« (Mag Ihnen diese Unterscheidung auch trivial vorkommen – ich habe es als nützlich empfunden, eine weniger persönliche Form der Bestätigung, etwa: »Das ist bestimmt die richtige Entscheidung«, zu vermeiden. Es könnten dadurch nämlich bei Kate Zweifel aufkommen, ob es *wirklich* die richtige Entscheidung war, wodurch sie erneut in ein Dilemma gestürzt wird.) Wenn der Ausrede-Weltmeister klare und eindeutige Unterstützung bekommt, vergrößert sich die Chance, daß auf seine Versprechungen und seine guten Absichten auch wirklich Taten folgen.

Stellen Sie wirtschaftliche Faktoren wie Qualität und Service, nicht Ihr eigenes Vorankommen, in den Vordergrund. Die hohen Maßstäbe des Ausrede-Weltmeisters und seine Sorge um das Wohlergehen anderer führen dazu, daß er sich zu Menschen und Projekten hingezogen fühlt, bei denen ähnliche Wertvorstellungen im Spiel sind. Also sollten Sie ihn wissen lassen, daß Sie jene Ideen ebenfalls teilen (allerdings nur, wenn das tatsächlich der Fall ist), und sich ihm als einen reifen Menschen präsentieren, dem das Wohlergehen der Gemeinschaft am Herzen liegt. Vor allem sollten Sie es vermeiden, den Eindruck von Egoismus zu erwecken. Ausrede-Weltmeister neigen – gelegentlich auf Kosten ihrer eigenen Karriere – zu der Überzeugung, daß langfristig immer derjenige belohnt wird, der stets loyal ist und gute Arbeit leistet. Wenn Sie den Eindruck erwecken, Sie warteten ungeduldig auf eine Beförderung oder hätten es auf Macht und persönlichen Status abgesehen, laufen Sie Gefahr, daß der Ausrede-Weltmeister Ihnen jegliche emotionale Wärme, die er anfänglich empfunden haben mag, wieder entzieht. Was aber, wenn Ihnen zur Zeit Ihre eigene Karriere tatsächlich mehr als alles andere am Herzen liegt? Sollen Sie dann Ihren natürlichen Wunsch nach Erfolg geheimhalten? Diese Fragen sind nicht leicht zu beantworten. Es ist nicht so, daß es schwierig wäre, Ausrede-Weltmeister an der Nase herumzuführen; das Gegenteil ist der Fall. Menschen, die vertrauensselig sind, kann man leicht belügen, und sie werden häufig ausgenutzt. Wenn sie aber herausfinden, daß ihr Vertrauen mißbraucht wurde, dann fühlen sie sich sehr viel tiefer persönlich gekränkt als eher zynische Zeitgenossen. Dann werden sie sich, häufig ohne ein Wort der Erklärung, von Ihnen distanzieren, und es gibt nichts, was Sie tun könnten, um sie wieder zu versöhnen. Auf lange Sicht ist es hilfreich, jene Aspekte von Qualität und Service, an die Sie tatsächlich glauben, deutlich zu definieren und herauszustellen und sich auch an sie zu halten.

Bewahren Sie den Ausrede-Weltmeister, wenn möglich, davor, eine Entscheidung fällen zu müssen. Da Ausrede-Weltmeister Schwierigkeiten haben, unpopuläre Entscheidungen zu fällen, sind sie häufig erleichtert, wenn ein anderer ihnen diese Entscheidung abnimmt, und dieser »andere« könnten ebensogut Sie selbst sein. Ich will damit

nicht andeuten, daß Sie Ihren Ausrede-Weltmeister ignorieren oder seine Ideen und seine Stellung geringschätzen sollten. Wenn Sie beispielsweise zuerst die Zustimmung des Vorgesetzten Ihres Vorgesetzten einholen und Ihren Ausrede-Weltmeister plötzlich vor vollendete Tatsachen stellen, dann wird er wahrscheinlich zunächst einmal mit heftiger Gekränktheit und dann mit einem Rückzug oder offener Wut reagieren. Die Lösung des Problems besteht darin, Ihren Chef als Informationsquelle oder Berater zu nutzen. Bitten Sie ihn um Fakten, Alternativvorschläge und Aufklärung über potentielle Risiken, und sagen Sie ihm, nachdem Sie diese äußerst nützlichen Informationen erhalten haben, so sachlich wie möglich: »Diese Diskussion war wirklich sehr hilfreich. Ich werde also folgendermaßen vorgehen...« Aber hüten Sie sich, am Ende eines Satzes die Augenbrauen oder die Stimme zu heben. Ansonsten haben Sie nämlich Ihre entschiedene Aussage in eine kleinmütige Frage nach dem Muster: »Ist das auch wirklich okay, Boß?« verwandelt.
Wenn er am Ende Ihrer Ausführungen einen Einwand äußert, dann widersprechen Sie ihm nicht. Tun Sie statt dessen so, als sei dieser Einwand eine weitere wichtige Information von seiten eines weisen Beraters, und formulieren Sie Ihren Vorschlag in dem Sinne um, daß Sie den entsprechenden Kritikpunkt einbeziehen. Nachdem Sie von der Weisheit und Erfahrung Ihres Vorgesetzten profitieren durften, ist er im allgemeinen gerne bereit, die endgültige Entscheidung Ihnen zu überlassen.
Vermeiden Sie es, ihn zu bedrängen. Malen Sie sich einmal die folgende Situation aus: Ihr Ausrede-Weltmeister steht zwischen zwei Fronten – etwa zwischen zwei Untergebenen –, die ihm zusetzen, ihn bedrängen und die vielleicht

beide Anspruch auf bestimmte Geldmittel erheben. Ist Ihr Chef ein waschechter Ausrede-Weltmeister, wird er zunächst versuchen, mit Gleichmut auf das Problem zu reagieren und nach Kräften auf eine friedliche Lösung hinzuarbeiten. Wenn das Gerangel nicht aufhört, kann es ihm plötzlich zuviel werden – er verliert dann die Kontrolle und ergreift die Flucht. Das heißt dann oftmals, daß er, nur um die Situation zu entschärfen, eine irrationale, impulsive Entscheidung fällt, die jedoch für alle Beteiligten von Nachteil ist. Nicht nur ist eine solche Entscheidung voreilig und oftmals falsch, sondern Ihr Ausrede-Weltmeister wird sich, da er sich ja schon einmal die Finger an diesem Problem verbrannt hat, schwer damit tun, die Angelegenheit noch einmal zu überdenken. Bestenfalls können Sie erwarten, daß er Ihrem Drängen halbherzig nachgibt, daß er ständig Fehler und Mängel entdeckt und daß er Ihnen schon beim kleinsten Anzeichen für Probleme die Unterstützung entzieht. Wichtige Hinweise darauf, daß Ihr Ausrede-Weltmeister sich emotional überlastet fühlt, sind unter anderem: plötzliche Gereiztheit (schiebt er Ihr Memo mit einer heftigen Bewegung von sich?), schnelles Auf- und Abgehen, beschleunigtes Wippen mit dem Fuß und andere Symptome der Nervosität, wie beispielsweise eine steife und unbewegliche Haltung. Wenn Sie bemerken, daß es im Inneren Ihres Chefs brodelt, dann verschieben Sie die Entscheidung für den Augenblick. Sagen Sie beispielsweise: »Chef, lassen Sie uns diese Diskussion über meine Gehaltserhöhung morgen fortführen. Ich hätte um vierzehn Uhr Zeit.« Es geht darum, Ihrem Chef und sich selbst eine Ruhepause zu verschaffen. Dann können Sie sich überlegen, worauf die plötzlichen Streßsymptome zurückzuführen waren.

Alles in allem läßt sich feststellen: Wenn Ausrede-Weltmeister sich für Ihre Interessen einsetzen, kommt dabei am Ende oftmals nichts Gutes für Sie heraus. Sie drücken sich darum, unangenehmes Feedback zu geben, und machen allenfalls vage Andeutungen. Sie haben insgeheim Verständnis für Ihren Wunsch, daß alles am Ende in Ordnung kommen wird, und verstellen Ihnen auf diese Weise den Blick für ein möglicherweise auftauchendes Problem. Und was noch schlimmer ist: Je frustrierter Sie sich zeigen, desto intensiver wird Ihr Ausrede-Weltmeister versuchen, Sie vor der harten Realität durch noch mehr »kreative Vernebelung« zu schützen. Dies war zweifellos das Schicksal von George Hamilton. Je mehr er Kate bedrängte, ihn vom einfachen Reporter zum Kolumnisten zu befördern, desto mehr »Ja, aber«-Aussagen wurden ihm serviert. Natürlich sind knappe Finanzen und Personalfragen oftmals tatsächlich der Grund dafür, daß verdiente Gehaltserhöhungen auf die lange Bank geschoben werden. Aber wenn nach anfänglich glaubwürdigen Versicherungen sechs Monate lang nichts geschieht, dann ist eine Neueinschätzung fällig: »Habe ich einfach Pech, oder speist man mich mit Ausreden ab?« Mag es auch noch so unangenehm sein – in einem solchen Fall ist es sinnvoll, die rosarote Brille einmal abzusetzen und sich die folgenden Fragen zu stellen:

- Zweifelt mein Chef insgeheim an meinen Fähigkeiten? Hat er mich überschwenglich gelobt, oder gab es Hinweise dafür, daß er der Meinung war, meine Leistung sei zwar gut gewesen, hätte aber doch noch besser sein können?
- Haben die entscheidenden Führungskräfte noch dasselbe Bild von mir, das sie noch vor einigen Jahren hatten, als ich noch weitaus weniger kompetent war als heute? Sind sie überhaupt über meine Leistungen informiert?

- Gibt es außer mir noch einen zweiten Bewerber für eine Gehaltserhöhung? Stürzt die Entscheidung zwischen mir, einem wirklich netten Menschen, und meinen fast ebenso netten Konkurrenten meinen Chef in einen (jedenfalls für ihn) unlösbaren Konflikt?

Ihre Hauptaufgabe besteht darin herauszufinden, welcher Art das Dilemma ist, in dem Ihr Ausrede-Weltmeister steckt. Danach können Sie Ihren nächsten Schritt so gut wie möglich planen, oder, noch besser, Ihrem Chef dabei helfen, die richtige Entscheidung zu treffen – nämlich selbstverständlich Sie und nicht Ihren Konkurrenten zu befördern.

Der Umgang mit Ausrede-Weltmeistern im konkreten Fall

Etwa zwei Wochen nachdem George herausgefunden hatte, was der eigentliche Grund für Kates Zögern gewesen war (nämlich die Tatsache, daß Jerry eine Antipathie gegen ihn hegte), bat er sie um ein Gespräch. Diesmal hatte er sich jedoch einen genauen Plan zurechtgelegt. Die Unterhaltung verlief ungefähr so:

> **George:** Kate, ich bin nicht sicher, ob ich es nicht schon früher einmal erwähnt habe, aber ein Grund, warum ich diese Rubrik haben möchte, ist der, daß ich einen Teil der Insiderinformationen, die ich in den vergangenen zehn Jahren gesammelt habe, an unsere Leser weitergeben möchte. Du weißt, daß ich ziemlich häufig Gelegenheit hatte, hinter die Kulissen zu schauen – daß ich gelernt habe, wie die Dinge wirklich funktionieren. Ich glaube, ich kann den Leuten ein paar gute Ratschläge geben, wie man im Dschungel der Geschäftswelt überlebt.

Kommentar Ein guter Anfang: Er zeigt, wie und warum George sowohl den Lesern als auch der Zeitung nützlich sein kann. Und – wie er später mir gegenüber erwähnte – er wurde sich bewußt, daß es sogar der Wahrheit entsprach.

Kate: So hab' ich die Sache noch nie betrachtet. Um die Wahrheit zu sagen, George, ich habe mich manchmal gefragt, ob es dir nicht vor allem darum ging, deinen Namen bekannt zu machen und vielleicht ein wenig mehr Geld zu bekommen. Und das ist selbstverständlich dein gutes Recht. Aber du weißt doch bestimmt, daß du im Augenblick nicht sehr viel mehr Geld bekommen wirst, auch wenn du eine eigene Rubrik hast.

Kommentar Kate macht ein Geständnis. Das eigentliche Hemmnis war ihre eigene, durch Jerrys Andeutungen hervorgerufene stillschweigende Annahme, daß George vor allem auf seinen eigenen Vorteil bedacht war. Aber sie teilt ihm zugleich auch mit, daß das »sein gutes Recht« sei, da es ihr darum geht, Georges zartes Ego zu schützen. Als nächstes versucht sie, ihn vor dem Schock zu schützen, daß die Gehaltserhöhung nur kümmerlich sein wird (sie wußte, daß Jerry sich nie auf eine substantielle Erhöhung einlassen würde).

George: Gewiß, das ist mir völlig klar, Kate. Ich versichere dir, daß ich nicht enttäuscht sein werde – was auch immer ich bekomme. Du weißt, ich habe auch über Jerry nachgedacht und die Vorurteile, die er mir gegenüber …

Kommentar In diesem Punkt ist George nicht ganz ehrlich.

Kate: Moment mal, George. Jerry ist in allen anderen Angelegenheiten immer sehr fair gewesen …

Kommentar Jetzt beschützt sie Jerry.

George: Genau. Ich wollte ihn auch eigentlich nicht kritisieren. Ich denke darüber nach, was wir tun könnten, um ihn wissen zu lassen, daß ich mich seit damals ziemlich verändert habe und daß ich jetzt bereit bin, eine eigene Rubrik zu übernehmen. Ich würde übrigens sehr gerne selbst mit ihm sprechen, wenn dir das weiterhelfen würde. Vielleicht könnte ich ein paar Probebeiträge schreiben, so daß Jerry die Gelegenheit hat, sie sich zunächst einmal selbst anzuschauen.

Kommentar Gut. Der Beginn des Problemlösungsprozesses. Natürlich hätte Kate das schon vor langer Zeit selbst tun können, aber sie steckte in einer Zwickmühle und war insofern wie gelähmt.

Kate: Weißt du, wenn Jerry hören könnte, wie du jetzt (a) sprichst, dann würde sich seine Einstellung, glaube ich, schnell ändern. Aber nicht er trifft die Entscheidung, sondern ich. Und das habe ich gerade getan. Also, du machst einen Entwurf, in dem du die wesentliche Thematik deiner Rubriken beschreibst; dabei grenzt du deine zukünftige eigene Rubrik deutlich von der von Roger und auch von den regelmäßigen Beiträgen ab, die wir von den Agenturen kaufen. Dann legst du mir zwei Probebeiträge für die Rubrik vor. Ich werde den Platz dafür von Beginn des (b) nächsten Monats an einplanen. Wir wollen die Rubrik zuerst alle vierzehn Tage, dann, wenig später, möglichst jede Woche erscheinen lassen.

Kommentar a) Jerrys Zweifel waren nie das Problem gewesen; Kate war diejenige, die überzeugt werden mußte.

b) In dieser Hinsicht ist George wirklich enttäuscht. Er hatte erwartet, pro Woche wenigstens einen Beitrag schreiben zu können, aber er versucht, so gut es geht, Haltung zu bewahren.

George: Das klingt phantastisch, Kate, aber laß uns auch über die (a) andere Seite reden. Wenn ich in dieser Sache nicht auf der richtigen Schiene bin, dann möchte ich es so bald wie möglich wissen. Wie wär's, wenn wir uns am einundzwanzigsten des Monats zusammensetzten? Dann teilst du mir deine Einschätzung meiner Probebeiträge und deinen Plan (b) mit. Danach werden wir uns einmal monatlich treffen, so daß ich ständig auf dem laufenden bin, was du von der Entwicklung hältst.

Kommentar a) Noch eine kleine Schwindelei, aber er fürchtet, er könnte allzu ungeduldig wirken, wenn er zu sehr drängt, und das, was er gewonnen hatte, wieder verlieren. Wahrscheinlich hat er damit recht.

b) Indem er zeigt, daß er bereit ist, Kritik anzunehmen, hilft er, Kate in ihrem Entschluß zu bestärken.

Kate: Ja, vielleicht ist das eine gute Idee, George, obwohl ich sicher bin, daß du deine Sache ganz toll machen wirst.

Kommentar Er muß den Eindruck erweckt haben, daß er sich Sorgen macht, ob er das Ganze auch tatsächlich in den Griff bekommt – und natürlich gibt Kate ihm daraufhin positive Verstärkung.

George: Danke, Kate. Ich bin überzeugt, (a) daß ich den Job gut machen werde und daß deine Entscheidung der Zeitung und auch unseren Lesern zugute kommen wird. Aber ich weiß, (b) daß ich mich nur dann weiterentwickeln kann, wenn ich ein gutes, ehrliches Feedback von dir erhalte.

Kommentar a) George hat sich recht gut gefangen. Es ist wirklich sehr wichtig für ihn, daß Kate ihn als einen kompetenten Mitarbeiter betrachtet.

b) Er gibt eine bessere Begründung dafür, daß er ihre kritische Unterstützung haben möchte.

Kate: Darauf stoß' ich demnächst mal mit dir an.

Schwafler

Oberflächlich betrachtet scheint das Verhalten von Ausrede-Weltmeistern und Schwaflern fast identisch zu sein. Beide scheinen ihre Untergebenen zu unterstützen, keiner von beiden wagt es, dem eigenen Vorgesetzten die Meinung zu sagen, und beide lassen am Ende diejenigen, für die sie verantwortlich sind, mit einem Gefühl der Wut und Hilflosigkeit zurück. Außerdem ist der entscheidende Faktor in beiden Fällen, daß sie im Hinblick auf wichtige Aspekte der Lage nicht ehrlich sind.

Tatsächlich stecken Schwafler, genau wie Ausrede-Weltmeister, in einem Dilemma; allerdings werden beide Drückeberger-Typen durch sehr unterschiedliche Kräfte motiviert. Während Ausrede-Weltmeister gern ehrlich sein würden, jedoch Hemmungen haben, anderen Kummer zu bereiten, möchten Schwafler vor allem, daß man sie mag, respektiert und akzeptiert. Wenn ihre Führungsposition sie also dazu zwingt, Entscheidungen zu treffen, mit denen sie sich kaum Sympathien einhandeln – beispielsweise Angestellten unangenehme Aufgaben zu übertragen, Gelder ungleich zu verteilen oder eine Gehaltserhöhung für den einen, aber nicht für den anderen Angestellten zu empfehlen –, geraten sie in Panik. Einige lösen dieses Problem, indem sie beispielsweise sämtliche Gelder gleichmäßig verteilen, ohne Rücksicht darauf, wer sie wirklich nötig hat, oder indem sie Gehaltserhöhungen ohne Bezug zur Leistung bewilligen; sie stellen unangenehme Aufgaben als Problem eines Vorgesetzten dar, der in der Firmenhierarchie höher angesiedelt ist als sie selbst.
Andere dagegen pflegen ihr »Smiley«-Image, indem sie fadenscheinige Kompromisse vorschlagen, die niemanden zufriedenstellen. Und entsprechend versuchen sie, verärgerte Untergebene dadurch zu beschwichtigen oder abzulenken, daß sie herumflachsen oder das Problem herunterspielen. Mit anderen Worten: Sie tun alles, um zu verhindern, daß ihr Image des »lieben Mädchens« oder des »netten Kerls« zerstört wird.
Weil Schwafler sich davor fürchten, Ihre Anerkennung zu verlieren, brauchen sie Ihre Hilfe, wenn es darum geht, eine ehrliche und eindeutige Aussage zu machen. (Natürlich sollten sie eigentlich auch ohne Ihre Hilfe ehrlich sein, aber das ist selten der Fall.) Daher besteht die entscheidende Strate-

gie darin, ihnen so viel positive Verstärkung zu geben, daß sie sich sicher genug fühlen, um die Wahrheit riskieren zu können.

Strategien für den Umgang mit Schwaflern

Bringen Sie die Beziehung auf eine persönliche Ebene. Schwafler werden weniger schwafeln, wenn sie sich persönlich akzeptiert fühlen. Versuchen Sie daher, die Beziehung auf eine persönliche Ebene zu bringen. Persönlich heißt jedoch nicht *intim* oder *eng befreundet*; auch übermäßig *höfliches* oder *kumpelhaftes* Verhalten ist damit nicht gemeint. In diesem Fall soll »auf eine persönliche Ebene bringen« vielmehr bedeuten: Tun Sie ein bißchen mehr als üblich, um Ihrem Schwafler zu beweisen, daß Sie ihn für einen liebenswerten Mitmenschen halten. Fragen Sie ihn, was er am Wochenende unternommen hat, unterhalten Sie sich mit ihm über sein Lieblingsbuch oder seinen Lieblingsfilm, oder schlagen Sie ihm vor, zusammen zu Mittag zu essen oder eine Tasse Kaffee zu trinken. Indirekt gibt die Aufforderung zu gemeinsamen Aktivitäten, besonders, wenn diese nicht einfach zum Job gehören, dem Schwafler die Anerkennung, die er braucht. Schwafler sind nämlich meist *wirklich* liebenswerte Menschen, die anderen genau die Art von persönlichem Interesse schenken, das Sie, meinem Vorschlag entsprechend, erwidern sollten.

Wenn der Gedanke an diesen Schritt Ihnen Magenschmerzen bereitet oder Ihnen sonstwie unangenehm ist, ziehen Sie, bevor Sie die Idee gänzlich verwerfen, zunächst die folgenden Punkte in Erwägung:

1. Wenn Sie – von Natur aus oder aufgrund Ihrer Erziehung – zu den Menschen gehören, die an das Leben sehr verstandesbetont herangehen, dann wird Ihnen die eher gefühlsbetonte und irrationale Seite mancher Menschen weniger liegen. Deshalb haben Sie vielleicht auch vergessen, daß andere, im Gegensatz zu Ihnen, sich mehr persönliche Bestätigung wünschen als Sie selbst oder daß sie diese sogar brauchen, um gut arbeiten zu können.
2. Da man von Vorgesetzten erwartet, daß sie für gute Leistungen Anerkennung und Lob aussprechen, wird oftmals vergessen, daß auch *Sie* ein vielleicht unerfülltes Bedürfnis nach Anerkennung und Lob haben, und es ist durchaus angebracht, wenn Ihre Untergebenen dieses Bedürfnis befriedigen.
3. Wenn Ihr Vorgesetzter Ihnen durch seine Schwafelei und sein Zaudern die Chance auf eine Gehaltserhöhung verdorben hat oder wenn dadurch – wie in Freds Fall – hart erarbeitete Verkaufsbezirke verlorengehen, steht Ihnen wahrscheinlich absolut nicht der Sinn danach, die Beziehung auf eine persönliche Ebene zu bringen (zumindest nicht auf eine *freundliche* persönliche Ebene). Halten Sie sich aber in diesem Fall vor Augen, daß eine erfolgreiche Strategie zum Umgang mit einem schwierigen Vorgesetzten gewöhnlich besser ist als eine Kündigung.

Kämpfen Sie nicht, sondern schließen Sie Kompromisse. Das fast krankhafte Bedürfnis des Schwaflers nach guten mitmenschlichen Kontakten hat einen Vorteil – er liebt es, positive Kompromisse zu finden, von denen alle Beteiligten profitieren. Der große Reiz dieser Jeder-soll-ein-Stückchen-von-dem-Kuchen-abhaben-Strategie liegt darin, daß, wenn sie nett verpackt ist und mit ein wenig Humor an den Mann gebracht wird, am Ende niemand über irgend jemanden verärgert ist. Wenn Sie also bereit sind, einen Kompromiß zu akzeptieren, oder besser noch, selbst einen vorzuschlagen – sogar, wenn Sie der Meinung sind, daß Sie das, was Sie fordern, eigentlich *ohne* Einschränkungen verdient hätten – dann können Sie ein potentielles Desaster in einen Teilsieg verwandeln. Wenn Sie dagegen darauf bestehen, für Ihr Recht zu kämpfen, dann riskieren Sie, daß sich Ihr Schwafler in ein Versteck nach dem Muster: »Lassen Sie uns später darüber sprechen« zurückzieht. Möglicherweise provozieren Sie auch eine primitive Abwehrreaktion und müssen feststellen, daß ein in die Enge getriebener Schwafler sich gelegentlich in einen Feuerspucker verwandelt.

Statt dessen sollten Sie zwar Ihre Einwände klar und deutlich zum Ausdruck bringen, aber gleichzeitig einen Kompromiß vorschlagen, wie beispielsweise: »Ich finde zwar nach wie vor, daß ich ein Recht darauf habe, meine alten Bezirke zu behalten, aber da die Übertragung ja schon stattgefunden hat, könnte ich auch mit einer anständigen Erhöhung meines Festgehaltes leben, bis die neuen Bezirke einen ordentlichen Profit abwerfen.«

Ähnliches gilt für den Fall, daß Ihr Chef verzweifelt versucht, Ihnen eine schlechte Nachricht zu übermitteln – vielleicht, indem er Sie, nach Art der Schwafler, als Scherz verpackt: »Tja, Frau Klein, Sie haben ganz schön Glück, daß Sie reich sind, denn man munkelt, daß in nächster Zeit keinerlei Gehaltserhöhungen genehmigt werden.« In einem solchen Fall könnten Sie den schlechten Witz ignorieren, ohne Ihren Chef zu brüskieren, indem Sie beispielsweise sagen: »Okay, Herr Schwamborn. Aber könnte man nicht vielleicht einen Kompromiß schließen?« Trösten Sie sich mit dem Wissen, daß ein kleiner Sieg vielleicht den Weg für weitere Siege ebnet. Noch wichtiger jedoch ist die Tatsache, daß nur bei einem Kompromiß die Möglichkeit besteht, daß Sie trotz einer unangenehmen Situation mit Ihrem Chef weiterarbeiten können. Und schließlich halten Sie sich vor Augen, daß ängstliche Menschen dann am besten vorankommen, wenn sie jeweils immer nur einen kleinen Schritt tun und dann ein wenig innehalten, um zu prüfen, ob eine Katastrophe eingetreten ist. Ist keine eingetreten, kann der nächste kleine Schritt gewagt werden – und so fort. Zwar wissen Schwafler das auf rein verstandesmäßiger Ebene durchaus, wenn sie aber mit einem Streit konfrontiert sind, neigen sie dazu, es zu vergessen. Deshalb lohnt es sich, sie daran zu erinnern und eine Strategie zu planen, die es ermöglicht, einigermaßen gute Beziehungen aufrechtzuerhalten und wenigstens einen Teil dessen, was Sie wollen, auch wirklich zu bekommen.

Der praktische Umgang mit Schwaflern

Schauen wir uns einmal an, wie es Fred ergangen ist, als er diese Technik bei Sam, seinem ewig schwafelnden Vorgesetzten, ausprobierte.

> **Fred:** Verdammt, Sam, ich habe gerade deine Nachricht gelesen, (a) in der es darum geht, einen Teil meines Verkaufsbezirks an Stella abzugeben und mir sozusagen als Entschädigung diesen jämmerlichen Wentworth Distrikt zu überlassen. Okay, ich bin sicher, es gab dafür einen guten Grund. (b) Ich weiß, daß du immer fair gewesen bist und daß du dich für deine hart arbeitenden Vertreter nach Kräften einsetzt. Aber vielleicht würde ich mich besser fühlen, (c) wenn du mir einige der Gründe nennen könntest, die hinter dieser Entscheidung stehen.
>
> **Kommentar** a) Fred versucht, sachlich zu bleiben, aber es

ist schwer, nicht wütend zu wirken, wenn einem unerwartet das Wasser abgegraben worden ist.

b) Du hast die Sache gut in den Griff gekriegt, Fred. (Ein Blick auf Sams Gesicht hat ihm gezeigt, daß sein Ärger Sam in Panik versetzte.)

c) Sehr gute Überlegung, Fred. Während Sam erklärt, kannst du dich wieder sammeln.

Sam: Du weißt, wie sehr ich deine Leistung zu schätzen weiß, Fred. Mensch, du bist weit und breit der beste Verkäufer! Das ist der Grund, warum Wilma dachte, es würde dir nichts ausmachen, wenn wir einen Teil deines besser entwickelten Bezirks an Stella abgeben. Wir glauben, sie hat das Talent zu einer wirklich guten Vertreterin, und wir möchten sichergehen, daß sie nicht entmutigt wird und uns verläßt.

Kommentar Beachten Sie, wie Sam es schafft, sämtliche Schuld auf Wilma abzuwälzen.

Fred: Nun, Sam, ich muß dir sagen, daß ich es eigentlich (a) lieber nicht tun würde. Ich hatte mich wirklich darauf gefreut, endlich von all der vielen Arbeit, die ich dort hineingesteckt hatte, zu profitieren. Ich könnte allen meinen Kunden schreiben und ihnen sagen, daß ich noch immer für sie zuständig bin.

Sag mal, wäre es hart für dich, (b) nochmals zu Wilma zu gehen und ihr zu sagen, daß du deine Meinung geändert hast?

Kommentar a) Persönliche Appelle haben auf Schwafler eine bessere Wirkung als logische Argumente.

b) Fred erkennt die Tatsache an, daß Sam sich in einem Dilemma befindet.

Sam: Mensch, sie schien von dieser Idee echt begeistert zu sein. Und außerdem – ich weiß nicht, ob ich dir das überhaupt sagen sollte – ist Stella die Tochter einer von Wilmas Freundinnen aus der Studentinnenverbindung, und Wilma suchte nach einem Weg, um ihr ein bißchen auf die Beine zu helfen, ohne die Verkaufszahlen der Firma zu beeinträchtigen.

Fred: Sam, ich weiß es wirklich zu schätzen, daß du mir das so offen sagst. Mir ist jetzt klar, warum es schwer für dich ist, mit der Situation umzugehen. Was hältst du von folgendem Vorschlag? Die Gegend um Centerville herum wird wieder meinem Bezirk zugeschlagen – ich hab mich wirklich krummgelegt, um unsere Verkaufszahlen dort in die Höhe zu treiben. Könntest du dir vielleicht etwas einfallen lassen, um meine Einnahmeverluste wettzumachen, bis ich das neue Gebiet im Griff habe?

Kommentar Fred widersteht dem Impuls, mit einem: »Waaas?!« seiner Empörung Luft zu machen. Statt dessen versucht er, Sam einen realistischen Lösungsvorschlag anzubieten. Dann schlägt er einen Kompromiß vor, mit dem er leben kann.

Sam: Ja, sicher – ich könnte dein Festgehalt für sechs Monate erhöhen, aber ich weiß nicht, wie Wilma über die Sache mit Centerville denkt …

Kommentar Sam beginnt ein wenig zu schwafeln.

Fred: Ich würde gern folgendes machen, Sam. Ich würde gern selbst mit Wilma über die Sache sprechen – du kannst natürlich gerne dabeisein. Ich biete euch an, Stella aus der Patsche zu helfen, indem ich sie in die Bereiche meines Bezirks einweise, die sie dann später bekommt, und ich werde die Sache mit Centerville selbst regeln.

Kommentar Fred kommt Sam zu Hilfe.

Sam: Du wirst doch nicht erwähnen, daß die beiden Frauen früher in der gleichen Studentinnenverbindung waren, oder?

Kommentar (Vielleicht fragen Sie sich jetzt, warum ein solcher Schwächling überhaupt befördert wurde: Weil die besonderen Eigenschaften, die einen Schwafler charakterisieren, häufig auch bei Spitzen-Handelsvertretern zu finden sind. Leider sind hervorragende Verkäufer nicht immer hervorragende Vorgesetzte.)

Fred: Mensch, Sam, da solltest du mich aber besser kennen! Würde ich vielleicht irgend etwas tun, um einem netten Vorgesetzten wie dir Probleme zu bereiten?

Kommentar Ein freundliches Schulterklopfen für Sam, der für seine Verhältnisse ungewöhnlich aufrichtig war.

Super-Delegierer

Wenn man nur das in Betracht zieht, was der Super-Delegierer *sagt*, dann scheint er der Prototyp eines guten Führungsstrategen zu sein. Viele Super-Delegierer geben liebend gerne damit an, daß sie ihren Leuten »stets freie Hand lassen«. Ist nicht in sämtlichen Handbüchern für gutes Management nachzulesen, daß die Lösung für fast alle Probleme – von Zeitmangel bis hin zu verheerenden Fehlentscheidungen – Delegieren und nochmals Delegieren ist?

Doch selbst mit einer so bewährten Praxis wie dem Delegieren kann man es übertreiben. Im Fall von Super-Delegierern geht es allerdings nicht unbedingt darum, daß sie *zu* viel delegieren, sondern dies oft auf unangebrachte und unprofessionelle Weise tun.

Beispielsweise sind Super-Delegierer durchaus bereit, die übergeordneten Ziele zu nennen; bei den wichtigen Einzelheiten – beispielsweise was Prioritäten, die Kriterien zur Leistungsbeurteilung oder die Richtlinien zur Lösung komplizierter Probleme der Firmenpolitik anbetrifft – legen sie sich jedoch kaum fest. Wenn jedoch die Entscheidungen, die Sie im Einzelfall getroffen haben, am Ende nicht den Erwartungen Ihres Super-Delegierers entsprechen (Erwartungen, die er niemals ausdrücklich formuliert hat), dann stellen Sie vielleicht fest, daß er Ihnen nicht nur seine Unterstützung entzieht, sondern daß er sich auf die Seite seines Chefs oder irgendwelcher verärgerter Kunden oder Klienten schlägt und sämtliche Schuld und Verantwortung auf Sie abwälzt. Im folgenden schildert der Mitarbeiter eines Super-Delegierers seine Situation:

> Mein Chef Bob denkt, er sei ein Experte im Delegieren. Und tatsächlich läßt er mir, wenn er mir einmal eine Aufgabe gestellt hat, völlig freie Hand. Das ist soweit auch in Ordnung, wenn er mir nur genau sagen würde, was er von mir erwartet und warum er mir diese Aufgabe gestellt hat. Aber das tut er nicht. Er wirft mir das Memo irgendeines Mitarbeiters auf den Schreibtisch, auf das er den Kommentar »Würden Sie sich bitte darum kümmern, Bill« gekritzelt hat. Wenn ich die Sache dann nach eigenem Ermessen regle, stellt sich in fünfzig von hundert Fällen heraus, daß er sich alles ganz anders vorgestellt hat. Oder ich bekomme Ärger mit Leuten, die sich von mir übergangen fühlen, um dann hinterher festzustellen, daß Bob von vornherein wußte, wo die Schwierigkeiten liegen.
> Seiner Meinung nach ist es meine Aufgabe, so etwas vorher in Erfahrung zu bringen. Wenn ich mich aber, bevor ich aktiv werde, nach solchen Sachen erkundige, behandelt er mich wie ein Kind, dem man erst noch beibringen muß, daß man sich nicht Schnürsenkel zubinden kann, ohne sich vorher die Schuhe angezogen zu haben. Oh, in einer Sache ist Bob tatsächlich ein Experte – darin, mir zu vermitteln, daß es ihm rätselhaft ist, warum um alles in der Welt er mich zu seinem Stellvertreter gemacht hat.

Super-Delegierer verstehen

Es sind im wesentlichen drei Faktoren, die bewirken, daß die leidenschaftliche Begeisterung der Super-Delegierer für das Delegieren zu einer unangenehmen Erfahrung für ihre Untergebenen wird: mangelhafte Kenntnisse darüber, wie man beim Delegieren vorgeht, der Wunsch nach mehr persönlicher Handlungsfreiheit, als es die meisten Führungspositionen erlauben, und die irrtümliche Annahme, daß andere genauso allergisch auf Richtlinien und Direktiven seitens ihrer Vorgesetzten reagieren wie sie selbst. Für eine kleinere Gruppe von Super-Delegierern ist ein vierter Faktor ausschlaggebend: der beunruhigende Verdacht, daß sie selbst nicht kompetent genug seien, um anderen Anweisungen geben zu können.

Unvollständiges Delegieren: Super-Delegierer verwechseln Delegieren mit »Abladen«. Sie vernachlässigen einige wichtige Aspekte des Delegierens: eine klare Definition der erwarteten Ergebnisse und eindeutige Vorgaben, im Rahmen derer die delegierte Aufgabe erfüllt werden sollte, sowie eine deutliche Definition dessen, welche Machtbefugnisse in der Tat delegiert worden sind.

Da sich Super-Delegierer irrtümlich für erstklassige Führungskräfte halten – angeblich sind sie ja Experten auf dem Gebiet des Delegierens –, ist es nicht schwer zu verstehen, warum sie ihren Untergebenen so häufig die Schuld für Fehler, für nicht termingerecht oder unvollständig erledigte Aufgaben und ein mangelhaftes Weiterverfolgen von Projekten in die Schuhe schieben.

Eng mich nicht ein! Die meisten Super-Delegierer legen Wert darauf, einen großen Freiraum zu haben. Sie versuchen, ihren eigenen Chef so gut wie möglich auf Distanz zu halten, damit sie frei entscheiden können, wo und wie sie ihre Zeit verbringen. Häufig arbeiten sie auch an Projekten, die nur wenig direkte Beziehung zu den Aufgaben haben, für die ihre Abteilung verantwortlich ist. So übernehmen sie beispielsweise oft zeitraubende Führungsaufgaben in Berufsvereinigungen oder Gewerkschaften, sind Teilhaber fremder

Firmen oder widmen sich intensiv irgendwelchen Personalschulungs-Programmen. Zwar leisten sie in diesen »Nebenbereichen« durchaus gute Arbeit, aber diese beanspruchen einen großen Teil ihrer Zeit und Energie, und dadurch kommen dann andere »Dinge« zwangsläufig zu kurz. Diese »Dinge« sind meist ihre Untergebenen, die zur rechten Zeit bestimmte Vorgaben oder Informationen brauchen, um wirklich gute Arbeit leisten zu können.

»Bin gleich wieder da!« Super-Delegierer hassen es, sich von ihren Vorgesetzten auf die Finger schauen zu lassen, und gehen davon aus, daß es Ihnen genauso geht. Das Ergebnis ist meistens, daß Super-Delegierer einfach nicht da sind. Um Problemen aus dem Weg zu gehen – denn selbst sie haben oftmals Zweifel an der Vertretbarkeit ihrer privaten Projekte –, machen sie oft nur vage Angaben darüber, wo sie hingehen und wie man sie erreichen kann, wenn wichtige Fragen zu klären sind.

Mangel an Geduld, Projekte zu überwachen. Super-Delegierer sind oftmals Schnelldenker, die eine Situation rasch einschätzen, ohne langes Zaudern selbstbewußte Entscheidungen fällen und Dinge, die wieder in Ordnung zu bringen sind, sofort in Angriff nehmen. Natürlich gehen sie davon aus, daß andere intelligente Menschen genauso sind wie sie selbst, und sind zutiefst überrascht, wenn ihre hastigen und unvollständigen Anweisungen diesen ebenso intelligenten Menschen das Gefühl geben, mangelhaft informiert worden zu sein. Da Super-Delegierer durch ihre Haltung zu verstehen geben, daß sie Ihnen genau so viele Informationen zukommen ließen, wie es jeder einigermaßen selbstsichere Mensch erwarten kann, schrecken ihre Untergebenen häufig davor zurück, berechtigte Fragen zu stellen. Denn wenn Ihr Chef Sie anscheinend danach beurteilt, wieviel »Eigeninitiative« und »Selbstbestimmung« Sie einbringen, dann kommen Sie leicht zu dem Schluß, daß Sie tatsächlich alles selbst herausfinden sollten.

Strategien für den Umgang mit Super-Delegierern

Beim Umgang mit Super-Delegierern geht es darum, sie zu bewegen, Ihnen ausreichend Informationen zukommen zu lassen, und gleichzeitig die Handlungsfreiheit, die Ihnen ein solcher Vorgesetzter einräumt, voll auszunutzen. Dazu müssen Sie selbst die Initiative ergreifen, da ein Super-Delegierer davon überzeugt ist, seiner Führungsaufgabe voll und ganz gerecht zu werden. Wenn Sie ihm nicht ein wenig auf die Sprünge helfen, ist es wohl aussichtslos, darauf zu hoffen, daß er sein Verhalten zu verbessern sucht. Am besten teilen Sie ihm ganz genau mit, welche Art von Hilfestellungen Sie brauchen, und handeln eine Reihe von Mechanismen aus, mit deren Hilfe Sie in Kontakt mit ihm bleiben, ohne daß dabei der eine oder andere viel von seiner Handlungsfreiheit aufgeben müßte.

Teilen Sie ihnen mit, welche Hilfestellungen Sie erwarten. Die meisten von uns sind der Überzeugung, daß das, was wir von unserem Vorgesetzten (oder von unseren Eltern, Ehepartnern oder Kindern) erwarten, genau das sei, was eben jeder normale Mensch erwartet. Wir glauben, daß der andere unsere Erwartungen selbstverständlich kennt und daß wir sie deshalb gar nicht erst zu artikulieren brauchen. Wenn wir dann aber nicht entsprechend behandelt werden, sind wir enttäuscht und begründen das Verhalten des anderen mit Gedankenlosigkeit, Inkompetenz oder einer anderen persönlichen Schwäche. Tatsache ist jedoch, daß wir, solange wir uns nicht deutlich äußern, von anderen so behandelt werden, wie *sie* selbst gerne behandelt werden würden – und das entspricht unseren eigenen Vorstellungen oftmals ganz und gar nicht. Daher ist es *immer* sinnvoll, mit Menschen, die für Sie wichtig sind – und dazu gehört gewiß auch Ihr Chef –, deutlich abzuklären, welche Erwartungen der eine an den anderen stellt. Ein Super-Delegierer ist meist durchaus bereit, sich auf eine solche Diskussion einzulassen – natürlich nur, sofern ihm diese nicht allzuviel Zeit und Energie abverlangt. Schneiden Sie das Thema einfach locker an, indem Sie ankündigen, ihn um »ein paar Informationen« bitten zu wollen, die es Ihnen erleichtern würden, »den Aufgaben besser gerecht zu werden«. Unter anderem sollten Sie ihn darum bitten, genau abzuklären, wieviel Handlungsvollmacht Sie tatsächlich haben. Vereinbaren Sie außerdem regelmäßige Treffen, und klären Sie die Frage, wie schnell er auf Anrufe oder Nachrichten von Ihnen reagieren sollte. (Eine genauere Beschreibung dessen, wie man Erwartungen diskutiert und Vereinbarungen aushandelt, finden Sie in Kapitel 7.) Im Klartext: Anstatt es Ihrem nie greifbaren Chef zu überlassen, wann er sich mit Ihnen in Verbindung setzt, bitten Sie ihn um das Minimum an Feedback, das Sie brauchen, um Ihre Arbeit erledigen zu können – aber eben nicht mehr als das Minimum. Dazu einige Einzelheiten.

Verhandeln Sie über Ihre tatsächlichen Machtbefugnisse. Zwar wurde der unternehmensinterne Sprachgebrauch nicht eingeführt, um die Mitarbeiter, die davon eigentlich Aufklärung erwarten, zu verwirren, aber dennoch scheinen manche Begriffe genau diese Wirkung zu haben. Einige der ärgerlichsten dieser »dehnbaren« Begriffe sind »koordinieren«, »zuständig für«, »Führungsrolle« und »es ist Ihr Spezialgebiet«. Ist Ihnen beispielsweise schon einmal gesagt worden, Sie seien für die Postabteilung »zuständig«, während Sie dann feststellen mußten, daß Ihre Entscheidung, auf teure Eilbriefe sei aus Kostengründen zu verzichten, von höherer Stelle wieder aufgehoben wurde? Ganz offensichtlich bedeutete »zuständig sein« nicht gleichzeitig »volle Entscheidungsbefugnis haben«. Vielmehr muß es bedeutet haben – oder jedenfalls nehmen Sie das jetzt an –, daß Sie nur in sehr begrenztem Umfang Entscheidungen treffen durften. Für welche Entscheidungen Sie nun eigentlich zuständig sind, müssen Sie selbst herausfinden. An diesem Punkt haben Sie sich entweder dazu entschlossen, den klugen, aber gleichzeitig selbstentmündigenden Weg zu wählen, jede Entscheidung wieder auf die nächsthöhere Instanz zu verlagern. Waren Sie weniger vernünftig, dafür aber ausdauernder, dann haben Sie eine lange Zeit herumprobiert und sind dabei immer wieder gegen Wände und Hindernisse gestoßen, bis Sie endlich herausgefunden haben, was Sie selbst entscheiden und was Sie lediglich empfehlen dürfen. Es ist ganz offensichtlich dann besonders wichtig, die eigenen Machtbefugnisse zu kennen, wenn man es mit einem Chef zu tun hat, der selten da ist, oder – wie in Shirleys Fall, über deren schwierige Lage wir zu Anfang dieses Kapitels berichteten – mit einem, der munter davon ausgeht, sämtliche Entscheidungsbefugnisse auf seinen Untergebenen übertragen zu haben. Shirley glaubte, daß Sids aufrichtig Vorgetragenes: »Sie sind zuständig für alle Einzelfallentscheidungen« auch bedeute, daß sie entscheiden könne, wann Ausnahmen von der Regel angebracht wären. Darin hatte sie sich jedoch geirrt. Hätte sie daran gedacht, am Anfang ein paar klärende Fragen (»Gibt es Grenzen?«), zu stellen, wäre sie ohne einen leicht angeschlagenen Ruf und ohne das Gefühl der Kränkung davongekommen.

Natürlich reagieren Super-Delegierer bei einer Bitte um Klärung oft ungeduldig, da sie davon überzeugt sind, daß dadurch die Handlungsfreiheit eingeschränkt wird. Und in einem bestimmten Maße ist das tatsächlich der Fall. Was diese Vorgesetzten dabei jedoch übersehen, ist die Tatsache, daß völlige Handlungsfreiheit illusorisch ist, wenn – wie in Shirleys Fall – tatsächlich restriktive Bedingungen existieren. Wenn Sie also fragen »Was genau sind meine Kompetenzen?«, machen Sie diese Einschränkungen lediglich sichtbar.

Überreden Sie ihn dazu, Ihnen Richtlinien zu nennen. Wenn Ihr Chef später mit einer von Ihnen getroffenen Entscheidung nicht einverstanden ist, machen Sie es sich zur Gewohnheit, zu fragen, welche Kriterien er anwendet. Beispielsweise fragte Shirley Sid, nachdem sie sich von ihrer anfänglichen Verstimmung erholt hatte:

> Gibt es irgendwelche Umstände, unter denen du einer so wohlhabenden Familie wie den Jones doch noch eine zusätzliche Pflegebeihilfe gewähren würdest?
> Welche Kriterien wendest *du* an, wenn du darüber zu entscheiden hast, ob eine Familie der Mittelschicht zusätzliche Finanzhilfen für die Pflege eines behinderten Kindes bekommen soll?

Wären Sids Antworten zu allgemein gewesen, um Klarheit schaffen zu können (»Also, das hängt wahrscheinlich davon ab, welche Folgen es meiner Meinung nach hätte, wenn für sie keine Möglichkeit bestände, eine Weile lang zu verreisen«), dann müßte Shirley einfach weiterfragen. Die meisten Menschen sind sich der Kriterien, die sie ihren Entscheidungen zugrunde legen, nicht bewußt. Solche Richtlinien und Kriterien gibt es jedoch durchaus, und sie können mit ein wenig Anstrengung erfragt werden. Shirley kann Sid beispielsweise dazu bringen, sich genauer festzulegen, indem sie fragt: »Willst du damit also sagen, daß eine allgemeine Erschöpfung und Überforderung der Familienmitglieder ein Kriterium ist?« Gewiß, wäre Sid ein wirklich kompetenter Vorgesetzter und nicht ein Super-Delegierer, hätte er Shirley die Kriterien in aller Klarheit mitgeteilt, und zwar im Rahmen einer förmlichen Übertragung der Handlungsvollmacht an sie. Aber die meisten Super-Delegierer würden ein solches Vorgehen wohl eher als »kleinkariert« betrachten, denn schließlich »ist das alles nur eine Frage des gesunden Menschenverstandes«. Auch hier zeigt sich, daß es beim Umgang mit schwierigen Menschen – seien sie nun Vorgesetzte oder nicht – im wesentlichen darum geht, daß man den verständlichen Einwand »Warum muß *ich* ihn dazu bringen, das zu tun, was er ohnehin tun sollte?« außer acht läßt und etwas anderes probiert. Sie müssen sich immer wieder klarmachen, daß Sid tut, was er tut, weil er ist, wer er ist. Wenn Sie sich einmal dieser Tatsache bewußt sind, werden Sie erkennen, daß es nicht um Prinzipien geht, sondern darum, sich mit einer ganz bestimmten Persönlichkeit zu arrangieren. Sie müssen bestimmte Dinge tun, um das zu bekommen, was Sie haben wollen. So wird das Entwickeln von Strategien für den Umgang mit schwierigen Vorgesetzten eher zu einer praktischen Angelegenheit als zu einer Frage der Moral.

Zeit für Besprechungen einplanen. Im voraus geplante Besprechungen unter vier Augen können eine Möglichkeit bieten, Ihren Super-Delegierer zeitweise auf den Boden der Tatsachen zu bringen. Wie die meisten Menschen mit vollen Terminkalendern werden auch Sie vermutlich zögern, mehr Zeit als nötig für Besprechungen zu investieren. Bedenken Sie aber die Vorteile! Vorgesetzte lehnen nur selten die Bitte eines

Mitarbeiters um eine Besprechung ab, besonders wenn er gute Gründe dafür vorbringt. Gute Gründe sind beispielsweise ein Bedarf nach Informationen über bestimmte Projekte, der Wunsch, das eigene Projekt mit wichtigen Aktivitäten anderer Mitarbeiter abzustimmen, oder das Bedürfnis, seinen Chef um Rat zu fragen. (Super-Delegierer haben ein stark entwickeltes Ego und fühlen sich meist sehr geschmeichelt, wenn ihre Fähigkeiten anerkannt werden. Sie sind möglicherweise nicht daran interessiert, etwas zu *tun*, sind aber gerne bereit, darüber zu reden.) Der Super-Delegierer mag durchaus bereit sein, sich mit Ihnen zu treffen, aber leider kommt es nur allzu häufig vor, daß der Termin aufgrund seiner weit gefächerten Interessen immer wieder verschoben wird. Lassen Sie sich dadurch jedoch nicht entmutigen, sondern vereinbaren Sie einfach jedesmal, wenn eine Verabredung abgesagt oder »verschoben« wurde, einen neuen Zeitpunkt.

Vereinbaren Sie einen Zeitpunkt, zu dem eine Reaktion erfolgt sein sollte. Da Super-Delegierer viele Interessen und Aktivitäten haben, sind sie häufig im Beantworten von Anrufen und in ihrer Reaktion auf Nachrichten ein wenig nachlässig. Zwar können Sie Ihren Chef nicht dazu zwingen, noch am gleichen Tag zurückzurufen, doch Sie können ihn darum *bitten*, daß er es überhaupt tut. Denken Sie immer daran, daß es zu Ihrem Vorteil ist, sich auf einen Zeitpunkt zu einigen, mit dem Ihr Chef leben kann, auch wenn es Ihnen lieber wäre, wenn schon früher eine Reaktion erfolgte. Schließlich ist die Tatsache, daß Sie wissen, wann Sie ungefähr mit einer Antwort rechnen können, gewöhnlich wichtiger als die Länge der Wartezeit.

Eine weitere Spezies der Super-Delegierer: Die Selbstzweifler

Bis jetzt haben wir uns mit jenen Super-Delegierern auseinandergesetzt, die es ablehnen, sich von einem Vorgesetzten allzu stark einengen zu lassen, und die davon ausgehen, daß andere das auch nicht möchten. Es gibt jedoch noch eine weitere Spezies, deren lascher Führungsstil einen ganz anderen Grund hat. Sie hegen den Verdacht – manchmal berechtigt, manchmal auch nicht –, daß die, die sie führen sollen, im Grunde kompetenter sind als sie selbst. Ich habe diesen Mangel an beruflichem Selbstvertrauen besonders bei solchen Menschen beobachtet, die selbst über geringe Berufserfahrung verfügen und zum Vorgesetzten über Spezialisten oder Mitarbeiter mit langjähriger Berufserfahrung gemacht worden sind. Ganz ähnlich liegt der Fall bei Jungmanagern mit wenig Berufserfahrung, die nicht den Mut haben, anderen, die nicht unbedingt intelligenter, dafür aber älter sind als sie, Anweisungen zu geben.

Warum sollte man also einen Chef, der sich in dieser Weise aus der Verantwortung zieht, nicht einfach abschreiben? Sind Sie wirklich auf die Unterstützung eines Vorgesetzten angewiesen, der von Ihrem Job weniger versteht als Sie selbst? Wahrscheinlich nicht – solange es lediglich um technische Fragen geht. Aber Macht und Einfluß sind oft die entscheidenden Faktoren für die Höhe des Etats, der für ein Projekt zur Verfügung gestellt wird, und ebenso für Gehaltserhöhungen und Beförderungen. Oft hängt es von der Art und dem Umfang der Unterstützung durch den Vorgesetzten ab, wer die knappen Geldmittel bekommt. Schon aus diesem Grund lohnt es sich, das Selbstwertgefühl eines solchen komplexbeladenen Vorgesetzten aufzupolieren. Natürlich könnten Sie sich auch selbst für Ihre Ideen einsetzen, doch dann kann es Ihnen passieren, daß Ihre besten Argumente als eigennützig abgetan werden. Ihr Chef dagegen kann, sofern man ihn nicht als eine Null oder als wenig mehr als einen Informationsübermittler betrachtet, Ihre »wirklich großartige Idee« viel überzeugender an den Mann bringen.

Ich wurde in meiner Rolle als Berater häufig mit folgendem traurigen Szenario konfrontiert: Ein wissenschaftlicher oder technischer »Star« hatte seinen weniger berühmten Vorgesetzten nicht für voll genommen oder verächtlich übergangen. In seiner Frustration darüber, daß er, zumindest offiziell, einer untalentierten Null Rechenschaft schuldig war, ignorierte oder beleidigte er seinen Vorgesetzten oder äußerte sich auf herabsetzende Weise über ihn. In diesem Fall sind alle die Verlierer, denn die Zusammenarbeit zwischen Vorgesetzten und Untergebenen, die auch bei der Präsentation (und entsprechend bei der Vergabe der finanziellen Mittel) eine entscheidende Rolle spielt, ist für den Erfolg jedes Projekts von entscheidender Bedeutung. Es geht darum, dem Vorgesetzten das Gefühl zu vermitteln, daß er respektiert wird, denn die Früchte eines guten Managements werden nur selten von unsicheren, mit Minderwertigkeitskomplexen behafteten Vorgesetzten geerntet.

Der Umgang mit Selbstzweiflern: Der Schlüssel zum erfolgreichen Umgang mit einem Selbstzweifler liegt darin, daß Sie ihm die Erlaubnis geben müssen, seine Führungsaufgaben aktiv wahrzunehmen. Das könnte sich beispielsweise so anhören:

> Wissen Sie, Herr Schubert, ich weiß es wirklich zu schätzen, daß Sie mir gegenüber erwähnten, »Programmflexibilität« sei zur Zeit das Losungswort der Chefetage. Ich habe mei-

nem Projektwunsch ein paar entsprechende Absätze vorangestellt, und er wurde genehmigt, während die meisten anderen abgelehnt wurden. Wie wäre es, wenn Sie diese Art von Informationen in unsere vierteljährlichen Mitarbeiterbesprechungen mit einbringen würden? Außerdem würde ich es sehr begrüßen, wenn Sie in Zukunft meine schriftlichen Anträge auf zusätzliche Mittel persönlich überprüfen würden. Vielleicht kommen Ihnen dabei wieder ganz ähnliche Ideen, und außerdem können Sie dann denen da oben besser Rede und Antwort stehen.

Ohne sich beschwert zu haben und ohne ihm Vorwürfe gemacht oder ihn belehrt zu haben, haben Sie Ihrem unsicheren Vorgesetzten gezeigt, auf welche Weise er Ihnen bereits geholfen *hat*, und Sie haben ihn zu jener Art der Führung ermutigt, die er Ihrer Meinung nach auch geben kann und sollte.

Verwandeln Sie Super-Delegation in ein Plus.

Nachdem Sie Ihren Selbstzweifler in seinem Selbstwertgefühl gestärkt, Ihren Kompetenzbereich eindeutig definiert und ein praktikables System ausgehandelt haben, das es Ihnen ermöglicht, mit Ihrem Chef in Kontakt zu bleiben, werden Sie vielleicht feststellen, daß es, alles in allem, durchaus ein Gewinn ist, für einen Super-Delegierer zu arbeiten. Das verwirrende Fehlen von Richtlinien und Orientierungshilfen wurde zu einer beneidenswerten Kompetenzerweiterung und Handlungsfreiheit transformiert. Jetzt haben Sie eine echte Chance, zu zeigen, was in Ihnen steckt.

4 Wenn Ihr Vorgesetzter die Zügel zu fest in der Hand hat: Kontrollbesessene, Paranoide und Perfektionisten

Die meisten von uns genießen es, sich in dem Wohlwollen zu sonnen, das wir ernten, wenn wir eine Aufgabe geschickt und erfolgreich erledigt haben. Wenn unsere Vorgesetzten allerdings die Zügel ihrer Macht zu straff anziehen, wenn sie jede Entscheidung selbst fällen und jeden Schritt überwachen, fehlt es uns einfach an Gelegenheit, eine Aufgabe eigenständig zu meistern. Hier sind zwei Beispiele, die zeigen, wie es aussieht, wenn man unter einer derart entmündigenden Führung zu leiden hat. Wie Sie sehen werden, sind kontrollbesessene Vorgesetzte auf jeder hierarchischen Ebene eines Unternehmens anzutreffen. Mit den folgenden Worten schilderte mir Allen Payton, warum er vorhatte, seine Führungsposition, zu der er sich im Vorjahr mit so viel Engagement emporgearbeitet hatte, zu kündigen:

> Als ich mit John Sturges [seinem Chef] das erste Mal über diese Stelle sprach, war ich sowohl von seinen umfassenden Branchenkenntnissen als auch von der Gründlichkeit, mit der er sich Informationen über mich besorgt hatte, beeindruckt. Es war ganz offensichtlich, daß er nicht zu jenen gehörte, die überstürzte Entscheidungen fällen, und ich hatte das Gefühl, daß ich mich auf das, was er sagte, verlassen konnte. Womit ich jedoch nicht gerechnet hatte, war, daß Sturges, der Generaldirektor eines expandierenden Fünfhundert-Millionen-Dollar-Unternehmens, mich, eine er-

fahrene Führungskraft, für die Leitung seiner wichtigsten Abteilung auswählen würde, um mich dann zu behandeln, als käme ich gerade erst aus dem Kindergarten. Jede Entscheidung über Produktmischung, Märkte, darüber, welche Marktforschungs- und Produktentwicklungsprojekte ich weiterlaufen lassen oder verwerfen sollte, wen ich befördern und wen ich entlassen sollte – also Entscheidungen, die eigentlich in *meinen* Kompetenzbereich oder gar in den meiner Untergebenen fallen, muß erst von ihm abgesegnet werden. Wenn ich versuche, ihm zu widersprechen, tut er eine Zeitlang so, als würde er mir zuhören, doch dann läßt er kein gutes Haar mehr an meinen Argumenten, so daß ich am Ende einfach resigniere und keine Lust mehr habe, meine Meinung zu vertreten. Schließlich ist er ja tatsächlich der Direktor und hat somit das Recht, alle Entscheidungen selbst zu fällen.

Verstehen Sie mich bitte nicht falsch – er ist durchaus ein kluger Mann, der über ein enormes Wissen verfügt. Aber ich möchte auch einmal die Chance bekommen, zu zeigen, was ich kann, und das wird, solange ich unter John arbeite, niemals der Fall sein.

Allen schwieg eine Weile und schaute nachdenklich auf die Innenflächen seiner Hände. Dann sagte er:

Während der vergangenen sechs Monate wurde es mir immer gleichgültiger, was er macht. Das ist der eigentliche Grund, warum ich beabsichtige zu kündigen. Ich mache meinen Job, kassiere am Ende des Monats meine zwanzigtausend Dollar und überlasse es ihm, den Laden zu schmeißen. Vor zwei Monaten ertappte ich mich dabei, wie ich zwei meiner besten Leute aufforderte, ihren Bericht direkt an John weiterzuleiten und mir lediglich eine Kopie zu geben, da er die endgültige Entscheidung ja ohnehin selbst treffen würde. Als die beiden dann mein Büro ver-

> ließen, wurde mir plötzlich klar, daß ich, falls ich nicht sehr bald etwas unternehme, wahrscheinlich für immer hier festsitzen werde.

Und so beschrieb Rita ihren Chef, Richard Lee, den Leiter der Buchhaltung:

> Richard ist wirklich ein sehr netter, ja sogar sanftmütiger Mann, der niemals herumbrüllen würde. Aber die Tatsache, daß er jede Rechnung, die ich bereits zum Begleichen freigegeben habe, nochmals überprüft, gibt mir das Gefühl, daß mein Job eigentlich überflüssig ist. Vor zwei Monaten wurde ich wütend und stellte ihn deswegen zur Rede. Daraufhin hielt er mir einen langen Vortrag: Das sei ja schließlich seine Aufgabe, und er würde es mit jedem anderen genauso machen. Das stimmt zwar soweit, aber es hilft mir auch nicht weiter. Besonders wütend macht mich die Tatsache, daß er sich ein- oder zweimal im Monat eine bestimmte Rechnung – meist geht es um einen ziemlich hohen Betrag – herauspickt und dann von mir sämtliche Unterlagen vorgelegt haben will, die diese Summe rechtfertigen. Einmal hat er sogar den Lieferanten angerufen, um sich die Beträge bestätigen zu lassen. Wenn ich ihn deshalb zur Rede stellen will, reagiert er einfach nicht und wechselt das Thema. Die Bezahlung hier ist sehr gut, und die Gehaltsnebenleistungen sind sogar noch besser. Andernfalls hätte ich wahrscheinlich schon längst gekündigt. Aber es gibt wohl niemanden, dem es gefallen würde, so behandelt zu werden, als sei er inkompetent oder unehrlich oder vielleicht sogar beides.

Das Verhalten von Menschen, die alles kontrollieren wollen, ist in jedem Fall ähnlich, ganz gleich, in welchem Umfeld man sie antrifft. Die meisten Personen, die sich über zu stark kontrollierende Vorgesetzte beschweren, erwähnen eine oder mehrere der drei nachfolgend aufgeführten Verhaltensweisen, die durchaus miteinander in Zusammenhang stehen:

- Sie sagen Ihnen genau, was, wann, wie und mit wem Sie etwas tun sollen.
- Sie bestehen darauf, die endgültige Entscheidung über Projekte zu fällen, über die eigentlich Sie selbst oder gar Ihre Untergebenen zu entscheiden hätten.
- Sie übertragen Ihnen große Verantwortung – oder zumindest behaupten sie das –, nur, um dann eine oder gar beide der zuvor genannten Sünden zu begehen, und das in den wichtigsten und meist auch interessantesten Bereichen Ihres Arbeitsgebiets.

Die häufigsten Reaktionen auf diese Art von Überwachung sind entweder Resignation oder eine wütende Flucht in die Leistungsverweigerung, etwa in dem Sinne: »Okay, du Klugscheißer, *wenn* du schon so schlau bist, dann kannst du auch *alles* allein machen!« Diese verständlichen Reaktionen beweisen dem Kontrollbesessenen jedoch nur, daß seine strengen Kontrollen durchaus berechtigt waren. Wie John Sturges, Allens schwer erträglicher Vorgesetzter, es ausdrückte: »Als Allen nicht einmal mehr genügend Engagement aufbrachte, den Sitzungen seiner Abteilungsleiter beizuwohnen, begann ich wirklich daran zu zweifeln, ob ich den richtigen Mann für diesen verantwortungsvollen Posten ausgewählt hatte.«

Kontrollbesessene verstehen

Das Bedürfnis, alle Macht an sich zu reißen, ist normalerweise durch vielerlei Gründe motiviert. Es gibt jedoch einige Gemeinsamkeiten, die bewirken, daß manche Vorgesetzte die Zügel allzu fest in der Hand halten. Dies sind vor allem das Bedürfnis, seiner Sache absolut sicher zu sein, ein Mangel an Vertrauen in andere, eine irrationale Suche nach Perfektion und das überwältigende Verlangen, alles zu überschauen und zu lenken.

Das Bedürfnis, sich seiner Sache absolut sicher zu sein.

Arthur Lane war der Chef der Prüfungsabteilung in der Finanzbehörde einer großen Stadt an der Ostküste. Ihm war eine Gruppe sehr erfahrener Prüfer unterstellt, deren Aufgabe es war, sowohl Berichte über die Probleme zu erstellen, die es in der fraglichen Behörde gab, als auch die nötigen Verbesserungsvorschläge zu erarbeiten und diese den Verantwortlichen zu unterbreiten. In der Theorie verfügte also jeder einzelne dieser Prüfer über ein großes Maß an Handlungsfreiheit und ging seinen Aufgaben unter der Leitung des Chefs der Abteilung selbständig nach.

Arthur jedoch, ein äußerst gewissenhafter Mann, hatte eine ganz eigene Meinung darüber, was »Leitung« bedeutete. Er bestand nicht nur darauf, jede Empfehlung, die seine Außenprüfer vorschlugen, zu kontrollieren, sondern er ging auch Punkt für Punkt die Ergebnisse durch, auf denen diese Empfehlungen beruhten. Daher ist es auch kaum verwunderlich, daß Arthurs Vorgesetzte ihm ständig im Nacken saßen; seine Abteilung brauchte stets ungewöhnlich lange, bis ihre Prüfungen abgeschlossen waren. Sie vermuteten – was sich ja auch als richtig herausstellte –, daß die Verzögerungen auf sein ständiges Kontrollieren zurückzuführen seien.

Arthur war schon wiederholt aufgefordert worden, seine Mehrfachkontrollen einzuschränken. Jedesmal hatte er respektvoll und ohne ein Wort der Erwiderung zugehört, dann aber so weitergemacht wie bisher. Er gab mir gegenüber freimütig zu, daß seine Prüfungen länger dauerten als die irgendeines anderen Aufsichtsbeamten und daß er seinen Etat stets um die Hälfte der bereits bewilligten Summe überschritt. Er behauptete jedoch hartnäckig, daß er daran nichts ändern könne, da ein Vorgesetzter vor allem die Aufgabe habe, sicherzustellen, daß alles korrekt ablaufe. Er untermauerte seine Argumentation, indem er mir vier sachliche Fehler zeigte, die er entdeckt hatte. Hinzu komme, so erklärte er mir, das schlechte Urteilsvermögen zweier seiner Prüfer, die keine Veränderungen vorgeschlagen hatten, obwohl diese, nach Arthurs Meinung, wahrscheinlich durch die Ergebnisse ihrer Überprüfung gerechtfertigt gewesen wären. »Ich muß jeden Abschlußbericht abzeichnen«, erklärte er mit fester Stimme, »und das kann ich mit reinem Gewissen nur dann tun, wenn ich vorher überprüfe, ob auch alles korrekt ist. Wenn alle anderen bereit sind, schlampig zu arbeiten, heißt das noch lange nicht, daß ich das auch tun sollte.«

Gewiß, Arthur war wirklich extrem vorsichtig, aber erstaunlicherweise habe ich in ähnlichen Fällen immer wieder die Beobachtung gemacht, daß viele überkontrollierende Chefs der Ansicht sind, daß sie nur tun, was jeder verantwortungsbewußte Mensch ohnehin tun sollte. Oft werden sie in ihren Ansichten sogar noch durch bürokratische Vorschriften bestärkt, durch die der Eindruck erweckt wird, daß es nur Führungskräften vom Hauptgeschäftsführer aufwärts gestattet sein sollte, endgültige Entscheidungen zu fällen, selbst wenn diese noch so unbedeutend sind. Arthur, der durchaus nicht dumm war, deutete auf die freie Stelle auf dem Formular, auf die der Leiter der Abteilung seine Unterschrift zu setzen hatte. Darüber stand in Großbuchstaben: »Hiermit bestätige ich die Richtigkeit dieses Berichts«. Damit ist doch wohl alles gesagt, sollte Arthurs Fingerzeig bedeuten. »Wie kann ich meinen Namen darunter setzen, wenn ich nicht mit hundertprozentiger Sicherheit *weiß*, daß es richtig ist?« fragte er noch einmal nachdrücklich.

Unsere Vorstellungen darüber, wie Führungskräfte ihrer Führungsrolle gerecht werden sollten, wurden im wesentlichen von den Persönlichkeiten geprägt, mit denen wir es zu Anfang unseres Lebens zu tun hatten – und das waren meist unsere Eltern. Das wäre auch durchaus in Ordnung, wenn wir nur das nachahmen würden, was wirklich funktionierte, und wenn wir das, was nicht funktionierte, zu vermeiden suchten. Wir Menschen sind jedoch seltsame Geschöpfe. Genau wie manche Fünfunddreißigjährige als Eltern plötzlich Verhaltensweisen wiederholen, die sie als Fünfzehnjährige unerträglich fanden, so ahmen auch manche Vorgesetzte die lästigen und ineffektiven Angewohnheiten ihrer frühen Rollenvorbilder nach. Auch wenn sie regelmäßig Bücher über moderne Menschenführung lesen und deren Thesen rein verstandesmäßig akzeptieren, fällt es ihnen schwer, das Bild in ihrem Kopf – daß ein Mensch in einer Führungsposition sämtliche Fäden fest in der Hand halten sollte – zu verändern. Manche Geschäftsführer oder leitende Direktoren verschärfen das Problem noch, indem sie darauf bestehen, daß sämtliche Abteilungsleiter bis ins Kleinste darüber zu informieren sind, was ihre Untergebenen tun. Sie mögen sich zwar für das Prinzip des Delegierens von Verantwortung bis hinunter in die untersten Ebenen des Unternehmens aussprechen, doch ihr grimmiger Gesichtsausdruck, den sie annehmen, wenn sie einen Abteilungsleiter dabei ertappen, daß er nicht genau über sämtliche Vorgänge in seiner Abteilung informiert ist, läßt erkennen, daß sie solche Informationslücken als ein Zeichen für ein zu lasches Management betrachten. In einem solchen Umfeld würde jeder, der kein Dummkopf ist, zu der Überzeugung gelangen, daß Fehler unverzeihlich sind und daß die, die man bei Laune halten muß, nicht bereit sind, hin und wieder abweichende Beurteilungen oder Unsicherheitsfaktoren zu tolerieren. Diese ergeben sich jedoch zwangsläufig, wenn man Aufgaben an eine Gruppe unterschiedlich talentierter Arbeitnehmer delegiert.

Anders bedeutet fehlerhaft. Die meisten von uns machen sich im großen und ganzen nicht viele Gedanken darüber, *wie* wir eigentlich denken. Um so überraschter sind wir dann, wenn wir feststellen müssen, daß es eine Reihe von eindrucksvollen Hinweisen darauf gibt, daß andere Menschen über die gleichen Dinge oft ganz anders denken. Zwölf Jahre lang haben meine Kollegen und ich untersucht, welchen Einfluß diese unterschiedlichen Denkweisen auf die Effektivität der Zusammenarbeit und die reibungslosen Abläufe innerhalb einer Gruppe haben. Zumindest zwei Tatsachen haben sich dabei herauskristallisiert. Erstens: Wenn Sie und Ihr Chef zu den fünfundachtzig Prozent der Menschen gehören, die lediglich auf eine oder zwei Denkweisen festgelegt sind, und wenn die Denkweisen, die Sie beide bevorzugen, nicht miteinander übereinstimmen, ist es sehr wahrscheinlich, daß der eine den anderen als systemlos, inkompetent und uneinsichtig betrachtet. Dieser Umstand ist überaus problematisch, denn je größer die Vielfalt der Denkweisen ist, mit denen ein Problem angegangen wird, desto realistischer und praktikabler wird die Lösung sein. Zweitens wird Ihr Chef, da er ja Ihre Kompetenz anzweifelt, dazu neigen, sich wegen Ihres anscheinend ziemlich unmethodischen Denkens Sorgen zu machen. Er wird versuchen, Fehlerquellen möglichst auszuschalten, indem er Ihnen nur ein Minimum an Entscheidungsbefugnis überträgt. Ein Beispiel: Manche Menschen – und Arthur gehört ganz eindeutig dazu – legen großen Wert auf Genauigkeit, Gründlichkeit und eine geordnete Vorgehensweise. Andere dagegen, die ein weniger starkes Bedürfnis nach Perfektion haben, ziehen es vor, rasch – Arthur würde sagen übereilt – zu handeln, um das jeweilige Projekt möglichst schnell voranzubringen. Da Arthur Lane und Bud Adams auf ganz unterschiedliche Weise an ihre Arbeit herangingen, ist es leicht zu verstehen, daß Arthur der Meinung war, er müsse Bud, einen seiner Außenprüfer, genauestens kontrollieren. Zwar hatte Bud es immer wieder geschafft, die Leiter der jeweiligen Behörde dazu zu bewegen, seinen Empfehlungen entsprechend zu handeln, doch schrieb Arthur dies Buds Glück sowie dem ebenfalls irrationalen Verhalten vieler Beamter zu. »Sie können über das Delegieren so lange reden, wie Sie wollen«, sagte Arthur zu mir, »aber wie soll ich jemandem wie Bud vertrauen können, der seine Empfehlungen lediglich aufgrund irgendwelcher Unterhaltungen mit einer Handvoll leitender Behördenangestellter abgibt? So sollte ein Prüfer einfach nicht arbeiten.«

Mangel an Vertrauen. Manche Menschen sind anderen gegenüber ständig mißtrauisch. Vielleicht sind sie in der Vergangenheit einmal belogen oder betrogen worden und haben sich deshalb geschworen, sich nie wieder hinters Licht führen zu lassen. Oder ihnen wurde von Eltern, Lehrern oder anderen wichtigen Personen in ihrem Leben eingehämmert, daß man anderen nicht trauen darf. Am schlimmsten sind jedoch jene idealistischen, gutgläubigen Seelen dran, die der festen Überzeugung sind, daß man jedermann als vertrauens*würdig* ansehen sollte. Wenn sie dann aber doch einmal von anderen Menschen ausgenutzt und betrogen werden, tun sie sich sehr schwer, diesen Vertrauensbruch zu vergeben und ihr Mißtrauen wieder abzubauen. Wenn einer ihrer Untergebenen sagt: »Ich habe das ganze Wochenende an diesem Bericht gearbeitet, aber er ist trotzdem noch nicht fertig«, schreit ihre innere Stimme: »Man hat dich schon einmal hinters Licht geführt! Woher willst du wissen, daß man dich nicht schon wieder belügt?«

Und dann gibt es noch jene Menschen, die einfach ein wenig paranoid sind. Zumeist ganz normal, können sie äußerst mißtrauisch werden, wenn man die sensiblen Bereiche ihrer Wahnvorstellungen berührt. Ich habe schon häufig mit Vorgesetzten zu tun gehabt, die von der krankhaften Sorge geplagt wurden, es könnte eine Verschwörung geben, die es sich zum Ziel gesetzt habe, Reisekostenabrechnungen, Überstundenvergütungen, Ansprüche auf Beförderung, ja sogar Beziehungen zu den Medien zu manipulieren. Sich mit Menschen auseinandersetzen zu müssen, deren Reaktionen nicht mehr im Bereich des Normalen liegen, ist unweigerlich sehr unangenehm, besonders, wenn die Gefühle, die einem entgegengebracht werden, von einer Minute zur anderen von fröhlicher Kumpelhaftigkeit zu feindseligem Mißtrauen umschlagen können.

Die Vertreterin Gina Scott schilderte mir ihre Situation wie folgt: »Harry [ihr Chef] hat mir die Vollmacht übertragen, meinen Kunden Rabatte zu gewähren, die die Firma Tausende von Dollar kosten können. Wenn er aber meine monatliche Reisekostenabrechnung abzeichnen soll, nervt er mich wegen jedes einzelnen Betrages. Er hat schon verschiedene Taxiunternehmen angerufen, um zu erfahren, wie teuer die Fahrt hätte sein dürfen, und ich mußte ihm zeigen – *zeigen*, nicht sagen –, wie viele Seiten ich mir vom Schreibservice eines Hotels hatte tippen lassen. Erst letzte Woche fragte er mich, was ich denn eigentlich gegessen hätte, das die Restaurantrechnung eines Chicagoer Hotels über vierundzwanzig Dollar rechtfertigen könne. Natürlich weiß ich, daß Taxifahrer Blankoquittungen aushändigen – denen kann es ja egal sein. Wie aber kommt es, daß er mir auf der einen Seite zutraut, daß ich die Firma nach außen hin angemessen vertrete, während er auf der anderen Seite einen so großen Wirbel um Kleinigkeiten macht? Verdammt noch mal! Wenn ich wirklich vorhätte, die Firma zu schröpfen, könnte ich mich bei den Rabatten mit einem meiner Kunden unter der Hand einigen und dadurch weit mehr Geld rausschinden, als ich je mit überhöhten Taxirechnungen verdienen könnte. Ich nehme diese frustrierende Behandlung nur deshalb hin, weil er ansonsten ein ziemlich guter Chef ist. Wenn er sich aber wegen der Reisekosten aufregt – also ich sag Ihnen, das kommt mir regelrecht verrückt vor.«

Die panische Angst der Perfektionisten. Wenn Sie zu den Menschen gehören, die Fehlschläge leicht wegstecken können, dann werden Sie auch keine Schwierigkeiten haben, Arbeiten an andere zu delegieren. Sie sagen sich, es gehöre einfach zum Spiel, den Ball ein paarmal fallen zu lassen, und im Grunde zählten nicht die Details, sondern das Endergebnis. Natürlich haben Sie recht, doch manche Menschen geraten, wenn sie die Arbeit, für die sie verantwortlich sind, an andere delegiert haben, regelrecht in Panik. In ihrem Kopf spukt das Gespenst der Unvollkommenheit herum, und sie sind davon überzeugt, daß schreckliche Dinge passieren werden, wenn sie sich nicht um alle Einzelheiten selbst kümmern. Es war ihr Pech, als Kind perfektionistischer Eltern aufgewachsen zu sein, die ihnen die irrationale Sichtweise nahebrachten: »Wenn ich Dinge nicht perfekt erledige, bin ich ein Versager«. (Eine andere, ebenso gefährliche Variante ist: »Wenn ich nicht die vollständige Kontrolle habe, habe ich überhaupt keine Kontrolle«.)

Zwar entbehren solche Überzeugungen nicht ganz und gar der Logik – Fehler können sich manchmal als äußerst kostspielig erweisen –, aber sie sind im Grunde nachteilig und unsinnig. (Die Menschen waren noch nie perfekt, weder in ihrem Charakter noch in ihrem Verhalten, und alle Menschen, die Außergewöhnliches leisteten, haben gelegentlich auch Mißerfolge hinnehmen müssen.) Und da diese Überzeugungen weitgehend unrealistisch sind, bringen sie einen Vorgesetzten in eine unhaltbare Position. Die einzige Möglichkeit, Fehlschläge abzuwehren und sicherzugehen, daß alles so ist, wie es sein sollte, besteht darin, alles selbst zu tun. Zugleich ist ein solcher Vorgesetzter sich oftmals durchaus bewußt, daß auch er selbst nicht perfekt, ja nicht einmal der Kompetenteste der Gruppe ist. Deshalb klammert er sich an jedes Detail, da er dadurch zumindest bis zu einem gewissen Grade der ständigen Angst Herr zu werden vermag, seine perfekte Kontrolle könne einmal nicht funktionieren. Wenn dann sein Team trotz all seiner Bemühungen dennoch ein wenig vom Pfad der Perfektion abweicht – und das oft nur, weil man den einzelnen Mitarbeitern die Möglichkeit genommen hat, ihren eigenen Verstand zu benutzen –, dann gerät er in Panik. Er reagiert dann sofort mit heftigem Schimpfen oder indem er sich bei jedem, der in irgendeiner Weise mit dem Fehler zu tun hat, hysterisch nach dem Grund des Fehlschlags erkundigt. Bald jedoch kann er die Angst nicht mehr ertragen und zieht die Zügel noch straffer an: Er überprüft jede Rechnung, jeden Bericht und jede Bestellung doppelt und übernimmt jede Präsentation selbst. Unweigerlich braucht er dann am Ende immer mehr Zeit, während er immer weniger schafft; er schiebt einen Karren, der ein verwirrtes Team hinter sich herzieht, während eigentlich doch das Team den Karren ziehen sollte. Eine solche Sklavenarbeit ist äußerst nervenaufreibend.

Das Streben nach Macht. Untersuchungen darüber, was einen Manager erfolgreich macht, haben ergeben, daß das starke Bedürfnis, zu Macht und Einfluß zu gelangen, fast unverzichtbar ist, und tatsächlich spürt auch fast jeder erfolgreiche Manager diesen Drang. Wie Sie wahrscheinlich schon vermutet haben, richten die *produktivsten* Vorgesetzten ihren Ehrgeiz allerdings eher auf die Erreichung von Unternehmenszielen denn auf das Erreichen persönlicher Ziele und ziehen es vor, durch rationale Argumente zu überzeugen und gemeinsam Problemlösungen zu finden, anstatt ihre Untergebenen herunterzuputzen und ständig zu überwachen. Unglücklicherweise ist der »Glücksrausch der Macht« für viele ansonsten sehr vernünftige Vorgesetzte verlockender als die Einsicht, daß ein häufigeres Delegieren sie zu besseren Managern machen würde.

Peter Melton war der stellvertretende Direktor einer kleinen Behörde. Er traf sich regelmäßig mit seinen Abteilungsleitern, um mit ihnen die Aufgaben für die kommende Woche zu planen, überprüfte routinemäßig, wie sie mit ihrer Arbeit vorankamen, und zog sie mit starken Worten zur Rechenschaft, wenn etwas schiefgelaufen war. Wieder einer von diesen Menschen, die nicht loslassen können? Keineswegs! Peter war ein energischer und gebildeter Mann, der sich gut ausdrücken konnte und selbstbewußt, vielleicht sogar ein wenig zu selbstbewußt war. Er wußte durchaus den Wert des Delegierens zu schätzen – zumindest versicherte er mir das – und hatte genügend Vertrauen in die Fähigkeiten seiner Abteilungsleiter, um in angemessener Weise Aufgaben an sie abzugeben. Als ich ihn fragte, warum er es dann nicht tue, grinste er leicht boshaft und sagte: »Natürlich könnten sie das auch selbst erledigen, es sind schließlich alles sehr intelligente Leute, aber ich genieße es, die Zügel fest in der Hand zu halten. Ich habe Spaß daran, die Dinge gründlich zu durchdenken und meine Mitarbeiter von meiner Sichtweise des Problems zu überzeugen. Um ganz ehrlich zu sein: Es bereitet mir Befriedigung, sie dazu zu zwingen, die Dinge so zu machen, wie ich es will, selbst wenn sie der Meinung sind, daß ich im Unrecht bin. Ich nehme an, daß es ihnen lieber wäre, wenn sie selbst das Heft in die Hand nehmen könnten, aber schließlich haben sie eine Menge Spielraum, wenn es um die Führung ihrer eigenen Untergebenen geht.«

Leute wie Peter Melton genießen das Gefühl der Macht. Aber sein Wunsch nach ständiger Dominanz hatte unangenehme Auswirkungen. Seine Abteilungsleiter waren tatsächlich so intelligent, wie er sie einschätzte, und ärgerten sich darüber, daß er ihnen allem Anschein nach kein Vertrauen entgegenbrachte. Da ihre »Diskussionen« mit Peter darüber hinaus zu unfruchtbaren Streitereien nach dem Muster »meine Herangehensweise ist besser als Ihre« ausarteten, gaben seine Untergebenen es im Laufe der Zeit auf, sinnvolle Kompromisse vorzuschlagen. Sie waren die ständigen »sinnlosen Machtkämpfe« einfach leid.

Strategien für den Umgang mit Chefs, die nicht delegieren

Wenn es darum geht, Strategien für den Umgang mit Vorgesetzten zu entwickeln, die nicht delegieren wollen oder können, dann sollten Sie sich mit den Regeln der asiatischen Kampfsportarten vertraut machen. Nutzen Sie die Energie, die Ihren Gegner – also Ihren ständig kontrollierenden Chef – antreibt, für sich selbst, das heißt, um sich Kompetenzbereiche zu sichern, die Ihrer Stellung und Ihren Fähigkeiten entsprechen. Anstatt zu versuchen, die inneren Kräfte zu bekämpfen, die Ihren Chef daran hindern, die Zügel etwas lockerer zu lassen, lassen Sie sich vom Strom dieser Kräfte tragen. Beispielsweise sollten Sie nicht versuchen, einen übervorsichtigen Chef in einen risikofreudigen Menschen zu verwandeln – der Gedanke ist vielleicht verlockend, aber wahrscheinlich ziemlich unrealistisch. Ohne Druckmittel oder ohne verlockende Belohnungen sind Versuche, jemanden dazu zu bringen, anders zu handeln, als er es gelernt hat, oder jemanden davon abzuhalten, das zu tun, was er gerne tut, zum Scheitern verurteilt und führen nur zu Frustration und Ärger. Statt dessen sollten Sie versuchen, Ihrem ängstlichen Chef zu beweisen, daß er sich vor den Angriffen der Schreckgespenster, die vermutlich im Dschungel der Firma auf ihn lauern, schützen kann, wenn er wenigstens einen Bruchteil seiner Macht auf Sie überträgt. Sie sollten auch nicht versuchen, einen leicht paranoiden Vorgesetzten dazu zu überreden, sein Mißtrauen abzulegen, denn je mehr Sie ihn bitten: »Vertrauen Sie mir«, desto weniger vertrauenswürdig werden Sie ihm erscheinen. Statt dessen sollten Sie Ihrem Chef zeigen, wie er Ihre Arbeit so überwachen kann, daß Vertrauen gar nicht mehr nötig ist. Denken Sie beim Lesen der nun folgenden Vorschläge immer daran, daß einige in Ihrem Fall wahrscheinlich wirkungsvoller sind als andere, und zwar entsprechend Ihren Erkenntnissen, was gerade *Ihren* Chef dazu bringt, die Zügel allzu fest in der Hand zu halten.

Entdecken Sie versteckte Zweifel hinsichtlich Ihrer Kompetenz oder Vertrauenswürdigkeit. Es ist immer klug – wenn auch ein wenig unangenehm –, aufmerksam auf Hinweise zu achten, aus denen Sie schließen können, daß es an Ihren Leistungen irgend etwas auszusetzen gibt, denn diese (vermeintlichen) Mängel sind der Grund, warum Ihr Chef zögert, Ihnen mehr Handlungsfreiheit zu gewähren. Übermäßig lange Schweigepausen, plötzliche Themenwechsel, der Gebrauch von vagen Aussagen wie »Ihre Arbeit genügt *im allgemeinen* den Anforderungen« oder »*Im großen und ganzen* bin ich zufrieden damit, wie alles läuft«, sind Hinweise, denen nachzugehen sich lohnt. Sagen Sie mit freundlicher Stimme und ohne jede Aggressivität: »Falls in der Vergangenheit Dinge geschehen sind, die Sie an meiner Fähigkeit, bestimmte Aufgaben selbständig zu erledigen, zweifeln lassen, wäre es für mich sehr hilfreich zu wissen, was es war, auch wenn es dabei nur um eine Kleinigkeit ging.« Dann warten Sie. Wenn Ihr Chef dann die Katze aus dem Sack läßt, hören Sie geduldig zu, vermeiden Sie es, Entschuldigungen vorzubringen oder gar zu erklären, warum Sie das, was er Ihnen vorwirft, getan haben. Statt dessen sagen Sie: »Das hilft mir weiter« und bitten ihn um weitere Informationen. Unterdrücken Sie das Bedürfnis, alles abzustreiten, indem Sie sich immer wieder vor Augen führen, warum Sie sich seiner Kritik in derart »masochistischer« Weise aussetzen – nämlich, um Ihrem Chef die Möglichkeit zu geben, das in Worte zu fassen, was er ohnehin von Ihnen denkt. Nachdem Sie sich also sein Urteil angehört haben, drücken Sie Ihr Verständnis für seine Bedenken aus, gleichgültig ob Sie seinen Behauptungen nun zustimmen oder nicht. »Ich kann verstehen, daß Sie die Art, wie ich mit Geld umgehe, sehr kritisch sehen« wäre eine entsprechende Formulierung. Dann erläutern Sie ihm, wie Sie in Zukunft verhindern wollen, daß irgendwelche Fehler passieren: »Darum habe ich ja auch im vergangenen Jahr an diesen Budgetplanungskursen teilgenommen.« Waren Sie sich der Probleme, auf die Ihr Vorgesetzter Sie aufmerksam gemacht hat, nicht bewußt, kann es nicht schaden, wenn Sie ihn fragen, wie Sie seiner Meinung nach diese Probleme wirkungsvoller hätten angehen können. Untersuchungen haben gezeigt, daß viele Vorgesetzte es genießen, ihren Untergebenen zu beweisen, wie klug sie sind, und daß sie oftmals gekränkt sind, wenn man sie nur selten um Rat bittet. Deshalb können Sie Ihren Vorgesetzten zumindest insofern von Ihrem eigenen Scharfsinn überzeugen, als Sie den seinen anerkennen.

Demonstrieren Sie Ihre Kompetenz, indem Sie sich auf die Denkweise Ihres Vorgesetzten einstellen. Rufen Sie sich anhand unserer früheren Erörterungen über verschiedene Denkweisen noch einmal ins Gedächtnis, daß *anders* häufig als *mangelhaft* angesehen wird. Diese Gefahr können Sie ausschalten, wenn Sie die Vorschläge, die Sie Ihrem Chef unterbreiten wollen, in die Logik kleiden, die zu der Logik Ihres Vorgesetzten paßt. Um dies tun zu können, müssen Sie jedoch erst einmal einschätzen, welcher Denkweisen und Problemlösungsstrategien sich Ihr Vorgesetzter am häufigsten bedient. Nehmen Sie sich jetzt einmal ein paar Augenblicke Zeit, um zu versuchen, Ihren Chef in die nun folgenden Denkstil-Kategorien einzuordnen. Die meisten Menschen lassen sich in eine oder zwei dieser Kategorien einordnen, aber etwa fünfzehn Prozent aller Menschen bedienen sich aller fünf Denkstile zugleich. Allerdings findet man unter diesen fünfzehn Prozent nur in den seltensten Fällen schwierige Vorgesetzte.

> *Synthetiker* sind kreative Denker, die die Welt in Form von Gegensätzen wahrnehmen. Wenn Sie *schwarz* sagen, denkt der Synthetiker *weiß*, wenn Sie *lang* sagen, denkt er *kurz*. Es sind neugierige und auch ein wenig seltsame Menschen, die sich für alles interessieren, was nicht in eine bestimmte

Schablone paßt. Ihre Ausführungen sind oft von Spekulationen nach dem Muster »Was wäre, wenn ... « und mit überraschenden Kommentaren, die anscheinend nichts mit der vorangegangenen Unterhaltung zu tun haben, durchsetzt. Während sie die unterschiedlichsten Ideen spielerisch durcharbeiten, sehen sie oftmals Verbindungen, die geradlinigeren Denkern meist nicht auffallen, und können dadurch zu gänzlich neuen Perspektiven gelangen.

Um sich mit einem Synthetiker gut verständigen zu können, sollten Sie seinen Spekulationen wohlwollend zuhören und deren argumentativen Charakter nicht mit allgemeiner Streitlust verwechseln. Schließlich würden auch Sie sich streitlustig anhören, wenn Sie in Gegensätzen dächten. Wenn Sie genügend Geduld aufbringen, sich die Theorien eines Synthetikers eine Weile lang anzuhören, wird er Ihren eigenen Vorschlägen meist ein offenes Ohr schenken. Da er sich selbst meist für überaus kreativ und clever hält, kann es hilfreich sein, ihn daran zu erinnern, daß Sie ihn ebenfalls dafür halten.

Idealisten glauben an hochgesteckte Ziele und überdurchschnittlich hohe Leistungen. Sie fragen: Wer profitiert von dem, was wir tun? Was sind unsere Langzeitziele? Als Vorgesetzte haben sie sich der Qualität, dem Dienst am anderen und der Teamarbeit verschrieben.

Je mehr Sie also das, was Sie selbst tun möchten, mit den Zielen Qualität, Dienst am anderen und Wohl der Allgemeinheit in Einklang bringen können, desto wahrscheinlicher ist es, daß Ihr idealistischer Chef Ihnen ein offenes Ohr schenkt. Dabei ist es natürlich wichtig, daß Sie nicht unehrlich oder unglaubwürdig erscheinen. Nicht etwa, weil es nicht möglich wäre, einen Idealisten hinters Licht zu führen in der Tat sind Idealisten ziemlich leichtgläubig, da sie vom Wert der Aufrichtigkeit zutiefst überzeugt sind. Sollten sie Sie jedoch jemals bei einer Lüge ertappen, werden Sie

Ihnen, oftmals ohne ein Wort darüber zu verlieren, ihre Unterstützung entziehen. Sie werden Ihnen zwar ständig Unterstützung zusichern, aber diesen Beteuerungen werden nie irgendwelche Taten folgen.
Idealistisch denkende Vorgesetzte streben nach einem Konsens, und sie sind enttäuscht oder verwirrt, wenn ihr Team ihnen nicht zustimmen kann oder will. Wenn Sie den Eindruck erwecken, nicht kompromißbereit zu sein und die Sichtweisen anderer nicht zu akzeptieren, dann werden Synthetiker möglicherweise zögern, Ihnen ein größeres Maß an Verantwortung zu übertragen.

Pragmatische Denker sind flexible, findige Menschen, die eher nach einem sofortigen Gewinn Ausschau halten als nach einem großartigen Plan, der die Welt verändern würde. Es interessiert sie nicht besonders, warum bestimmte Dinge geschehen, oder welche Folgen sich langfristig daraus ergeben. Daher neigen sie dazu, Probleme schrittweise anzugehen. Sie legen Wert auf praktische, kurzfristige Ergebnisse und einen Aktionsplan, mit dessen Hilfe die Projekte ohne allzu viele Schwierigkeiten durchgezogen werden können. Pragmatiker haben die Begabung, die Dinge so zu sehen, wie sie sind, besonders in bezug darauf, was andere Menschen wirklich wollen – nicht, was sie wollen *sollten* (damit beschäftigen sich die Idealisten). Deshalb sind sie häufig wahre Anpassungskünstler und schaffen es, dort zu überleben, wo andere scheitern. Um effektiv mit pragmatisch denkenden Vorgesetzten zu kommunizieren, müssen Sie sich auf Kurzzeitziele konzentrieren, die Sie mit den vorhandenen Mitteln in Angriff nehmen können. Stellen Sie klar, daß Sie auch die Machtaspekte der Situation nicht außer acht lassen. Überrollen Sie sie nicht mit einer Fülle von Daten und auch nicht mit einem idealistischen Gesamtplan – Sie würden sie damit nur überfordern oder langweilen.

Analytische Denker setzen Genauigkeit, Sorgfalt und Aufmerksamkeit für das Detail mit Kompetenz gleich. Sie lieben es, Daten zusammenzutragen, sie zu bewerten und einzuordnen und die Antwort auf jedes Problem, mit dem Sie an sie herantreten, mit Sorgfalt und intellektuellem Scharfsinn auszuarbeiten.

Um die Anerkennung eines analytisch denkenden Chefs zu erlangen, müssen Sie einen überzeugenden Plan entwickeln, dessen Korrektheit Sie anhand von Daten und Einzelangaben belegen können. Vor allem dürfen Sie ihm *niemals* ein Papier vorlegen, das Tippfehler, falsch buchstabierte Namen oder Rechenfehler enthält. Nicht, daß er wütend werden würde – viel wahrscheinlicher ist es, daß er Sie ganz einfach abschreibt als jemanden, der nicht kompetent genug ist, um irgendwelche wichtigen Aufgaben übernehmen zu können.

Realistische Denker sind schnell handelnde Tatmenschen, die der Ansicht sind, die Realität sei das, was sie mit ihren Sinnen aufnehmen – das heißt, was sie sehen, hören, schmecken, riechen und fühlen – und nicht etwa dieses trockene Zeug, das man in Buchführungsunterlagen oder langweiligen Bedienungsanleitungen findet. Als Vorgesetzte interessieren sich Realisten meistens erst dann für eine Sache, wenn etwas schiefgelaufen ist. Dann greifen sie ein, besorgen sich von Augenzeugen so viele Informationen wie möglich und entscheiden dann sofort, wo das Problem liegt und wie man es lösen kann. Glücklicherweise verlieren sie, sobald alles wieder in einigermaßen normalen Bahnen verläuft, schnell das Interesse an der Sache.

Wenn Sie mit einem realistisch denkenden Vorgesetzten so kommunizieren, als wäre er ein Analytiker, werden Sie niemals seine Aufmerksamkeit erringen können. Statt Berge von Computerausdrucken oder detaillierten Informationen wünscht sich der Realist eine aus drei Abschnitten bestehende »handlungsorientierte Zusammenfassung«, in der *mit knappen Worten* beschrieben wird, was schiefgelaufen ist und wie Sie vorhaben, es wieder gerade zu biegen. Aus Gründen, die recht kompliziert sind, wird er Sie, wenn er Sie als einen qualifizierten Experten ansieht, häufig zu Rate ziehen. Sie werden nach seiner Einschätzung zu einem solchen Experten, wenn Sie die für ihn wichtigen Informationen zusammengetragen *und* einen Handlungsplan entwickelt haben, den er auch selbst schon immer für den besten hielt.

Natürlich sind menschliche Persönlichkeiten sehr viel komplexer, als sich durch diese kurzen Beschreibungen vermitteln läßt. Dennoch werden Sie überrascht sein, wie oft Sie es vermeiden können, Ihren Chef zu verstimmen, wenn Sie einmal genau darauf achten, wie er die täglich anfallenden Aufgaben in Angriff nimmt. Ihre Ideen so vorzutragen, wie es dem Denken Ihres Vorgesetzten entspricht, ist nicht nur vernünftig, sondern auch außerordentlich berufsethisch. Schließlich haben Sie ja nicht vor, die natürlichen Neigungen Ihres Chefs gegen ihn auszuspielen, sondern Sie möchten, daß er eine hohe Meinung von Ihnen bekommt, damit er sich sicherer fühlen und deshalb die Zügel ein wenig lockerer lassen kann.

Vertrauen aufbauen, indem man Angst und Mißtrauen akzeptiert

Im Umgang mit mißtrauischen oder ängstlichen Vorgesetzten braucht man sehr viel mehr Geduld als im Umgang mit den nicht delegierwilligen Vorgesetzten, mit denen wir uns zuvor beschäftigt haben. Da Sie selbst die allgemeine Ängstlichkeit oder das chronische Mißtrauen Ihres Vorgesetzten nicht verursacht haben, werden Sie auch kaum in der Lage sein, ihn davon zu heilen, und noch viel weniger werden Sie es verhindern können, daß er diese negativen Gefühle auch auf Ihr Arbeitsleben projiziert. Dennoch gibt es eine Reihe von Schritten, die Sie unternehmen können, um den Handlungsspielraum, den ein solcher Vorgesetzter Ihnen gewährt, zu erweitern. Zwar ist keiner dieser Schritte besonders schwierig, aber es könnte dennoch sein, daß Sie sie nur sehr ungern tun, da Sie dabei genau die Einschränkungen akzeptieren sollen, die Sie eigentlich verabscheuen. Mag Ihnen eine solche Handlungsweise auch zuwider sein – überwinden Sie sich dennoch, und tun Sie das, was Ihr Chef am wenigsten erwartet: Fordern Sie ihn für kurze Zeit auf, die Zügel sogar noch straffer anzuziehen. Stimmen Sie Ihrem Chef nachdrücklich zu, daß das Leben voller Unberechenbarkeiten und Gefahren steckt, und proklamieren Sie die Weisheit eines vorsichtigen und kontrollierten Vorgehens. Auch wenn man dem gesamten Rest der Menschheit nicht wirklich trauen kann, wird Ihr Chef doch möglicherweise wenigstens Sie für würdig erachten, mit größeren Entscheidungsbefugnissen umgehen zu können. Ich möchte das im folgenden noch genauer ausführen.

Wehren Sie sich nicht gegen häufige Überprüfungen. Je mehr Sie mißtrauische Menschen davon zu überzeugen versuchen, daß man Ihnen durchaus vertrauen kann, desto mehr werden diese an Ihrer Ehrlichkeit oder an Ihrem gesunden Menschenverstand zweifeln. *Sie selbst* wissen natürlich, daß dieses Mißtrauen vollkommen unberechtigt ist, der Zweifler jedoch weiß das nicht. Wenn Sie also wiederholt beteuern, alles laufe bestens, werden Sie seine Zweifel nur noch vermehren. Paradoxerweise können Sie beweisen, daß Sie ein vertrauenswürdiger Mensch sind, indem Sie regelmäßige Überprüfungen gutheißen, ja sie sogar fordern. Wenn es zu

Ihrem Job gehört, Geld auszugeben, dann geben Sie sich nicht mit einfachen Berichten zufrieden, in denen lediglich nachgewiesen wird, daß Sie das Geld für die Dinge ausgegeben haben, für die es auch gedacht war. Bitten Sie um bessere, strengere Kontrollen. Wenn Konten monatlich überprüft werden, bitten Sie darum, daß sie alle vierzehn Tage oder sogar jede Woche überprüft werden, denn: »Es ist wichtig, daß wir ganz genau wissen, wofür das Geld verwendet worden ist.« Es ist unwichtig, ob Ihr paranoider Chef auf Ihren Vorschlag eingeht oder nicht. Es ist die Tatsache, daß Sie die Kontrollen *vorgeschlagen* haben (natürlich ohne den Anflug von Sarkasmus, der aus meinen Beschreibungen herauszuhören ist), die bewirkt, daß sein Vertrauen in Sie allmählich wächst. »Schön und gut«, denken Sie jetzt vielleicht. »Was aber, wenn er meinen Vorschlag doch akzeptiert? Dann bin ich schlechter dran als zuvor.« Das könnte natürlich passieren, aber es ist viel wahrscheinlicher, daß er sich über Ihr Interesse aufrichtig freut, Ihnen dann aber geduldig erklärt, daß die bereits bestehenden Kontrollmechanismen sich als ausreichend erwiesen haben. Das Ziel, das Sie verfolgen, indem Sie den Ängsten Ihres Vorgesetzten Rechnung tragen, anstatt sie zu bekämpfen, besteht darin, sich selbst als einer derjenigen darzustellen, »denen man vertrauen kann« – ein »Mitaufpasser«, dem ein dankbarer Vorgesetzter mehr Verantwortung übertragen sollte.

Versuchen Sie, herauszufinden, welche Ängste Ihr Chef hat. Wenn Ihr Chef immer noch zögert lockerzulassen, versuchen Sie, herauszufinden, was ihm eigentlich angst macht. Sie könnten beispielsweise fragen: »Was brauchen Sie, um sicher zu sein, daß Sie mir die Vollmacht erteilen können, Verträge zu unterzeichnen?« Schlagen Sie dann vor, daß er Ihnen *zeitweise* und *in geringem Ausmaß* mehr Handlungsfreiheit einräumt und daß sie beide regelmäßig darüber beraten, wie Sie damit zurechtkommen. Tun Sie das, auch wenn Ihr Chef bereit zu sein scheint, einen *größeren* Schritt zu wagen. Denken Sie immer daran, daß das Vertrauen eines äußerst mißtrauischen Menschen nur langsam aufgebaut werden kann und daß es noch länger dauert, bis dieses Vertrauen sich gefestigt hat.

Wenn Ihr Chef Fehler mit Versagen gleichsetzt, planen Sie mögliche Fehler und deren Behebung von Anfang an mit ein. In den meisten Unternehmen werden ständig äußerst optimistische Vorschläge gemacht. Der Kampf um die Geldmittel bewegt die meisten Etatbewerber dazu, Wege zu finden, den besonderen Vorteil ihres Planes, dessen leichte Durchführbarkeit und die Leichtigkeit, mit der möglicherweise auftretende Gefahren gemeistert werden können, herauszustreichen. Aus diesem Grunde fürchten sogar erfahrene und selbstsichere Manager nicht selten, daß nicht alles so rosig sein wird, wie ihre Projektentwickler es sie gerne glauben machen wollen. Wenn Ihr Chef jedoch zu den Menschen gehört, für die kleinere Schnitzer gleich eine Katastrophe bedeuten und die mittelschwere Fehler mit einem totalen Desaster gleichsetzen, ist es klug, ihn gleich von Anfang an klar und deutlich auf möglicherweise auftretende Probleme aufmerksam zu machen und dann vorbeugende Maßnahmen vorzuschlagen. Zudem sollten Sie ihm einen Vorschlag machen, wie er aus der Sache ohne Gesichtsverlust herauskommt, wenn die vorbeugenden Maßnahmen nicht greifen. Es geht darum, Befürchtungen zu zerstreuen, denn ein ansonsten intelligenter Vorgesetzter kann sich unter Umständen in einen Angsthasen verwandeln, der nur noch bereit ist, auf extrem vorsichtige Vorschläge einzugehen.

Indem Sie offen auf die negativen Aspekte hinweisen und

deutlich aufzeigen, wie Sie selbst größere Schwierigkeiten vermeiden und wenn nötig auch überstehen werden, knüpfen Sie ein Sicherheitsnetz, das auf Ihren ängstlichen Chef bei weitem beruhigender wirkt als hundert Beteuerungen, mögen sie Ihnen auch noch so leicht über die Lippen gehen.

Geben Sie ihm bei riskanten Entscheidungen verbale Unterstützung. Die meisten Menschen haben weniger Angst, wenn Ihnen jemand zur Seite steht, als wenn sie allein sind. Sie können einem ängstlichen Chef dabei helfen, kalkulierte Risiken einzugehen, wenn Sie betonen, daß »wir in dieser Sache alle in einem Boot sitzen« und häufig von »unserer Entscheidung« anstatt von »Ihrer Entscheidung« sprechen. Wenn er das Gefühl hat, Unterstützung zu bekommen, wird er anderen – und insbesondere Ihnen – ein vorsichtiges Vorgehen eher zutrauen und deshalb Verantwortung an Sie abgeben.

Erinnern Sie nervöse Vorgesetzte immer wieder daran, daß sie Ihnen wirklich trauen können. Wenn dieser Vertrauensbildungsprozeß einmal eingesetzt hat, können Sie ihn noch weiter unterstützen, indem Sie immer wieder Ihre Absicht bekräftigen, Ihren Chef und sich selbst vor Problemen zu bewahren. Andernfalls wird schon ein winziger Fehler oder ein an Sie gerichteter fragender Blick von einem der Geschäftsführer Ihren Vorgesetzten vermuten lassen, daß Sie die Sicherheitsvorkehrungen, auf die er und Sie sich geeinigt haben, absichtlich umgangen hätten. Auch in diesem Fall ist der Zweck dieser normalerweise überflüssigen Beteuerungen, jemandem mit einem eher wackeligen Selbstvertrauen wenigstens ein Mindestmaß an Sicherheit zu bieten.

Versuchen Sie sich auf subtile Art als Lehrmeister. Wenn Sie glauben, ein gewisses Maß an Vertrauen errungen zu haben – natürlich setzen wir voraus, daß die positiven

Aspekte Ihrer Arbeit den Aufwand wert sind –, dann demonstrieren Sie Ihrem Chef, wie man die Welt mit weniger ängstlichen Augen sieht. Wenn beispielsweise bei Ihrer eigenen Arbeit etwas schiefgegangen ist, geben Sie es ruhig zu, sagen Sie aber gleich dazu: »Aber immerhin habe ich etwas aus diesem Fehler gelernt, und dies ist mein Plan, wie man ihn für die Zukunft vermeiden kann.« Es geht Ihnen darum, zu beweisen, daß man Fehler auch anders betrachten kann, als es Ihr Chef mit seiner perfektionistischen Einstellung tut: »Wenn ich einen Fehler mache (oder wenn jemand, für den ich verantwortlich bin, einen Fehler macht), bedeutet dies, daß ich auf der ganzen Linie versagt habe und daß ich mich von dieser Schlappe nie wieder erholen werde.« Obwohl solch tief verwurzelte Vorstellungen meist recht schwer veränderbar sind, können ein paar aufmunternde Worte von einer vertrauenswürdigen Person, gerade dann, wenn die Tatsachen eine solche pessimistische Einstellung widerlegt haben, den Weg für eine neue, realistischere Einstellung ebnen: »Ich habe zwar nicht vor, Fehler zu machen. Wenn sie mir aber dennoch unterlaufen, bin ich deswegen noch lange kein Versager, da ich aus ihnen lerne.« Und in ähnlicher Weise können Sie Ihrem ängstlichen Chef klarmachen, daß selbst kostspielige Fehler die Firma nicht auf Dauer schädigen, und – sofern man schnell eingreift – minimiert oder gar vermieden werden können. Sie könnten beispielsweise sagen: »Na ja, vielleicht haben wir [habe ich] wirklich die Sache vermasselt und unserer Konkurrenz mit unserer neuen Werbekampagne praktisch in die Hände gespielt. *Dieses eine Mal.* Da wir jetzt aber wissen, welche Richtung sie einschlagen werden, sind wir in einer sehr viel besseren Position, entsprechende Maßnahmen zu ergreifen.« Natürlich machen Sie auf diese Weise aus der Not eine Tugend – aber warum sollten Sie das auch nicht tun? Was Sie deutlich machen wollen, ist, daß zwar niemand vorsätzlich Fehler macht, daß diese aber, wenn sie dann doch passieren, nicht gleich das Ende der Welt bedeuten. Unglücklicherweise ist der wichtigste Schritt bei dieser Methode auch gleichzeitig der schwerste – nämlich nicht abzustreiten, daß Sie selbst beim Entstehen der Probleme eine Rolle gespielt haben. Andernfalls würden Sie damit nur die Vorstellung unterstützen, daß ein kleiner Fehler eine Katastrophe ist, die man um jeden Preis vermeiden muß.

5 Wenn Ihr Vorgesetzter immer Recht behalten muß: Der besondere Fall des Besserwisser-Experten, der alle niederwalzt

Hören wir uns einmal an, wie Sally Rider ihren Chef beschreibt:

> Als ich mich bei Charles wegen dieses Jobs vorstellte, war ich so von ihm beeindruckt, daß ich die Stelle unter allen Umständen haben wollte. Er ist in unserer Branche ein absoluter Experte, er verfügt über eine Menge praktisches, gut strukturiertes Wissen, und er hat das Selbstvertrauen und die persönliche Stärke, seine Ideen in die Tat umzusetzen, ja sie sogar durchzu*boxen*, wenn es sein muß. Natürlich fragen Sie sich jetzt, warum ich aus seiner Super-Abteilung wieder weg will. Ganz einfach: weil er sich als das größte Arschloch der Welt entpuppt hat. Sie wollen Einzelheiten? Nun, zunächst einmal macht er, wenn er selbst von einer bestimmten Herangehensweise überzeugt ist, einfach dicht. Wenn er einmal entschieden hat, was richtig ist, kann man ihn überhaupt nicht mehr beeinflussen; er wird zu einer unaufhaltsamen Dampfwalze. Hat er dann das Gefühl, daß ich nicht hundertprozentig mit ihm übereinstimme, beginnt er, mir endlose Vorträge zu halten. Er ist unerträglich arrogant, herablassend und aufgeblasen. Daß er meine Berichte benotet, als wäre er ein Lehrer und ich nur eine dumme Schülerin, ist nicht einmal das schlimmste. Am schlimmsten ist, daß er mir, anstatt die Veränderungen selbst vorzunehmen, kleine Notizen zukommen läßt, in denen er mir genaue

Anweisungen gibt, was ich zu tun habe. Einiges, was er verändert haben möchte, ist nur eine Frage des Stils, vieles ist einfach trivial – wenn ich beispielsweise ein Komma anstelle eines Semikolons gesetzt habe –, und in einigen Punkten hat er natürlich recht. In letzter Zeit habe ich mich häufig dabei ertappt, daß ich ihm nur noch ganz wenig vorlege – gerade so viel, daß ich noch damit durchkomme. Laß ihn doch erst einmal selbst das Wesentliche machen, denke ich, und dann schreibe ich meinen Bericht. Es erspart mir viel Zeit und gibt ihm nicht die Genugtuung, beweisen zu können, daß er immer der Intelligente ist und ich immer die Dumme bin.

Charles gehört zu der Sorte von schwierigen Vorgesetzten, die ich die Besserwisser-Experten nenne. Zwar stellt ihre rechthaberische Haltung ein ständiges Ärgernis dar, aber das allein ist nicht der Grund, warum sie unter den schwierigen Vorgesetzten in der ersten Reihe stehen. Sie haben vielmehr das fragwürdige Talent, fähige Untergebene wie Sally dazu zu bringen, immer weniger zu leisten.
Diese Schwergewichtler im Bereich Faktenwissen und logischer Verstand werden von ihren Untergebenen als unaufhaltsam, unerschütterlich und rücksichtslos beschrieben, Gründe genug, um sie nach ihren mechanischen Brüdern, den Dampfwalzen, zu benennen. So haben sie beispielsweise immer auf jede Frage die richtige Antwort, nicht *eine* richtige Antwort, nein, *die* richtige Antwort. Wenn irgend jemand anderer Meinung ist, reagieren sie darauf, als wäre das ein persönlicher Angriff und brechen die Diskussion beleidigt ab. Dampfwalzen wird sehr häufig Überheblichkeit vorgeworfen; sie machen sich über die Ideen anderer lustig, als seien sie den Köpfen verwirrter Kinder entsprungen. Das ist

allerdings auch nicht verwunderlich, denn sie sind davon überzeugt, daß ihre eigenen Ideen und Strategien tatsächlich die besten sind. Sie setzen Genauigkeit und Gründlichkeit mit Kompetenz gleich, nehmen jeden Fehler – und sei er auch noch so unbedeutend – übel und neigen dazu, nur wenig Verständnis oder Geduld für die irrationalen Facetten der menschlichen Persönlichkeit wie Gefühle, Wünsche und Intuition aufzubringen. Da sie selbst meist über sehr viel Wissen verfügen und da sie alles, was sie tun, sorgfältig planen, geben sie ihren weniger linear denkenden Untergebenen oftmals das Gefühl, ihren Aufgaben nicht gewachsen zu sein. Wenn man für einen Besserwisser-Experten arbeitet, dann ist es besonders frustrierend zu erkennen, daß er in fünfundsiebzig von hundert Fällen tatsächlich recht hat. Traurigerweise beschwört das anmaßende Gehabe eines solchen Bulldozers, seine pompöse, bevormundende und lehrerhafte Art bei vielen Menschen – wie bei Sally – häufig die Erinnerung an ungeduldige Eltern herauf, die immer alles besser wußten, und bei normalerweise fähigen Mitarbeitern werden wieder alte Gefühle kindlicher Rebellion geweckt. Diese Mitarbeiter versuchen dann, ihre »Unabhängigkeit« zu beweisen, indem sie sich weigern, ihre Fähigkeiten voll zur Entfaltung zu bringen, und demonstrativ mit ihrer Inkompetenz »protzen«. Auf diese Weise schließt sich der Teufelskreis, und die Besserwisser-Experten finden sich in ihrer Überzeugung bestätigt, daß der Rest der Menschheit aus unfähigen Idioten bestehe. So ist es denn auch kaum verwunderlich, daß sie anderen kaum mehr als Routine- oder Fleißaufgaben übertragen.

Besserwisser-Experten verstehen

Rufen Sie sich noch einmal die Charakteristika der analytischen Denker ins Gedächtnis, die wir im vierten Kapitel beschrieben haben. Analytiker sind gründliche Denker, die großen Wert auf Daten und Fakten und eine logische, rationale Herangehensweise legen. Sie haben damit für sich eine wertvolle und produktive Methode gefunden, um in einer bisweilen gefahrvollen Welt bestehen zu können.

Nimmt man jedoch einen solchen analytischen Denker und bringt ihm bei, daß Probleme nur dann korrekt zu lösen sind, wenn man vorher sämtliche Möglichkeiten genauestens durchkalkuliert hat, und fügt man dieser perfektionistischen Einstellung dann noch eine starke Dosis Aggressivität und außerdem den Wunsch hinzu, so zu sein, wie seine besserwisserischen Eltern damals waren, erhält man folgende Persönlichkeit: einen dickköpfigen, selbstgerechten Alleswisser – den Besserwisser-Experten, der alle anderen niederwalzt.

Von all den schwierigen Vorgesetzten, die ich untersucht habe, sind meiner Erfahrung nach die Besserwisser-Experten am schwersten zu beeinflussen. Ich vermute, daß das Wissen um ihre eigene Kompetenz in Verbindung mit der häufig auftretenden rebellischen Verweigerungshaltung ihrer Untergebenen sie schließlich zu der Überzeugung gelangen läßt, daß sie in der Tat der Maßstab sind, nach dem alle anderen sich orientieren sollten. In ihren luftigen Höhen schenkt man dem albernen Geschwätz des Fußvolks nur selten Aufmerksamkeit. Natürlich ist es nicht unmöglich, die Aufmerksamkeit eines Bulldozers zu gewinnen, aber um das zu erreichen, bedarf es vielleicht einer größeren Geduld und Anstrengung, als Sie zu investieren bereit sind.

Natürlich steht Ihnen immer die Möglichkeit einer Kündigung offen. Eine solche Entscheidung sollte allerdings auf einer genauen Kosten/Nutzen-Analyse basieren, bei der die Beeinträchtigung Ihrer Leistungsfähigkeit durch Ihren Chef als ein wesentlicher Faktor mit einbezogen werden muß. Eine andere Möglichkeit besteht darin, sich selbst immer wieder klarzumachen, daß nicht *Sie* der schwierige Mensch sind, sondern Ihr Chef. Nach einer solchen Kosten/Nutzen-Analyse und der Einsicht, daß Ihr Chef sich aller Wahrscheinlichkeit nach nicht ändern wird, sind Sie in der Lage, eine fundierte Entscheidung darüber treffen zu können, ob Sie auch weiterhin für einen solchen Chef arbeiten wollen. Denn mag er auch ein noch so großes Ekel sein, ein solcher Vorgesetzter verfügt über ein großes Wissen, und Sie können sehr viel von ihm lernen. Wenn Sie sich also für die zweite Möglichkeit entschieden haben, gibt es eine Reihe von Strategien, die Ihnen dabei helfen werden, sich weniger zurückgesetzt zu fühlen. Es könnte sogar sein, daß sich Ihre Situation dadurch auf dramatische Weise verbessert.

Strategien für den Umgang mit Besserwisser-Experten

Im Umgang mit einem Bulldozer müssen Sie Ihre Kompetenz auf eine Weise demonstrieren, durch die seine eigene Rolle als »Experte« nicht gefährdet wird.

Bereiten Sie sich so gut wie möglich vor. Da Besserwisser-Experten unvollständige, schludrige oder lieblos fertiggestellte Arbeiten sehr viel härter kritisieren als die meisten Vorgesetzten, ist es bei der Zusammenarbeit mit ihnen zunächst einmal wichtig, daß Sie sämtliche Ihnen übertragene Aufgaben so sorgfältig wie möglich vorbereiten. Mit anderen Worten: Sie müssen immer Ihre Hausaufgaben machen. Haben Sie es schon in der Oberstufe immer gehaßt, Ihrem Lehrer für jedes Referat erst einmal eine sorgfältige Gliederung vorzulegen, und ziehen Sie es auch heute noch vor, sofort zu handeln, anstatt Ihre Aufgabe Schritt für Schritt zu planen? Wie auch immer – wenn Sie einem Bulldozer unterstellt sind, müssen Sie sich zwingen, jedes Ihnen übertragene Projekt methodisch und genau zu planen, und zwar mit einer Fülle von entsprechenden Hintergrundinformationen – vorzugsweise in Form einer tabellarischen Übersicht – und einer Analyse, reichlich versehen mit detaillierten Angaben darüber, was genau zu tun ist und wieviel diese Maßnahmen kosten werden. Wenn Sie dann nach Ihrer persönlichen Meinung gefragt werden, bemühen Sie sich, nur mit einem »Ja« oder »Nein« zu antworten, vermeiden Sie ein »Vielleicht«, und begründen Sie Ihre Antwort sehr sorgfältig. Lesen Sie alles Geschriebene – einschließlich belangloser Memos – noch einmal auf Tipp- und Rechtschreibfehler und ganz besonders auf fehlerhafte Berechnungen hin durch. Fehler müssen nicht nur auf ein Minimum reduziert, sondern weitgehend vermieden werden. Erwarten Sie kein besonderes Lob für Ihre Bemühungen – schließlich haben Sie ja nur getan, was jeder normal denkende Mensch ohnehin tun sollte. Was Sie jedoch erwarten *können*, ist, daß Sie im Kopf Ihres Chefs von der Kategorie des »unachtsamen Störenfrieds« zur »Okay«-Kategorie aufrücken. Wenn Sie es nicht schaffen, eine derartige Neueinschätzung Ihrer Person zu erreichen, werden alle anderen Schritte und Strategien nur wenig Wirkung haben.

Bemühen Sie sich um ein beschränktes Maß an Handlungsfreiheit. Da Besserwisser-Experten von Natur aus meist überaus vorsichtige Menschen sind, ist es immer klug, jegliche Handlungsfreiheit, die Sie für sich erreichen wollen, auf einen begrenzten Bereich zu beschränken. Wenn möglich, sollten Sie dafür Aufgabenbereiche wählen, die leicht meßbare Resultate versprechen und die Ihren Chef nicht persönlich interessieren. Sind Sie beispielsweise in einem Baumarkt in der Abteilung für Innenausbau beschäftigt, und Ihr Vorgesetzter ist Fachmann für Farben, Lacke, Tapeten usw., dann bitten Sie ihn darum, daß er Ihnen die Bestellungen und Preisentscheidungen für den Bereich Nägel und Schrauben überläßt. Sie wählen Nägel und Schrauben, weil Ihr Chef diesen Bereich im Hinblick auf Umsatz und Gewinn anscheinend für uninteressant hält – jedenfalls im Vergleich zu Tapeten und Farben – und weil Sie sich selbst zum Experten in diesem Bereich herangebildet haben, indem Sie alle diesbezüglichen Kataloge genauestens studierten.

Anerkennen Sie sein Wissen. Ein Bulldozer ist stolz auf sein Wissen und erwartet, daß es auch von anderen anerkannt und geschätzt wird. Da er ja tatsächlich Experte ist – zumindest in bestimmten Bereichen –, kann es nicht schaden, wenn Sie ihm deswegen Anerkennung zollen. Wenn sein Ego in angemessener Weise gepflegt und gehätschelt wird, erhöht sich die Chance, daß er nicht sämtliche Anerkennung für gute Leistungen für sich ganz allein beansprucht.

Stellen Sie Fragen, um auf Probleme hinzuweisen. Sollten Sie die Schlußfolgerungen Ihres Chefs offen in Zweifel ziehen, würde das wahrscheinlich eher zu einem Streit als zu einem Kompromiß führen. Was ist also zu tun, wenn Sie davon überzeugt sind, daß sein Plan, mag er auch »von A bis Z logisch« sein, nicht funktionieren wird? Vielleicht wurde ein wichtiger Gesichtspunkt außer acht gelassen, weil er nicht »rational« genug erschien, oder ein bestimmter Aspekt der öffentlichen Meinung wurde nicht ernst genommen.

Obwohl Sie den Fehler klar und deutlich erkennen, wissen Sie nicht, wie Sie ihn darauf aufmerksam machen können, ohne sofort eine Abwehrreaktion zu provozieren. In einem derartigen Dilemma sollten Sie auf eine bestimmte Taktik zurückgreifen, die darin besteht, zwei ganz besondere Arten von Fragen zu stellen. Diese sollen dazu dienen, Ihren Chef auf seinen Denkfehler hinzuweisen, und zwar bevor, nicht nachdem der Schaden entstanden ist. Ich nenne sie »Kulleraugen«- und »Erweiterungs«-Fragen.

Kulleraugen-Fragen enden immer mit den Worten: »Können Sie mir das bitte erklären?« Zum Beispiel: »Ich verstehe nicht ganz, wie unser neuer Marketing-Plan uns einen Vorsprung vor unserer Konkurrenz verschaffen soll. Können Sie mir das bitte erklären, Herr Schmidt?« oder: »Unser Problem besteht also darin, daß unsere Produktmanager sich einfach nicht die Mühe machen, das Verwaltungshandbuch zu lesen. Könnten Sie mir das bitte erklären, Frau Meyer?«

Nachdem Sie diese naiven Fragen gestellt haben, schauen Sie Ihren Chef, während er Ihnen alles (oft nur allzu ausführlich) »erklärt«, mit großen Augen an.

Mit einer Erweiterungsfrage bitten Sie jemanden, seine Ideen oder Pläne noch weiter zu erläutern. Sie könnten beispielsweise sagen: »Also ich glaube, ich habe jetzt Ihren Plan zum neuen Leistungskontrollverfahren verstanden, Herr Schwarz. Wie aber funktioniert diese Vorgehensweise in jeder einzelnen unserer sieben Abteilungen, da sie sich alle ein wenig voneinander unterscheiden?«

Seine Einwände in Frageform vorzubringen, ist in mancherlei Hinsicht von Vorteil. Erstens ist es durchaus möglich, daß Ihr Chef Sie tatsächlich davon überzeugen kann, daß Ihre Sorgen völlig unbegründet sind. Indem Sie fragen, anstatt anzugreifen, gehen Sie Schwierigkeiten von vornherein aus dem Weg und bestärken Ihren Chef nicht noch zusätzlich in seiner Meinung, Sie wären ein hoffnungsloser Dummkopf und Querulant. Zweitens können Sie dadurch aus den zweifellos vorhandenen Stärken Ihres Besserwisser-Experten Profit schlagen. Schließlich läßt er sich, mehr als jeder andere, von Fakten und Logik beeindrucken, besonders, wenn es sich dabei um die *eigenen* Fakten und die *eigene* Logik handelt. Während er jeden einzelnen Stein in dem großartigen Gebäude erneut überprüft, wird er hoffentlich von sich aus die Mängel in der Logik, die Fehleinschätzungen oder möglichen Fehlerquellen entdecken. Und warum geschieht das erst jetzt? Weil Sie eine Frage gestellt haben, die zu einer Erklärung und nicht zu einer Abwehrreaktion oder zu einer Rechtfertigung herausforderte.

Helfen Sie Ihrem Chef, das Gesicht zu wahren. Nehmen wir einmal an, Sie würden auch mit Ihren intelligent formulierten Fragen nicht weiterkommen. Ihr Experten-Chef besteht hartnäckig darauf, aus den sicheren Gewässern, in denen er sich auskennt, hinaus- und auf gefährliche Klippen zuzusteuern. Dann gibt es keine andere Möglichkeit, als ihn klar und deutlich auf Fehleinschätzungen oder Fehlinformationen hinzuweisen. Wenn Sie den Stier also doch bei den Hörnern packen müssen, können Sie die Chance, ernst genommen zu werden *und* eine wütende Reaktion zu umgehen, vergrößern, indem Sie das verletzliche Ego Ihres Chefs mit Hilfe einer rationalen Erklärung schützen. Natürlich wäre es eine sinnvolle Genugtuung, mit lauter Stimme: »Ich habe es Ihnen ja gleich gesagt« zu rufen und Ihrem Chef schadenfroh vor Augen zu führen, daß er in der gestrigen Konferenz völlig falsche Zahlen genannt hat. Aber wie verlockend auch immer eine solche Vorstellung erscheinen mag – in diese Falle sollten Sie besser nicht tappen. Denn wenn die sorgfältig ausgearbeiteten Programme nicht funktionieren, tendieren Bulldozer dazu, die Schuld dafür ihren Mitarbeitern in die Schuhe zu schieben. Da Sie vielleicht an der Durchführung des Plans beteiligt waren, und vor allem, da Sie gerade in der Nähe sind, wird der anklagende Finger sich auf Sie richten – ein Ergebnis, das Sie eigentlich vermeiden wollten.

Statt dessen sollten Sie sich im Beisein Ihres Chefs selbst die Frage stellen, ob er »vielleicht an den Etat des Vorjahres gedacht hat« oder »an den Etatentwurf, über den wir uns vor einiger Zeit einmal unterhalten haben«, oder Sie könnten sogar die Vermutung äußern, Sie hätten ihn »mit Ihren vielen Fragen durcheinander gebracht«. Es geht nicht darum, Ihrem Chef Honig um den Bart zu schmieren, sondern nur darum, einer giftigen Antwort oder einem Anfall von Rachsucht vorzubeugen. Denn genau das sind die Lieblingsreaktionen eines Bulldozers auf Menschen, die er als seine Feinde betrachtet.

Es kann durchaus der Mühe wert sein. Es ist zwar richtig, daß der erfolgreiche Umgang mit besserwisserischen Bulldozern möglicherweise mehr Geduld und Beharrlichkeit von Ihnen fordert, als Sie eigentlich zu investieren bereit wären. Aber diese Beharrlichkeit ist häufig der Mühe wert. Die Vorteile können erheblich sein: von einer weniger rigiden Kontrolle einiger Arbeitsbereiche bis hin zu einer Hundertachtzig-Grad-Wendung (wenn Ihr Besserwisser-Experte Sie plötzlich ebenfalls als einen Experten ansieht). Sie ganz allein haben dann dieses kleine Wunder vollbracht, indem Sie immer brav Ihre Hausaufgaben machten und indem Sie das Wissen und den Wert eines Fachmannes ausdrücklich anerkannt und gut durchdachte und relevante Fragen gestellt haben, die dazu beitrugen, Unklarheiten zu beseitigen. Zwar wird Ihnen vielleicht niemals der Status eines erstklassigen Experten zugestanden werden – gibt es denn in irgendeiner Abteilung überhaupt Platz für mehr als ein solches Genie? –, aber auch zweitklassige Experten verdienen es, bestimmte Privilegien zu bekommen. Plötzlich werden Sie feststellen, daß Ihr Chef bereit ist, Ihr Aufgabengebiet, in dem Sie völlig, nun ja, sagen wir, fast völlig – freie Hand haben, zu erweitern, und er wird, Sie nach Ihrer Meinung fragen, *bevor* die endgültige Entscheidung gefällt wird. Vielleicht werden Sie dazu aufgefordert, an Meetings teilzunehmen, die vorher nur von dem einzigen Menschen besucht wurden, dessen Gehirn einigermaßen anständig funktionierte – nämlich von Ihrem Chef. Wenn er sich bei Ihnen darüber beklagt, mit was für geistigen Tieffliegern Sie *beide* sich doch herumschlagen müssen, dann wissen Sie, daß Sie den Stand der Gnade erreicht haben. In dem Moment brauchen Sie dann nur noch weise zu lächeln und ihm verschwörerisch zuzunicken.

6 Wenn Ihr Chef skrupellos oder verletzend ist: Ausnutzer, Intriganten und Stinktiere

In mancher Hinsicht sind die schwierigen Vorgesetzten, mit denen wir uns bisher befaßt haben, ebenso ein Opfer ihrer geistigen und emotionalen Verfassung, wie es die von ihnen geplagten Untergebenen sind. Zwar mag vieles an ihrem Verhalten tadelnswert sein, aber schließlich bemühen sie sich – wie alle anderen auch –, dem Unternehmen zu dienen und seine Entwicklung zu fördern. In diesem Kapitel befassen wir uns jedoch mit einem zutiefst verabscheuungswürdigen Trio: Männer oder Frauen, die im wesentlichen durch Egoismus, Skrupellosigkeit und das Bedürfnis, andere zu kränken, motiviert sind. Sie verletzen unser Anstandsgefühl, sie greifen auf hinterhältige, manipulative Mittel zurück und verpesten durch ihr Verhalten das Arbeitsklima. Wie könnte man diese drei Typen besser beschreiben als mit den Etiketten: Ausnutzer, Intriganten und Stinktiere. Ausnutzer beuten andere aus, um sich auf deren Kosten Vorteile zu verschaffen, streichen das Lob für Arbeiten ein, die sie nicht selbst geleistet haben, und benutzen ihre Macht, um von anderen Geld oder Vergünstigungen zu erpressen. Intriganten haben nur ihren eigenen Vorteil im Auge, ohne Rücksicht auf die Kosten für das Unternehmen oder die Mitarbeiter. Stinktieren geht es darum, andere zu beleidigen und vor den Kopf zu stoßen und auf alle möglichen Arten die Atmosphäre zu verpesten.

Das Verhalten

Die nun folgenden kurzen Berichte, die ich meinen Gesprächsnotizen mit Klienten entnommen habe, beschreiben nicht nur das anstößige Verhalten dieser drei Typen von Vorgesetzten, sondern zeigen auch die widerwärtigen Folgen, die für ihre unglücklichen Untergebenen daraus erwachsen.

• Gena, Buchhalterin für den Kundendienst einer großen Elektrogeräte-Firma:

> Sylvia [die Leiterin der Kundendienstabteilung] trug mir auf, auf jede Rechnung 20 Prozent draufzuschlagen, um der Geschäftsleitung zu demonstrieren, daß der Kundendienst ein äußerst profitabler Sektor ist. Wenn sich dann ein Kunde über die überhöhte Rechnung beschwerte – und seltsamerweise taten das nur sehr wenige –, schob sie die Schuld auf »einen Fehler in der Buchhaltung«, womit dann ich den Schwarzen Peter zugespielt bekam. So lief es mehr als drei Jahre lang, bis sie befördert wurde. Ich habe nie gewagt, ihr zu sagen, daß ich die ganze Sache für Betrug hielt. Deshalb habe ich auch niemand anderen eingeweiht.

• Ben, leitender Techniker der elektronischen Fertigungsabteilung eines großen High-Tech-Betriebes:

> Mein früherer Chef, Rodney Belson, schickte regelmäßig Teile meiner Wochenberichte an die Geschäftsführung, allerdings unter seinem Namen. Da sie zuweilen ziemlich gute Vorschläge enthielten, etwa im Hinblick darauf, wie man das Design von Fertigungsstücken in einer Weise verändern könne, daß bei der Produktion weniger Verschnitt anfallen und man dadurch eine bessere Materialausnutzung erzielen würde, wurden phantastische Berichte über ihn

angefertigt, während ich selbst leer ausging. Als man ihm schließlich einen Fünfhundert-Dollar-Bonus für eine *seiner* »tollen Ideen« gab, ließ ich die Katze aus dem Sack. Da ich jedoch keine schriftlichen Beweise hatte und er natürlich alles abstritt, glaubte man ihm und nicht mir. Überall verbreitete er das Gerücht, ich sei ein Unruhestifter, und ich glaube, er hätte, wenn er damit durchgekommen wäre, sogar versucht, mich zu feuern. Das war damals eine schlimme Zeit für mich, und wenig später habe ich dann auch gekündigt. Dadurch verlor ich nicht nur das Anrecht auf die Betriebsrente, sondern dieser miese Sack wollte mir nicht einmal ein anständiges Zeugnis geben. Klar, ich habe inzwischen längst einen anderen Job, aber mein Problem war, daß ich lange Zeit das Gefühl hatte, niemandem mehr trauen zu können.

• Marianne, Leiterin der Personalabteilung einer Behörde im mittleren Westen.

Sie möchten wissen, welche Probleme wir in dieser Abteilung haben? [An dieser Stelle ließ sich Marianne nochmals von mir versichern, daß ich alles, was sie mir erzählte, streng vertraulich behandeln würde.] Nun, ich nehme an, daß ich Ihnen vertrauen kann. Unser größtes Problem ist unser allseits geschätzter Direktor Mr. Santos. Um es kurz zu machen: Er verbreitet ständig Lügen und benutzt unsere kostbaren Steuergelder, um sein eigenes politisches Nest auszupolstern. Selbstverständlich geht er dabei äußerst geschickt vor! Zum Beispiel vergab er im letzten Jahr Gelder für nicht besonders unterstützenswerte Gemeindeprojekte, die aber von einigen seiner Freunde geleitet wurden, die ihm zu seiner jetzigen Position verholfen hatten. Er hat einige brisante Probleme verschwiegen, damit er und sein Kumpel vor den Parlamentswahlen gut dastanden. Und obwohl es verboten ist, hat er uns Angestellte schon zweimal dazu gezwungen, Geld für seine Wahlkampagne zu spenden, indem er bei sich zu Hause eine große Party gab und uns aus dem Vorstand dann nötigte, Geld in einen Hut zu werfen. Er hat den Hut nicht einmal herumgehen lassen, denn sonst hätten sich ja einige vor der unfreiwilligen Spende drücken können. Nein, wir mußten einzeln vortreten und ein paar Scheine hineinwerfen! Ich persönlich halte ihn für einen Gauner, aber was soll ich denn machen? Ich bin seit zwanzig Jahren Beamtin, und man erwartet von mir, daß ich den Anweisungen der gewählten Beamten und der von ihnen ernannten Amtsvorsteher gehorche. Zu Anfang habe ich meinen Job geliebt; jetzt hasse ich jede Minute, die ich an meinem Arbeitsplatz verbringen muß.

• Olivia, Sekretärin in einem Maklerbüro:

Mr. Jarvis ist ganz einfach ein Arschloch! Er macht sich an alle weiblichen Angestellten ran – zumindest an die jungen. Er nennt uns »Baby« oder »Schätzchen«, und er – ach, ich weiß, das hört sich alles ziemlich dumm und furchtbar empfindlich an, aber es ist seine ganze Art, die mich dermaßen auf die Palme bringt! Ich habe ihn schon mal gebeten, mich nicht immer »Baby« zu nennen, aber er hat einfach geantwortet, das würde er immer so machen, und wenn es mir nicht paßte, könnte ich ja gehen. Mein eigentliches Problem ist – das muß sich jetzt schrecklich anhören –, daß die Bezahlung und die Gehaltsnebenleistungen dort so gut sind, daß ich nicht darauf verzichten möchte. Natürlich weiß er das, und deshalb glaubt er, Narrenfreiheit zu haben.

• Don, Projektleiter in der Abteilung für Forschung und Entwicklung eines mittelständischen Industriebetriebs:

Dr. Bramson! Sie werden nicht glauben, was ich Ihnen heute zu erzählen habe! Darauf habe ich mich schon die ganze Woche gefreut. Also, George Crawford, unser Vizepräsident im Verkauf – zumindest war er das bis vor zwei Wochen –, ist endlich mit der Hand im Geldtopf erwischt worden! Vor etwa zwei Jahren hatte er damit begonnen, die geschätzten Umsatzzahlen der ihm unterstellten Regionalleiter nach oben zu manipulieren und sich diese Zahlen von ihnen abzeichnen zu lassen. Um dann diese imaginären Umsätze zu erreichen und folglich auch den enormen Bonus einzustreichen, verschickte er Waren an Leute, die gar nichts bestellt hatten. Wenn die Waren dann Wochen später zurückgeschickt wurden, ließ er sie in der Bilanz nicht als unverkaufte Waren, sondern als Reklamationen laufen. Ich habe keine Ahnung, wie er auf lange Sicht damit durchkommen wollte, aber wider Erwarten hat seine Strategie doch eine ganze Weile lang funktioniert. Vielleicht hätte er dieses Spiel noch ewig weitergetrieben, wenn nicht zwei neue Angestellte im Verkauf – beides übrigens Frauen – ihn beim Hauptgeschäftsführer verpfiffen hätten. Daraufhin wurde George dann gefeuert. Und raten Sie mal, wer jetzt der neue Vizepräsident im Verkauf ist? Einer der Regionalmanager, der klug genug gewesen war – entschuldigen Sie bitte den Sarkasmus –, über Crawfords krumme Machenschaften Stillschweigen zu bewahren.

Um an dieser Stelle die Zuordnung zu klären: Rodney Belson und Direktor Santos sind überaus talentierte Ausnutzer, Sylvia und George Crawford weisen sämtliche Charakteristika begabter Intriganten auf, und Mr. Jarvis hat sich als perfektes Stinktier qualifiziert.

Skrupellose und verletzende Vorgesetzte verstehen

Obwohl unser Wissen über die Beweggründe für gemeines und hinterhältiges Verhalten unvollständig ist, gehen die Experten davon aus, daß drei innere Triebkräfte – entweder einzeln oder in Kombination – die Quelle für fast jegliches bösartige Verhalten sind: ein falsches Wertesystem, Furcht – realistische oder eingebildete – vor genau den Menschen, die von diesen Leuten unterdrückt und ausgenutzt werden, sowie eine erschreckende Unfähigkeit, sich in andere Menschen einzufühlen. Wenn Sie jetzt weiterlesen, denken Sie bitte immer daran, daß ich diese Leute nicht damit rechtfertigen oder sie gar entschuldigen will. Ich möchte lediglich erreichen, daß Sie verstehen, was in ihnen vorgeht.

Ein falsches Wertesystem. Das, was wir für wichtig und wertvoll erachten, beeinflußt unser Verhalten ganz entscheidend. Auch Intriganten, Stinktiere und Ausnutzer machen da keine Ausnahme. Bei ihnen ist es jedoch die besondere Beschaffenheit ihrer Werte und nicht – wie viele glauben mögen – das Fehlen von Wertvorstellungen, durch die sie sich von anderen unterscheiden. Wie abstoßend Ihnen ein völliger Mangel an ethischem und moralischem Empfinden auch vorkommen mag – niemand von uns hat sich ausgesucht, welche Werte uns, als wir noch Kinder waren, mit auf den Weg gegeben wurden. So betrachtet sind wir alle Opfer, auch unsere drei »Täter«. Auch wenn Sie es beim besten Willen nicht begreifen können, wie *irgendein Mensch* überhaupt so handeln kann: Es gibt Menschen, die es für einen klugen Schachzug halten, andere zu bestehlen und auszunutzen und die davon überzeugt sind, daß jene, die sich ausnutzen und bestehlen lassen, es gar nicht besser verdient haben.

Kein Wunder also, daß sie auf so aufreizende Weise mit sich selbst zufrieden sind. Wenn also derart tadelnswerte Mitarbeiter Ihre Ermahnungen, sich angemessen zu verhalten, in den Wind schlagen, dann denken Sie daran, daß sie sich nach ihren eigenen Maßstäben ja ohnehin richtig verhalten. Traurigerweise werden sie oftmals dadurch bestärkt, daß andere ihnen rückhaltlose Bewunderung entgegenbringen. Denn Rücksichtslosigkeit erweckt oftmals den Eindruck von Stärke und geistiger Flexibilität. Daher wirkt sie paradoxerweise gleichzeitig abstoßend und anziehend, vor allem in Zeiten eines persönlichen, sozialen oder organisatorischen Zerfalls. Es ist kein Zufall, daß Diktatoren und tyrannische Vorgesetzte vor allem in Krisenzeiten an die Macht gelangen.

Furcht. Viele Täter haben eine tiefe – wenn auch irrationale – Angst vor ihren Opfern, wenn diese Angst auch oftmals durch forsches Auftreten kaschiert wird. »Wenn wir ›die‹ nicht zuerst kriegen, kriegen ›die‹ uns!« Für dieses »die« kann man nach Belieben »Frauen«, »Schwarze«, »Juden«, »Asiaten«, »die Gewerkschaft«, »die da oben« und jede andere Gruppe einsetzen, der der Schikaneur selbst nicht angehört.

Genau wie bei anderen schwierigen Verhaltensmustern bringt der Angriff auf die gefürchteten »anderen« eine gewisse Befriedigung, wie pervers diese auch sein mag. Wenn es einem solchen Schuft beispielsweise gelingt, Sie auf irgendeine Weise zu verletzen, hat er sich selbst bewiesen, daß er mächtig und in der Lage ist, einen Feind, vor dem er sich fürchtet, zu besiegen. Wenn er Sie angreift und verliert, hat er nur bewiesen, daß seine Furcht durchaus berechtigt war; dann wird er sich mit einem »Warte nur bis zum nächsten Mal« trösten.

Die Unfähigkeit, sich in andere Menschen einzufühlen. Einige Menschen fügen anderen immer wieder Leid zu, ohne daß es ihnen viel auszumachen scheint. Zwar kann niemand ganz genau sagen, worauf dieser Mangel an Rücksichtnahme auf die Gefühle anderer zurückzuführen ist, aber die meisten Spezialisten auf diesem Gebiet glauben, daß solchen Menschen – von Psychologen werden sie als *Soziopaten* bezeichnet – die natürliche Fähigkeit fehlt, sich mit anderen Menschen zu identifizieren und sich in sie einzufühlen. Natürlich ist das für die Schikaneure selbst durchaus vorteilhaft. Wenn nämlich jemand beabsichtigt, andere auszunutzen, dann ist es angenehm, das Leid, das er ihnen dadurch zufügt, nicht mitempfinden zu können. Im Extremfall können sich Menschen durch solche unsozialen Einstellungen zu brutalen Folterern von Witwen und Waisen oder gar zu blutrünstigen Serienmördern entwickeln. Das Ausmaß an unsozialer Einstellung variiert jedoch bei den betreffenden Individuen ganz erheblich. Bei dem einen kann das mühsam unterdrückte schadenfrohe Grinsen über den schmerzhaften Sturz eines anderen das einzige Anzeichen für einen leicht sadistischen Charakterzug sein. Die wirklich verabscheuungswürdige Seite solcher Menschen kommt nur dann zum Vorschein, wenn die üblichen sozialen Beschränkungen, die uns allen helfen, unsere egoistischen und mörderischen Phantasien unter Kontrolle zu halten, geschwächt oder ausgeschaltet sind. Die finsteren Triebe, andere auszunutzen, werden durch unsere Vorstellung davon, wie rücksichtsvoll Menschen sich verhalten *sollten*, unter Kontrolle gehalten, da wir es vermeiden wollen, bestraft oder aus der Gesellschaft ausgestoßen zu werden. Wenn aber diese natürlichen Hemmungen geschwächt sind, geben einige Menschen – und dazu gehören ganz besonders jene angstvollen, prinzipien- und rücksichtslosen Individuen, die wir in diesem Kapitel behandeln – ihren destruktiven Tendenzen nach. Bedauerlicherweise scheinen einige Männer und Frauen der Chefetage – wenn auch nicht bewußt – in vielen Fällen durchaus damit einverstanden zu sein, daß die Regeln umgangen werden. Direktor Santos hätte vielleicht nicht auf illegale Weise über die Gelder der Gemeinde verfügen können, wenn er nicht geglaubt hätte, daß der Gouverneur im stillen damit einverstanden gewesen sei. Auch hätte Mr. Jarvis nicht ungehemmt so »den Chauvinisten heraushängen« lassen, hätte er nicht mit angehört, wie seine eigenen Vorgesetzten sexistische Bemerkungen über einige Frauen machten, die für ihn arbeiteten. Eine derartige »Erlaubnis, sich gemein zu verhalten«, steht oftmals im Widerspruch zu den offiziell verkündeten Richtlinien. Schon oft habe ich beobachtet, daß Manager oder Beamte des öffentlichen Dienstes völlig fassungslos waren, wenn sie feststellen mußten, daß sie das, was sie auf der einen Seite verboten hatten, auf der anderen Seite – wenn auch auf sehr subtile Weise – förderten. Aber, so versuchen sie sich dann zu rechtfertigen, die meisten Vorgesetzten würden doch ein paar gewagte Bemerkungen nicht als Freibrief zur sexuellen Belästigung weiblicher Angestellter werten. Natürlich haben sie recht. Wenn aber eine solche »Erlaubnis« im Raum steht und von den wenigen Managern, die zu skrupellosem Verhalten neigen, aufgegriffen wird, dann sind die Wirkungen äußerst schädlich. Wenn der Schaden jedoch einmal eingetreten ist, wird – wie wir gleich sehen werden – ein Wall von Schutzbehauptungen errichtet, und die verhängnisvolle Rolle, die das Unternehmen selbst gespielt hat, wird unter vielen Schichten verteidigender Phrasendrescherei vergraben.

Strategien für den Umgang mit skrupellosen oder verletzenden Vorgesetzten

Obwohl jeder der drei verschiedenen Persönlichkeitstypen, von denen in diesem Kapitel die Rede ist, seine ganz spezifischen unangenehmen Charakterzüge hat, sind die Schritte, die Sie unternehmen müssen, um aus den Begegnungen mit ihnen mit heiler Haut davonzukommen, in allen Fällen fast identisch. In der Hauptsache geht es nämlich darum, sich selbst zu schützen, ohne sich von ihnen zum Opfer machen oder korrumpieren zu lassen.

Schätzen Sie die Situation ein

Es ist immer sinnvoll, ein wenig vorauszuplanen, bevor man es mit einem schwierigen Vorgesetzten aufnimmt; wenn diesem Vorgesetzten jedoch alle moralischen Grundsätze fehlen, dann ist Planung doppelt und dreifach wichtig. Bevor Sie jedoch zu planen beginnen, ist es unbedingt nötig, die Situation richtig einzuschätzen, sich zu vergewissern, daß man es wirklich mit einem bösartigen Menschen zu tun hat, und möglichst viele Fakten zusammenzutragen, um einen weitgehend sicheren Kurs einschlagen zu können.

Unterscheiden Sie die Bösartigen von den ewigen Besserwissern oder Dummköpfen. Einige Menschen haben es sich zum Hobby gemacht, andere ständig zu ducken. Für Menschen mit einem ausreichenden Maß an Unverschämtheit und dem Talent, den unangenehmen Folgen ihres Tuns auszuweichen, kann das ein befriedigendes Spielchen sein. Sie necken, machen verletzende Bemerkungen, die sie dann als einen Scherz hinstellen, und geben sich so frauenfeindlich, wie es innerhalb der Grenzen der Legalität gerade noch möglich ist. Solche Menschen können zwar extrem irritierend sein, aber sie sind dennoch nicht der gleichen Gruppe zuzuordnen wie das abstoßende Trio, dem wir uns gleich zuwenden wollen.) Es ist ihnen zumindest nicht ganz gleichgültig, was andere von ihnen denken, und sie werden ihr gemeines Verhalten einstellen, wenn sie merken, daß ihre wahren Absichten, nämlich sich selbst als intelligent und überlegen darzustellen, durchschaut worden sind.

Ähnliches gilt für die Sorte unsensibler Trampel, die ständig von einem Fettnäpfchen ins andere treten, einfach, weil sie sich der Konsequenzen ihres Redens nicht bewußt sind. Lacey Thomas, eine fähige Management-Assistentin, ärgerte sich zunehmend über einen Vorgesetzten, der sie in Gegenwart anderer immer wieder »Süße«, »Schätzchen« oder »Püppchen« nannte. Sie sagte ihm daraufhin ausdrücklich: »Ich muß Sie darauf hinweisen, daß mein Name Lacey ist, und es wäre mir lieb, wenn Sie mich auch so nennen würden.« Obwohl dieser Vorgesetzte das Problem sofort herunterspielte und behauptete, dies sei eben einfach seine Art zu reden, bemühte er sich nach diesem Hinweis, die herabwürdigenden Anreden zu unterlassen. Später hörte Lacey zu ihrer Genugtuung, daß dieser Vorgesetzte alle Frauen, mit denen er zusammenarbeitete, gefragt hatte: »Stört es Sie wirklich, daß ich Sie nicht mit Namen anrede?« Er war schockiert, wie viele der Frauen seine Frage mit »ja« beantworteten.

Um solche Nervensägen – die zwar irritierend, jedoch selten wirklich bösartig sind – von den wirklich verabscheuungs-

* Ratschläge zum Umgang mit solchen zwischenmenschlichen »Heckenschützen« finden Sie in meinem früher erschienenen Buch »Schwierige Leute und wie man am besten mit ihnen umgeht«.

würdigen Vorgesetzten unterscheiden zu können, genügt es meist schon, die beiden folgenden unkomplizierten Techniken anzuwenden.

Wie Lacey feststellte, genügt meist schon ein offenes Wort, um Menschen, die andere unbewußt beleidigen, zu einem akzeptableren Verhalten zu bewegen. Dabei sollten Sie eine möglichst positive Formulierung wählen. Machen Sie also deutlich, was genau Sie sich von dem Betreffenden wünschen, anstatt sich auf sein aufreizendes Verhalten zu konzentrieren, das Sie verärgert. Dadurch vermeiden Sie, daß er gekränkt und defensiv reagiert. Dafür ist Laceys Formulierung »Es wäre mir lieb...« ein gutes Beispiel. Sollte Ihr Gegner dennoch auf Ihre Offenheit mit einer verletzenden Antwort wie: »Sie sind eben überempfindlich!« oder »Können Sie denn keinen Spaß vertragen?« reagieren, antworten Sie darauf einfach mit der Beschreibung dessen, was Sie in Zukunft von ihm erwarten. Begegnen Sie seinem versteckten Angriff mit Selbstbewußtsein und Festigkeit: »Ganz gleich, wie Sie es gemeint haben – in Zukunft erwarte ich, daß Sie meinen Namen benutzen, wenn Sie mich anreden.« Oftmals können Sie Ihrem Vorgesetzten helfen, das Gesicht zu wahren, indem Sie etwa sagen: »Ich nehme an, Sie wußten gar nicht, daß es mich gestört hat.« Denken Sie immer daran, daß es Ihr Ziel ist, unangenehmes Verhalten zu unterbinden, und nicht etwa zu strafen oder zu beleidigen.

Ähnliches gilt, wenn Ihr Chef es mit der Wahrheit nicht so genau nimmt – wenn er beispielsweise prospektive Umsatzzahlen ein wenig schönt oder mögliche Verluste herunterspielt. Ein Satz wie: »Ich bin mir sicher, daß viele es so machen, aber ich fühle mich nicht wohl dabei« genügt meist schon. Vielleicht erreichen Sie dadurch nicht, daß Ihr Chef sich in Zukunft an die Regeln hält, aber wenigstens haben Sie selbst sich eindeutig gegen seine Vorgehensweise abgegrenzt. Wenn keine der beiden Herangehensweisen Erfolg hat, müssen Sie davon ausgehen, daß Ihr Chef in der Tat ein verschlagener Lügner ist. Dann sollten Sie es mit den im folgenden beschriebenen Strategien versuchen.

Klären Sie, was Sie eigentlich beanstanden. Bevor Sie aktiv werden, ist es unbedingt notwendig, daß Sie so genau wie möglich herausfinden, wogegen sie vorgehen wollen – schließlich möchten Sie ja keine unangenehmen Überraschungen erleben –, welches Ihre Ziele sind und wie die Konfrontation Ihrer Meinung nach am besten ablaufen sollte. Denken Sie dazu über folgende Fragen nach:

- Ist das Verhalten Ihres Vorgesetzten gesetzeswidrig oder »nur« unmoralisch? Obwohl beides durchaus tadelnswert ist, besteht dennoch ein großer Unterschied: Gesetzeswidrige Handlungen ziehen – im Gegensatz zu unmoralischen Verhaltensweisen – Konsequenzen nach sich (Geld- oder Gefängnisstrafen). Wurden Sie auf irgendeine Weise in diese illegalen Handlungen verwickelt? In welchem Ausmaß sind Sie verwickelt worden? Wurden Sie dazu gezwungen, sich an den illegalen Handlungen zu beteiligen oder sie aktiv gutzuheißen, oder tun Sie so, als bemerkten Sie nichts? So unfair es auch erscheinen mag, dem Gesetz nach trägt Gena, die Buchhalterin in einem unserer zuvor geschilderten Beispiele, die stillschweigend die unberechtigten »Aufschläge« akzeptierte, welche ihre Vorgesetzte angeordnet hatte, einen Teil der Schuld – auch wenn sie den Betrug innerlich zutiefst verabscheute.
- Teilen Ihre Kollegen Ihre Auffassung, daß etwas nicht in Ordnung ist? Haben sie die Mißstände auch schon kritisiert, oder stimmen sie Ihren Ausführungen lediglich zu? Denken Sie immer daran, daß Menschen, bei denen man sich über Mißstände beklagt, in vielen Fällen nur deshalb ihre Zustim-

mung äußern, weil sie höflich sein oder Ärger vermeiden wollen.

- Wird das verwerfliche Verhalten Ihres Vorgesetzten von »oben« unterstützt, oder handelt Ihr Chef auf eigene Faust? Wird diese Unterstützung offen oder versteckt gewährt, oder ist sie nur das zufällige Ergebnis eines laschen Kontrollsystems? Hierzu ein paar Hinweise: Gibt es im Handbuch für die Betriebsangehörigen einen Abschnitt über die Geschäftsmoral? Gibt es einen allgemein bekannten Ansprechpartner, mit dem man sich in Verbindung setzen kann, wenn man Mißstände aufdecken möchte? Wie reagiert die Personalabteilung, wenn Sie mit diesem Problem an sie herantreten? Versucht man Entschuldigungen für das Fehlverhalten zu finden, tut man Ihre Kritik als unwichtig ab, oder ist man an dem, was Sie zu sagen haben, interessiert und bereit, etwas zu unternehmen?
- Welche Ziele verfolgen Sie persönlich? Wie abstoßend finden Sie das unmoralische Verhalten? Ist es Ihnen zuwider, weil Sie wirklich davon überzeugt sind, daß es verwerflich ist, oder nur, weil Sie nicht mit hineingezogen werden wollen? Welches sind für Sie die ein oder zwei wichtigsten Dinge, die nach Ihrer Meinung verändert werden sollten? Wo liegt Ihre persönliche Schmerzgrenze, d.h. unter welchen Umständen sähen Sie sich gezwungen, sich von diesem Chef, dieser Abteilung, dieser Firma zu trennen?
- Was wären die möglichen Kosten, falls Sie etwas unternehmen (oder auch nicht)? Sollten Sie sich dafür entscheiden, *nichts* zu unternehmen, dann sollten Sie bedenken, daß die meisten Menschen, die Ihre ganz persönlichen Wertmaßstäbe mißachten (es müssen also nicht unbedingt die der Gesellschaft oder die eines anderen Menschen sein), nach einer gewissen Zeit dadurch selbst Schaden nehmen, indem sie sich irgendwann erwischen lassen oder krank, ängstlich oder depressiv werden.

Nachdem Sie Ihre Situation eingeschätzt haben, sind Sie in der Lage, die angemessensten Strategien zu wählen, die Sie dann in Ihren Handlungsplan aufnehmen*.

Wenn es möglich ist, kündigen Sie!

Da der Umgang mit skrupellosen oder beleidigenden Vorgesetzten äußerst unangenehm ist, ist das Kündigen, als Schritt, um sich aus einer unangenehmen Situation zu entfernen, häufig ein sehr verlockender Ausweg. Es mag vielleicht sogar die beste Möglichkeit sein. Hier einige Fragen, die Ihnen dabei helfen sollen, die richtige Entscheidung zu treffen:

- Fühlen Sie sich moralisch verpflichtet, den Versuch zu unternehmen, die Situation zu verändern? Vergessen Sie jedoch nicht, daß ein solcher Änderungsversuch nicht unbedingt mit einer erbitterten Auseinandersetzung gleichzusetzen ist. Anhaltender, beharrlicher Widerstand kann mit der Zeit ebenfalls zum Erfolg führen.
- Was wären die möglichen Opfer, die Sie bringen müßten, wenn Sie bleiben würden? Bedenken Sie auch die Folgen für Ihr Gewissen, mögliche rechtliche Konsequenzen und die Aussicht, in einem Unternehmen befördert zu werden, das Werte vertritt, die mit Ihren eigenen nicht übereinstimmen.
- Gibt es für Sie eine praktikable Alternative? Können Sie sich in eine andere Abteilung des Unternehmens versetzen lassen? Welche Möglichkeiten gibt es für jemanden mit Ihrem Background und Ihren Fähigkeiten zur Zeit auf dem Arbeitsmarkt? In wieweit wäre eine schlechter bezahlte Position einem Leben in Angst und Abscheu vorzuziehen?

* In Kapitel 8 wird der Wert des genauen Vorausplanens noch gründlicher erörtert.

Manchmal können Sie die unbefriedigende Situation entscheidend beeinflussen, indem Sie kündigen und den Grund für Ihren Entschluß öffentlich mitteilen. Wenn die Männer und Frauen der Chefetage erfahren, daß fähige Angestellte das Unternehmen verlassen, werden sie meist hellhörig. Zudem wird es Ihnen leichter fallen, Gesetzesbrecher vor Gericht zu bringen, wenn Sie dem Unternehmen nicht mehr angehören. Sollten Sie sich zur Kündigung entschließen, bevor Sie irgendwelche Schritte unternehmen, achten Sie darauf, daß Sie vorher sämtliche persönlichen Unterlagen, Empfehlungsschreiben und Führungszeugnisse in der Hand haben. Unglücklicherweise besteht nämlich die erste – und leider allzu häufig auch erfolgreiche – Abwehrreaktion eines Vorgesetzten gegen die Anschuldigungen eines ehemaligen Untergebenen darin, zu behaupten, daß dieser aufgrund mangelhafter Leistungen entlassen worden sei oder daß man ihm »nahegelegt habe zu kündigen« und daß die Anschuldigungen daher ein bloßer Racheakt seien.

Wenn Sie sich zum Bleiben entschließen, dann passen Sie gut auf sich auf

Sind Sie in einer ähnlichen Situation wie die Männer und Frauen, die zu Beginn dieses Kapitels beschrieben wurden? Wurde Ihnen von Ihrem Vorgesetzten nahegelegt, sich an einer Gaunerei zu beteiligen, wurden Sie wegen Ihres Geschlechts, Ihrer Rasse oder anderer Charakteristika gedemütigt und beleidigt, wurden Sie Zeuge politischer Unredlichkeiten, oder wurden Sie gezwungen, den Mund zu halten, während Ihr verlogener Chef ein Lob in Anspruch nahm, das eigentlich Ihnen zugestanden hätte? Gibt es gute Gründe, die Sie daran hindern, sich mit Entschiedenheit aus diesem Sumpf zu befreien? Wenn das der Fall ist, dann sollten Sie etwas, irgend etwas tun, um sich zu schützen und sich gegen diese ungesunde Umgebung abzugrenzen. Jede entsprechende Handlung, mag sie auch noch so unbedeutend erscheinen, wird dazu beitragen, das krankmachende Gefühl hilfloser Wut, das ich bereits in den vorangegangenen Kapiteln erwähnt habe, abzubauen. Hier einige Handlungsvorschläge, die Ihnen helfen sollten, Ihr seelisches Gleichgewicht zu bewahren.

Leisten Sie Widerstand. Tun Sie alles, was Sie ohne großes Risiko tun können, um die Arbeitsabläufe heimlich zu sabotieren. Versuchen Sie, so wenig wie möglich zu leisten, ohne dabei Ihre Position zu gefährden. Verlegen Sie wichtige Papiere, überschreiten Sie Schlußtermine, und versuchen Sie, auf jede nur mögliche Weise ein paar Sandkörner in das organisatorische Getriebe zu werfen. Solche kleinen Sabotageakte können zwei Vorteile mit sich bringen: Zunächst einmal helfen sie, Ihre Stimmung zu heben. Selbst Gefangene in den schlimmsten Konzentrationslagern haben von dem Hochgefühl berichtet, das sie empfanden, wenn es ihnen gelang, einige Brotkrümel zu verstecken, um sie schwächeren Mitgefangenen zuzustecken, oder Maschinen zu sabotieren, indem sie sie nicht ausreichend schmierten. Zweitens: Wenn Sie und Ihre Kollegen extrem wenig leisten und das Unternehmen dadurch deutlich in die roten Zahlen gerät, könnten außerbetriebliche Investoren aufmerksam werden und die Aktivitäten, die Sie mißbilligen, beschneiden.

Sprechen Sie über Ihre Gefühle, und schreiben Sie sie auf. Wenn Sie dazu gezwungen werden, Ihre Prinzipien zu verletzen, müssen Sie damit rechnen, daß Sie dadurch in der Beziehung zu Ihren Vorgesetzten wie auch zu sich selbst in ein Gefühlschaos – Wut, Angst, Ekel – gestürzt werden. Sie beginnen vielleicht, an Ihren eigenen Wertvorstellungen zu zweifeln und sich zu fragen, ob Sie nicht einfach nur zu naiv sind, um zu erkennen, daß derjenige, der sich durchsetzt, auch automatisch im Recht ist. Um diese moralische Unsicherheit zu vermeiden, schreiben Sie Ihre Gefühle auf, und teilen Sie sie, wenn möglich, jemandem mit, dem Sie vertrauen können. Machen Sie sich über die stilistische Qualität oder die »Stichhaltigkeit« dessen, was Sie denken und fühlen, keine Gedanken. Bringen Sie alles so detailliert zu Papier, wie Sie können. »Ich war wirklich wütend« ist kein Ersatz für: »Ich war so wütend, daß ich diesen Mistkerl hätte erwürgen können, als er meine Idee als die seine ausgab.« Was Sie erreichen wollen, ist eine zumindest zeitweilige Entlastung und ein gewisser innerer Abstand. Dieser Abstand wird sich unweigerlich einstellen, wenn Sie das innere Gefühlschaos in Wörter und Sätze verwandeln.

Das gleiche gilt, wenn Sie Ihre schlimme Lage mit engen Freunden oder Familienmitgliedern besprechen. Auch das kann sehr sinnvoll sein. Während Sie Ihre Geschichte erzählen, könnten Sie eine Antwort darauf finden, ob Sie in einer Situation verharren wollen, können oder sollen, die Ihnen derart schwer auf der Seele lastet. Wenn Sie sich aber dabei ertappen, daß Sie nicht offen darüber sprechen möchten, welche Rolle Sie selbst bei den illegalen oder unmoralischen Machenschaften spielen, dann nehmen Sie das als ein ernstzunehmendes Zeichen, daß die Kosten für das Verbleiben in der Situation vielleicht zu groß sind. Ebendies fand Janie, eine alleinerziehende Mutter, heraus. Sie leitete das Büro einer großen Zahnarztpraxis.

Als Janie entdeckte, daß der Zahnarzt, dem die Praxis gehörte, dem Buchhalter – dessen direkte Vorgesetzte eigentlich sie selbst war – aufgetragen hatte, den staatlichen sowie den privaten Versicherungen Rechnungen für kostspieligere Behandlungen zu schicken, als tatsächlich durchgeführt worden waren, war sie sehr beunruhigt. Da sie jedoch ihren Job nicht verlieren wollte, unternahm sie nichts. Schließlich hatte sie durch Gespräche mit Kollegen erfahren, daß noch mehrere andere Zahnärzte in der Gegend illegale Abrechnungsmethoden praktizierten. Als ihr jedoch nach einer Weile sogar ein Anteil an den illegal erworbenen Profiten angeboten wurde, besprach sie die Angelegenheit mit ihrer heranwachsenden Tochter. Deren entsetzte Reaktion überzeugte Janie endlich davon, daß sie kündigen müsse – und das tat sie dann auch. Als ich sie später fragte, ob sie nach ihrer Kündigung gegen die illegalen Praktiken Anzeige erstattet habe, verneinte sie das. Nachdem sie nämlich ihre Kündigung eingereicht hatte, hatte der Zahnarzt ihr ganz unverblümt gesagt, daß er, »falls er unterginge, seine sämtlichen Angestellten mit sich in den Abgrund reißen würde«. Dadurch wären dann auch einige Kollegen und Kolleginnen in Schwierigkeiten geraten, mit denen sie sich angefreundet hatte. Als ich sie darauf hinwies, daß ihre Freunde ja die gleiche Entscheidung hätten treffen können, lächelte sie ein wenig wehmütig und antwortete: »Vielleicht hatten sie nicht das Glück, eine Tochter zu haben, die so ehrlich und konsequent ist wie meine.«

Suchen Sie, wenn nötig, einen Therapeuten auf. Die meisten Menschen sind, wenn sie sich in einer scheinbar ausweglosen Situation gefangen fühlen, emotional so sehr belastet, daß sie gerade dann, wenn sie einen klaren Kopf benötigen, kaum fähig sind, rational über ihren nächsten Schritt nachzudenken. Daher ist es durchaus günstig, ein paar Beratungsstunden mit einem Therapeuten zu vereinbaren. Dies ist besonders dann sinnvoll, wenn Ihnen ein anderer Partner zur Aussprache nicht zur Verfügung steht (wenn Sie beispielsweise eine alleinerziehende Mutter mit sehr kleinen Kindern sind, die in eine neue Gegend gezogen ist und noch keine engen Freunde gefunden hat). Wenn Sie dann einem bezahlten »Freund«, mit dessen Verschwiegenheit Sie rechnen können, Ihre Probleme offenbaren, kann Ihnen das helfen, Ihre Gefühle zu ordnen und die Möglichkeiten, die sich Ihnen realistischerweise bieten, zu erkennen.

Sammeln Sie Belege und Unterlagen. Sobald Sie vermuten, daß Ihr Vorgesetzter gegen wichtige moralische oder geschäftliche Prinzipien verstößt, sollten Sie beginnen, Beweise dafür zu sammeln. Wenn er Ihnen beispielsweise eine unterschriebene Notiz zukommen läßt, in der er Sie auffordert, die Bücher zu fälschen oder jemanden aufgrund seiner Rasse, seines Glaubens, seiner Herkunft, seines Geschlechts oder Alters nicht einzustellen, kopieren Sie das Papier, und bewahren Sie es an einem sicheren Ort auf. Wenn Sie nicht das Glück haben sollten, ein dermaßen eindeutiges Beweisstück in die Hand zu bekommen (und einen derart naiven Chef zu haben), dann machen Sie sich datierte Notizen über alles Fragwürdige, was Ihr Chef von Ihnen verlangt. Ebenso wichtig ist es, daß Sie genau festhalten, wie *Sie selbst* darauf reagiert haben, was Sie gesagt oder getan und in welcher Form und wem gegenüber Sie möglicherweise protestiert haben. Wenn möglich, schreiben Sie Gespräche, von denen Sie annehmen müssen, daß sie sich später als problematisch erweisen könnten, wortgetreu nieder, oder nehmen Sie sie auf Kassette auf. Legen Sie sich für Ihre Dokumentation eine eigene Akte an, und bewahren Sie sie *nicht* im Büro auf. (Ich weiß von mehreren Fällen, wo Angestellte von einer zur anderen Minute gefeuert und dann aus dem Betrieb hinausbegleitet wurden, ohne vorher Gelegenheit gehabt zu haben, ihren persönlichen Besitz an sich zu nehmen.) Vielleicht sollten Sie sogar die eine oder andere Kopie von belastenden Unterlagen einer Vertrauensperson in einem geschlossenen Briefumschlag zur Aufbewahrung übergeben. Obwohl keine dieser Maßnahmen an sich schon *beweist*, daß Sie an den Gaunereien nicht beteiligt waren, sind sie doch ein überzeugender Beleg dafür, daß Sie Vorbehalte hatten und entsprechende Schritte unternommen haben, um andere über die Mißstände zu informieren.

Vielleicht kommen Sie sich, wenn Sie derartige Vorsichtsmaßnahmen treffen, hinterhältig und gemein vor. Aber trösten Sie sich, Sie handeln völlig richtig: Die Vorgesetzten, mit denen wir es hier zu tun haben, werden Sie niemals beschützen – das müssen Sie schon selbst tun. Ehrliche Menschen, die gezwungen sind, in einer moralisch ungesunden Umgebung zu arbeiten, sind häufig überzeugt, daß sie, wenn sie nur ehrlich und pflichtbewußt ihre Arbeit tun, von dem, was um sie herum geschieht, nicht berührt werden. Erst wenn sie sich in einem Zeugenstand wiederfinden, wo sie ihre Unschuld beteuern, stellen sie – meist leider zu spät – fest, daß ihre Aktivitäten auch zu ihrem Nachteil interpretiert werden können. Diese Erfahrung mußte der zweiunddreißigjährige Arnold Sacco machen, als er als Leiter der Serviceabteilung eines großen Vertriebes von medizinischen Instrumenten mit belastenden Dokumenten konfrontiert wurde, die seine Unterschrift trugen. Was sich für ihn katastrophal auswirkte, war die Tatsache, daß er der einzige war, der unterschrieben hatte.

Als Bezirksleiter war es Arnolds Aufgabe gewesen, die Kundendienstberichte und Preisvereinbarungen, die die Vertreter mit den Kunden ausgehandelt hatten, zu prüfen und zu genehmigen. Hin und wieder kam es jedoch vor, daß sehr umfangreiche Kundendienst- und Lieferverträge, bei denen es um sehr hohe Summen ging, direkt und ausschließlich vom Seniorchef der Firma ausgehandelt wurden, dem Arnold unterstand. Er war damals weder überrascht noch besorgt gewesen, als man ihm die betreffenden Verträge zur Unterschrift zusandte, da der jeweilige Auftrag ja später ohnehin von ihm bearbeitet werden mußte. Zwar wunderte sich Arnold über die hohen Preise, die die Kunden anscheinend zu akzeptieren bereit waren – sie lagen oft erheblich höher als die Preise, welche die Vertreter auszuhandeln pflegten –, aber der Seniorchef versicherte ihm, daß die Kunden durchaus wüßten, was sie täten, und daß sie diese Preise aus bestimmten Gründen, die er Arnold nicht näher erläutern wolle, akzeptierten. Doch sechs Monate später verklagte ein staatliches Unternehmen Arnolds Firma wegen Betrugs. Arnolds Chef bestritt heftig, daß er mit solchen Wuchergeschäften irgend etwas zu tun habe, und seine Behauptungen wurden von den Einkäufern der Institution, die die Klage eingereicht hatten, bestätigt. Plötzlich mußte Arnold feststellen, daß er selbst es war, den man des Betrugs anklagte. Zwar war Arnold davon überzeugt, daß er das Opfer eines Komplotts zwischen seinem Chef und den Einkäufern war, die diesen deckten, aber er konnte seine Vermutungen nicht beweisen. Ganz im Gegenteil: Unter den betreffenden Verträgen stand seine Unterschrift. Natürlich hatte er gewußt, daß die Preisvereinbarungen sich absolut nicht im üblichen Rahmen bewegt hatten, und er hatte seine Einwände dagegen auch deutlich geäußert. Aber seine Vorgesetzten konnten sich an eine derartige Unterhaltung nicht mehr erinnern, und auch Arnold wußte nicht mehr genau, wann und wo diese Unterhaltung stattgefunden hatte. Obwohl einige der nicht beteiligten Führungskräfte seiner Firma sich ins-

geheim fragten, was denn nun wirklich passiert sei, waren sie nicht bereit, den guten Ruf des Unternehmens durch allzu genaue Nachforschungen aufs Spiel zu setzen. Auch der Staatsanwalt fand die Vorstellung einer schnellen Verurteilung sehr viel verlockender, als die nicht sehr wahrscheinliche Möglichkeit, daß ein langwieriger Prozeß gegen Arnolds Firma am Ende seiner Karriere nützen könnte. Da langwierige Nachforschungen auf eigene Faust Arnold finanziell ruiniert hätten, bekannte er sich schuldig, um wenigstens auf Bewährung freizukommen. Glücklicherweise fand er in einer anderen Stadt wieder einen, allerdings weniger gut bezahlten und weniger verantwortungsvollen Job. Nachdem Arnold seinen neuen Arbeitgebern die ganze traurige Geschichte geschildert hatte, waren diese sofort von seiner Unschuld überzeugt. Offenbar fanden sie daran durchaus nicht Ungewöhnliches!
Wie Arnold feststellen mußte, sind hervorragende Führungszeugnisse und gute Absichten oftmals kein ausreichender Schutz. Besonders wenn es um hohe Beträge geht, müssen Sie ständig wachsam sein und unbedingt Beweise und Unterlagen sammeln!

Wenn Sie gezwungen sind, rechtliche Schritte einzuleiten

Möglicherweise sehen Sie sich unter bestimmten Umständen – entweder weil Ihr Moralempfinden verletzt wurde, oder weil Sie sich schützen müssen – gezwungen, eine Angelegenheit publik zu machen. Etwas Unrechtmäßiges an die Öffentlichkeit zu bringen heißt oftmals, aus verständlichen, ja lobenswerten Gründen gegen den Strom schwimmen zu müssen. Wenn Sie Ihrem Vorgesetzten etwas vorzuwerfen haben, ist kaum damit zu rechnen, daß er Ihnen bei den Nachforschungen behilflich sein wird, und die Chefetage reagiert oftmals irritierend langsam – wenn sie überhaupt reagiert. Den Verantwortlichen geht es nämlich vor allem um das Überleben und das Wachstum des Unternehmens. Wenn die Nachricht über illegale oder unmoralische Machenschaften an die Öffentlichkeit dringt, wird jedoch weder das eine noch das andere dieser Ziele gefördert. Leider ist es für das Unternehmen in fast allen Fällen leichter, das Problem zu beseitigen, indem man dem betreffenden Angestellten kündigt, als durch Verschärfung der Kontrollen oder Sanktionen die Mißstände abzustellen. Ruth Perkins, eine attraktive Frau von Mitte Dreißig, der von ihrem Anwalt geraten worden war, mich aufzusuchen, beschrieb mir eine solche Erfahrung.

> Jim Arnold und ich – er war der Leiter der Einkaufsabteilung, und ich war eine seiner Einkäuferinnen – waren ein paarmal abends zusammen Essen gegangen. Das war soweit in Ordnung: Keiner von uns beiden war verheiratet. Nun, vor einem Jahr schlug er mir aus heiterem Himmel vor, daß wir uns beim Besuch einer Messe ein Hotelzimmer teilen könnten, um »Geld zu sparen«. Als ich sein Angebot ablehnte, wurde er wütend und drohte, mich zu feuern, weil ich mich angeblich unkooperativ verhielt. Darauf erwiderte ich, ich hätte keinerlei Bedenken, seinem Vorgesetzten, einem der Vizepräsidenten, zu erzählen, was vorgefallen sei, schlug ihm jedoch gleichzeitig vor, die ganze Sache einfach zu vergessen und weiter so zusammenzuarbeiten wie bisher.
>
> Von da an wurde mir mein Job zur reinsten Hölle gemacht. Mein Büro wurde mir weggenommen, ich wurde zur Hilfseinkäuferin degradiert, und der letzte Bericht über mei-

> ne Leistungen war katastrophal. Ich habe mit allen wichtigen Leuten in der Firma darüber gesprochen, aber das Ergebnis war gleich Null. Sie erklärten, ihnen seien die Hände gebunden, da Arnold alles abstreite und sie keine Beweise hätten. Außerdem behaupten sie, daß meine Zurückstufung auf eine generelle Etatkürzung zurückzuführen sei und daß sie auch keine Möglichkeit sähen, Arnold dazu zu bewegen, seinen Bericht über meine Leistungen zu revidieren, da es »keine festen Kriterien dafür gibt, was einen guten Einkäufer ausmacht«. Mein Anwalt sagt, daß ich ihn durch die Androhung einer Klage dazu bringen könnte, sich außergerichtlich mit mir zu einigen. Aber würde dadurch nicht alles nur noch schlimmer werden? Manchmal denke ich, ich sollte die ganze Angelegenheit einfach vergessen und darauf hoffen, daß sich die Probleme mit der Zeit von selbst lösen. Aber augenblicklich bin ich so wütend, daß ich an fast gar nichts anderes mehr denken kann. Tatsache ist, daß diese Sache mich so sehr belastet, daß die Qualität meiner Arbeit ernsthaft darunter leidet.

Dies war der Stand der Dinge, als Ruth und ich mit unserer gemeinsamen Arbeit begannen, wobei es uns zunächst nur darum ging, ihr ein wenig emotionale Entlastung zu verschaffen und es ihr dadurch zu ermöglichen, vernünftige Entscheidungen zu treffen. Das Beste, was sie tun konnte, war, sich innerlich so gut es ging von dieser Situation zu distanzieren und ihr Selbstvertrauen wieder aufzubauen. Ruth hätte sich natürlich einen Teil der Frustrationen ersparen können, wenn sie ein paar der Schritte beachtet hätte, die wir bereits erwähnt haben: die Situation zuerst einmal so genau wie möglich einzuschätzen, schriftliche Beweise zu sammeln und andere zu fragen, ob ihnen das gleiche oder ähnliches auch schon passiert sei. Doch selbst diese Vorsichtsmaßnahmen reichen manchmal nicht aus, denn wenn ein einzelner Angestellter sich gegen ein ganzes Unternehmen stellt, ist die Übermacht des Gegners oftmals erdrückend. Hier sind einige Hilfen, die Ihnen vielleicht ein wenig Sicherheit geben, wenn Sie nicht länger schweigen können.

Gemeinsam sind Sie stark! Versuchen Sie, Ihre Kollegen dazu zu überreden, sich an Ihrer Aufdeckungskampagne zu beteiligen. Zum einen erschweren Sie es Ihren Gegnern, Ihre Glaubwürdigkeit anzuzweifeln oder sich an Ihnen zu rächen, wenn mehr als nur einer auf den Mißstand hinweist. Und Sie wissen wenigstens, daß Sie, wenn man Ihre Beschwerde ernsthaft prüft, ein paar Zeugen im Rücken haben. Marianne Tillman, die Leiterin der Personalabteilung, deren Vorgesetzter, Mr. Santos, in politische Gaunereien verwickelt war, teilte ihren Ärger und ihre Frustration einigen vertrauenswürdigen Kollegen mit. Dabei stellte sie fest, daß zwei von ihnen ebenfalls vermuteten, daß er Gelder der Gemeinde dazu veruntreute, um Freunde für ihre Unterstützung seines Wahlkampfes zu belohnen. Zwar konnte sie keinen von beiden dazu überreden, seine Vermutungen schriftlich zu fixieren, aber man versprach ihr Unterstützung, falls sie sich dazu entschließen sollte, etwas zu unternehmen. Als sie diese Tatsache mir gegenüber erwähnte, wies ich sie darauf hin, daß sie sich auf solche unter vier Augen gegebenen Versprechen nur bedingt verlassen könne. (Das gilt natürlich besonders dann, wenn das fragliche Gespräch unter Alkohol stattfand, oder wenn sich bei einer »Meckerrunde« nach der Arbeit plötzlich übertrieben freundschaftliche Gefühle entwickeln.) Aber allein schon das Wissen, daß sie nicht die einzige war, die Santos' Verhalten beanstandete, empfand sie als Hilfe, und die Gewißheit, daß sie nicht völlig allein dastand, half ihr, den nächsten Schritt zu machen. Darauf werden wir gleich noch zurückkommen.

Kritisieren Sie das System, nicht die Person. Selbst verantwortungsbewußte Führungskräfte haben gewisse Hemmungen, einen ihrer Vorgesetzten, mit dem sie vielleicht schon jahrelang freundschaftliche Beziehungen pflegen, direkt zu beschuldigen. Jedoch sind sie meist gerne bereit, Maßnahmen zu ergreifen, die dazu dienen, organisatorische Fehler »des Systems« zu korrigieren. Indem Sie also das System anstelle der Person kritisieren, erhöhen Sie Ihre Erfolgschancen. Um aber Ihr wesentliches Ziel – nämlich eine Einstellung der fragwürdigen Aktivitäten – zu erreichen, werden Sie wahrscheinlich ein »Nebenziel« aufgeben müssen, nämlich voller Schadenfreude erleben zu können, wie der Übeltäter so richtig fertiggemacht wird. Beispiele für eine solche Herangehensweise sind:

- Ein Beitrag für den Vorschläge-Briefkasten (vorausgesetzt, er wird von Zeit zu Zeit geleert): »Es würde die Kreativität der Mitarbeiter vielleicht beflügeln, wenn sie ihre Vorschläge für einen ›Gute-Idee-Bonus‹ direkt beim Personalbüro einreichen könnten, ohne sich erst die Zustimmung ihres Vorgesetzten holen zu müssen.«
- Ein Memo oder eine »zufällige« Bemerkung gegenüber einem der Buchprüfer: »Aus meiner Sicht als Zweigstellen-Buchhalter hielte ich es für eine gute Kontrollmaßnahme, wenn man die Rechnungen für Kundendienstleistungen mit den Stechkarten des Service-Personals vergleichen würde.«
- Ein Memo an die Schulungsabteilung: »Ich habe den Eindruck, es könnte angebracht sein, für die leitenden Angestellten der Firma ein Zusatzseminar zum Thema Sexismus (Rassismus, Diskriminierung von älteren Arbeitnehmern usw.) abzuhalten.«

Natürlich kann es vorkommen, daß man Sie bittet, Ihre Vorschläge näher zu erläutern. Sie antworten darauf am besten mit einer sachlichen Erklärung, warum Sie die betreffenden Änderungen für angebracht halten, und legen das von Ihnen gesammelte Beweismaterial vor. Treten Sie besser nicht als Ankläger, sondern als Problemlöser auf, zumindest solange, bis die Nachfragenden ihre eigenen Bedenken über das Verhalten Ihres Vorgesetzten zum Ausdruck gebracht haben. Warum ist diese Vorgehensweise so effektiv? Vermutlich deshalb, weil Sie in Ihrer Rolle als Problemlöser automatisch auf der Seite der Firma stehen, zumindest in den Augen derer, die die Macht haben, die Dinge zu verändern. Sie erscheinen dann nicht als Unruhestifter, sondern als ein gewissenhafter Mitarbeiter, dem die von der Firma offiziell verkündeten Maximen von Anstand und Redlichkeit am Herzen liegen. In jedem Fall erhöht ein solches Vorgehen Ihre Chancen, unterstützt und nicht etwa beschwichtigt, beiseite geschoben oder gar selbst angegriffen zu werden. Bei Marianne Tillmann funktionierte diese Methode ziemlich gut, nachdem sie sich endlich entschlossen hatte, Schritte gegen Direktor Santos einzuleiten. Bei einem ihrer häufigen Besuche im Parlament verabredete sie sich mit einem Mann aus dem Stab des Gouverneurs, den sie von einer früheren Zusammenarbeit her kannte, zum Mittagessen. Während des Kaffees fragte sie sich (laut), ob sie recht ginge in der Annahme, daß der Gouverneur, auch wenn er die Unterstützung der Lokalpolitiker durchaus schätzte, wohl einen potentiellen Skandal zu vermeiden suchen würde. Er wäre doch sicherlich nicht dafür, daß Gemeindegelder in einer Weise ausgegeben würden, die den allgemeinen Richtlinien nicht entsprächen. Als ihr Begleiter sie bat, ihm Einzelheiten zu nennen, tat sie das, wies aber gleichzeitig darauf hin, daß Direktor Santos, als er seinen Mitarbeitern aufgetragen habe, die Gelder ohne eine »umfassende Prüfung« zu vergeben, wahrscheinlich die entsprechenden Vorschriften nicht genau gekannt habe. Sie erklärte, sie habe gezögert, deswegen allzuviel Wirbel zu machen, da sie wisse, wie wichtig diese Lokalpolitiker für den Gouverneur seien. Obwohl Santos vom Büro des Gouverneurs niemals förmlich zur Rechenschaft gezogen wurde – zur großen Erleichterung von Marianne, die dadurch im Hintergrund bleiben konnte –, war das Endergebnis dennoch zufriedenstellend. Kurz nach ihrer Unterhaltung mit dem Mitarbeiter des Gouverneurs wurde ein Rundschreiben an alle Behördenleiter versandt, in dem ausdrücklich darauf hingewiesen wurde, daß keinerlei Fonds vergeben werden dürften, wenn diese Vergabe nicht zuvor entsprechend den allgemeinen Bestimmungen geprüft worden sei. Santos war außer sich vor Wut – Mariannes Aussagen zufolge ihr erstes Glückserlebnis seit zwei Jahren. Ein halbes Jahr später rief Marianne mich mit triumphierendem Unterton in der Stimme an, um mir – falls ich es nicht schon in der Zeitung gelesen hätte – mitzuteilen, daß der Gouverneur nach seiner Wiederwahl Santos nicht wieder ernannt habe.

Mit skrupellosen Menschen umzugehen ist nicht einfach. Häufig hat derjenige, der Anstoß nimmt, selbst Zweifel darüber, was heutzutage noch korrektes und ehrliches Verhalten ist. Wenn sogar ganze Unternehmen, die sich in Fernsehspots als gesellschafts- und umweltpolitisch engagiert darstellen, die politisch instabile Lage eines Landes ausnutzen, um ihre Preise in die Höhe zu treiben, muß man dann nicht eine kleine Gaunerei als moralisch vertretbar ansehen? Immerhin klingt der Spruch: »Wenn jeder für sich selbst sorgt, ist für alle gesorgt« doch recht überzeugend. Ist da das geringfügige Manipulieren von Rechnungen nicht am Ende verzeihlich?

Nicht minder lästig ist die Unsicherheit darüber, wer eigentlich die Verantwortung trägt. Einige gutmütige Seelen, die feststellen, daß wir alle, die Guten wie die Schlechten, nur das Opfer unserer Gene und unserer Erfahrungen sind, »drücken ein Auge zu«, lassen ein paar Bemerkungen fallen und hoffen, daß die Fehlgeleiteten Einsicht zeigen oder aber schließlich im Himmel doch noch ihre gerechte Strafe erhalten.

In Zeiten wie diesen ist der einzig verläßliche Indikator für korrektes Verhalten Ihre innere Stimme. Wenn Sie in Machenschaften verwickelt werden, die Sie für unrechtmäßig halten, dann sollten Sie dagegen aktiv werden, wie klein Ihre Schritte im einzelnen auch sein mögen. Sie können zumindest ausreichen, um Ihr Überleben zu sichern, und vielleicht können Sie aus dieser Erfahrung sogar noch etwas lernen. Michael Lombardo, Mitarbeiter des Center for Leadership Studies in North Carolina, hat darauf hingewiesen, daß die meisten erfolgreichen Menschen Konfrontationen mit bösartigen Vorgesetzten überstanden und sogar einen Nutzen daraus gezogen haben. Sie gewannen innere Stärke, lernten, was sie selbst in einer Machtposition *nicht* tun sollten, und ernteten häufig, als eine Art Bonus für mutiges Verhalten, großen Respekt und Anerkennung, da es ihnen gelungen war, so unangenehme Zeitgenossen wie Intriganten, Ausnutzer und Stinktiere in ihre Schranken zu weisen.

7 Wenn ein angenehmer Chef unangenehm wird: Wie man mit enttäuschten Erwartungen, Verhaltensblindheit und Unfällen im zwischenmenschlichen Verkehr umgeht

Bisher haben wir unsere Aufmerksamkeit auf die wirklich unangenehmen Zeitgenossen gerichtet. Mag sein, daß sie Ihnen gar nicht absichtlich das Leben schwer machen wollen, aber ihre Persönlichkeit oder ihre Charakterschwächen, die durch ihre Machtposition noch verstärkt werden, machen sie zu Vorgesetzten, mit denen äußerst schwer umzugehen ist. Glücklicherweise gibt es nicht allzu viele von dieser Sorte. Meiner Schätzung nach sind weniger als zwanzig Prozent aller Vorgesetzten, mit denen Sie es im Laufe Ihres Berufslebens zu tun haben, dieser Kategorie zuzuordnen. Leider sind es aber nicht nur diese eindeutig unangenehmen Typen, die uns Ärger bereiten. Nette, normale Leute, die ganz ähnlich denken wie wir selbst, können sich, wenn bestimmte Faktoren zusammenkommen, zu schwierigen Vorgesetzten entwickeln. In diesem Kapitel wollen wir uns die häufigsten dieser Faktoren einmal genauer anschauen: Es sind enttäuschte Erwartungen, Verhaltensblindheit und Unfälle im zwischenmenschlichen Umgang. Dann werden wir die Schritte beschreiben, die uns dabei helfen können, diese vorübergehend schwierigen Vorgesetzten wieder in die Kategorie der »netten Typen« zurückzubefördern.

Enttäuschte Erwartungen

Eine Reihe von ausgezeichneten Studien hat gezeigt, daß die Vorstellungen von Vorgesetzten und ihren Untergebenen über ihre jeweiligen Rollen meist ziemlich weit auseinanderklaffen. Dies gilt besonders dann, wenn es darum geht, wieviel Handlungsvollmacht zusammen mit der übertragenen Aufgabe delegiert wurde. Vorgesetzte und ihre Untergebenen scheinen sich fortwährend gegenseitig zu enttäuschen, weil der eine nicht die Erwartungen des anderen erfüllt. Dazu ein Beispiel: Sabine, Direktorin der Personalabteilung, sagt zu Peter, einem ihrer Mitarbeiter: »Sie sind jetzt für die Vorstellungsgespräche verantwortlich.« Peter, der sich voller Begeisterung auf diese neue, interessante Aufgabe stürzt, entwickelt neue Auswahlkriterien, überarbeitet die beim Gespräch zu stellenden Standardfragen und verbessert die Verfahren, mit deren Hilfe geeignete Kandidaten an die Leiter der einzelnen Abteilungen, in denen sie arbeiten sollen, weitergereicht werden. Peters Begeisterung schlägt jedoch schnell in Ärger um, da Sabine nicht nur einige seiner neuen Ideen rundheraus ablehnt, sondern auch ganz selbstverständlich davon ausgeht, daß sie als Chefin stets das letzte Wort bei jeder seiner Entscheidungen hat. Dem verärgerten Peter kommt daher die Erweiterung seines Aufgabenbereichs wie eine Farce vor: »Die Chefin will alle wichtigen Entscheidungen nach wie vor selbst treffen!« Sabine sieht das Ganze natürlich völlig anders: »Als ich Peter sagte, er sei für die Vorstellungsgespräche verantwortlich, meinte ich damit, daß es seine Aufgabe sei, zu gewährleisten, daß alles glattliefe, und daß er entscheiden könne, ob ein Bewerber für unser Unternehmen geeignet sei oder nicht. Natürlich gehe ich davon aus, daß die endgültige Entscheidung über das Auswahlverfahren mir vorbehalten bleibt. Daher wundert es mich, daß ein tüchtiger Mitarbeiter wie Peter jetzt so verärgert ist. Mit immerhin neunzig Prozent der Verantwortung kann man doch eigentlich zufrieden sein, oder?«

In der Praxis hängt die Antwort auf die Frage, wieviel Handlungsvollmacht delegiert werden sollte, offensichtlich davon ab, was zu tun ist, wer es tun soll und wie sich die Situation darstellt. Weder Peter noch seine Chefin haben völlig unrecht. Wenn Peter für den erfolgreichen Ablauf der Vorstellungsgespräche verantwortlich sein soll, muß er bestimmte Machtbefugnisse haben. Aber zugleich hat in einem hierarchisch aufgebauten System der nächsthöhere Vorgesetzte durchaus das Recht, sich die letzte Entscheidung über das, was in seinen Zuständigkeitsbereich fällt, vorzubehalten, denn schließlich kann er für alles, was in seiner Abteilung geschieht, zur Rechenschaft gezogen werden. Probleme entstehen dann, wenn sowohl der Vorgesetzte als auch der Untergebene davon ausgehen, daß das »wieviel« und »in welcher Form« klar auf der Hand liegen. Beide haben ihre eigenen Vorstellungen darüber, auf welche Weise Macht und Verantwortung verteilt werden sollten. Wie Peter und Sabine feststellen mußten, kann das zu Verärgerung und gegenseitigem Mißtrauen führen. Wenn es also zwischen Ihnen und Ihrem Chef zu solchen Mißverständnissen kommt, ist es am besten, eine Vereinbarung auszuhandeln, und zwar über den Umfang Ihres Aufgabenbereichs und darüber, welche Machtbefugnisse Sie haben sollen.

Am besten sprechen Sie Ihren Vorgesetzten ganz sachlich auf das Problem an, ohne gleich Kritik zu äußern, denn damit können Sie leicht eine wütende, beschwichtigende oder schuldbewußte Reaktion auslösen. Widerstehen Sie der Versuchung, enttäuschende Erfahrungen der Vergangenheit zur

Sprache zu bringen. Vorwürfe, ob angedeutet oder offen ausgesprochen, provozieren unweigerlich Abwehrreaktionen. Eine Frage wie: »Wo liegt das Problem, und wie können wir es lösen?« kann dagegen zu einer praktikablen Übereinkunft führen. Unterbreiten Sie Ihrem Chef eine Liste von Aufgaben, für die Sie zuständig zu sein glauben, und führen Sie zudem auf, über welche Machtbefugnisse Sie Ihrer Meinung nach verfügen sollen, um diese Aufgaben zufriedenstellend erledigen zu können. Eine informelle, handgeschriebene Notiz eignet sich meiner Erfahrung nach am besten, vermutlich, weil sie am wenigsten fordernd wirkt. Machen Sie jedoch in jedem Fall deutlich, daß Sie nichts erzwingen und niemanden drängen wollen, sondern daß es Ihnen allein darum geht, Ihre Arbeit so gut wie möglich erledigen zu können. Wenn Ihr Chef erstaunt nachfragt, warum Ihnen plötzlich so viel an dieser Klärung gelegen ist, sagen Sie einfach: »Ich wollte nur sichergehen, daß wir in bezug auf meine Aufgaben und den Umfang meiner Handlungsvollmacht einer Meinung sind.«

Beginnen Sie damit, sich genau zu überlegen, in welcher Weise Ihr eigener Aufgabenbereich mit den Aufgabenbereichen Ihrer Mitarbeiter zusammenhängt, und bemühen Sie sich, ganz präzise zu formulieren, welches Maß an Entscheidungsbefugnis Ihnen Ihrer Meinung nach zukommt. Stellen Sie keine Vermutungen darüber an, wie Ihr Chef diese Dinge möglicherweise sieht, und machen Sie sich augenblicklich noch keine Gedanken darüber, wie er auf Ihren Vorschlag reagieren wird. Gehen Sie pragmatisch vor – schließlich wollen Sie eine vernünftige Diskussion einleiten und nicht nur Ihre Meinung an den Mann bringen oder Ihrem Chef beweisen, was für schlechte Arbeit er bisher geleistet hat. Wenn es beispielsweise tatsächlich die Aufgabe Ihres Chefs ist, die

Richtlinien der Einstellungspolitik zu definieren, *empfehlen* Sie ihm, Ihnen das Maß an Entscheidungsbefugnis zu übertragen, das Sie brauchen, um allgemeine Änderungen in der Einstellungspolitik zu bewirken. Im Gegensatz dazu spiegeln Wörter wie *festlegen* oder *einführen* das Maß an Entscheidungsbefugnis wider, das Sie haben sollten, wenn es um Änderungen von Verfahrensweisen geht, die ausschließlich die Ihnen direkt unterstellten Mitarbeiter betreffen. Klären Sie nicht nur in formaler Hinsicht, auf welche Weise Sie und Ihr Vorgesetzter miteinander kommunizieren. Ihr Delegierplan (denn das ist es, was Sie in einem solchen Fall entwickeln) könnte beispielsweise festlegen, daß Sie sich mit Ihrem Chef beraten, bevor Sie endgültige Entscheidungen darüber treffen, wie ein Vorstellungsgespräch abzulaufen hat. Wenn Sie einen solchen Plan vorschlagen, erkennen Sie die Tatsachen, daß Ihr Chef ein Interesse an dem hat, was Sie tun, und daß sich seine Sichtweise von der Ihren unterscheidet. Sie machen deutlich, daß Sie diese Sichtweise bei Ihren Entscheidungen berücksichtigen werden. Ihre schriftlich fixierte Vereinbarung könnte beispielsweise folgendermaßen lauten: »Unter Berücksichtigung der jetzigen Personalpolitik und nach Rücksprache mit Ihnen bin ich befugt, neue Verfahrensweisen für Vorstellungsgespräche festzulegen.« Bei all Ihren Überlegungen sollten Sie aber niemals vergessen, daß es darum geht, einen Kompromiß zu finden, mit dem Sie beide leben können. Ermutigen Sie Ihren Chef, Ihren Auffassungen zu widersprechen, und versuchen Sie bei Unstimmigkeiten, eine für beide befriedigende Lösung zu finden. Wenn Sie merken, daß er zögert, Ihnen die Vollmacht zu übertragen, »Verfahrensweisen festzulegen«, dann fügen Sie ein »nach Rücksprache mit Ihnen« ein, um den Schock ein wenig abzumildern. Erinnern Sie ihn daran, daß das

Delegieren wichtiger Entscheidungen ihn nicht in seinem *Recht* beschneidet, sich das letzte Wort vorzubehalten, und äußern Sie sich anerkennend darüber, wie umsichtig er von diesem Recht Gebrauch macht, wenn er es an Sie delegiert.

Verhaltensblindheit durchbrechen

Manche Menschen sind, was ihre Wirkung auf andere betrifft, bemerkenswert unsensibel. Sie wissen einfach nicht, wie sehr ihr Verhalten jene, die damit konfrontiert sind, stört und beeinträchtigt. Solche verhaltensblinden Menschen haben häufig die besten Absichten. Sie haben es ebensowenig darauf abgesehen, Ihre Gefühle zu verletzen, wie ein Blinder es darauf abgesehen hat, Ihnen auf den Fuß zu treten; er hat ihn eben einfach nicht gesehen. Solche Menschen haben die Neigung, ihre Freunde, Kollegen oder die Mitglieder ihrer Familie einzuschüchtern und zu überrollen, und können dann nicht verstehen, warum andere nicht mit ihnen zurechtkommen. Niemand hatte größere Schwierigkeiten, die Auswirkungen seines Verhaltens zu erkennen, als Kirk Miller, der, als ich ihn zum ersten Mal traf, gerade zum Direktor einer großen Behörde ernannt worden war. Die Liste seiner Sünden als Vorgesetzter war kaum zu überbieten. Immer wieder wurde mir von seinen Untergebenen mitgeteilt, daß er über Kollegen herzog, die gerade nicht anwesend waren, und man hatte gehört, wie er über neue und noch unerfahrene Mitarbeiter, die ihn enttäuscht hatten, lauthals schimpfte. Diese Verhaltensweisen waren jedoch bei weitem nicht so demoralisierend wie seine Angewohnheit, auf das Deckblatt von Berichten, die ihm zur Überprüfung oder Genehmigung geschickt worden waren, Zettel zu heften, auf denen in großen roten Buchstaben geschrieben stand: »Das ist das Blödeste, was ich jemals gelesen habe«. Diese wurden dann über die üblichen Kanäle an den glücklosen Verfasser zurückgeschickt. Als ich ihn mit der Problematik dieser Verhaltensweisen konfrontierte (seine direkten Untergebenen, die ihre Ämter allesamt aus parteipolitischen Gründen innehatten, waren zugegebenermaßen nicht zu einer solchen Konfrontation mit ihm bereit), war er vollkommen überrascht – nicht etwa über die Beschreibungen seines Verhaltens, sondern darüber, daß es die anderen so störte. »Natürlich platzt mir hin und wieder der Kragen«, entgegnete er, »aber jeder hier weiß doch, daß das einfach meine Art ist. Mensch, ich hab' hier doch tolle Mitarbeiter, alles phantastische Leute, die wissen, was ich von ihnen halte. Stimmt, John Robinson (der Leiter der Personalabteilung der Behörde) hat da so einiges angedeutet. Er war ein bißchen sauer, weil ein paar Mitarbeiter gekündigt hatten, aber ich sagte ihm, daß Leute, die so sensibel wären, ohnehin keine guten Vorgesetzten abgeben würden. Das meinen Sie doch sicher auch, oder?«

Leute wie Kirk Miller sind gesegnet – und geschlagen – mit einem inneren Filtersystem, das alles fernhält, was auch nur im entferntesten an negatives Feedback erinnern könnte. Auf diese Weise bewahren sie sich – auf Kosten anderer – ihr seelisches Gleichgewicht. Wenn – und manchmal ist es ein WENN in Großbuchstaben – es Ihnen jedoch gelingt, dieses wundersame Filtersystem zu durchdringen, dann kann es geschehen, daß sich ein reißender Wolf in ein friedliches Lamm verwandelt. Offensichtlich hatte ich Kirks Verhaltensblindheit noch nicht durchbrechen können. Aber am Ende gelang es mir, und zwar, indem ich mich streng an die Schritte hielt, die ich im folgenden beschreiben werde.

Vereinbaren Sie einen Gesprächstermin. Wenn Sie einem Vorgesetzten ein potentiell unangenehmes Feedback geben werden, dann sollten Sie stets einen Gesprächstermin vereinbaren. Ein solch förmlich vereinbarter Termin macht deutlich, daß Sie etwas Wichtiges auf dem Herzen haben. Außerdem vermindern Sie dadurch das Risiko, während des Gesprächs unterbrochen zu werden: durch Telefongespräche, von Kollegen, die Ihren Chef »nur eine Minute« sprechen wollen, oder durch Sekretärinnen, die ganz dringend eine Unterschrift brauchen. Sie können die Wichtigkeit Ihres Anliegens noch unterstreichen und Unterbrechungen noch weiter einschränken, indem Sie darum bitten, daß während der Unterredung keine Anrufe durchgestellt werden sollen. Selbst wenn Ihre Bitte aus irgendwelchen Gründen abgelehnt werden sollte – vielleicht erwartet Ihr Chef einen dringenden Anruf von zu Hause –, ist sie doch ein Signal, daß das, was Sie auf dem Herzen haben, ernst genommen werden sollte.

Bringen Sie Ihre widersprüchlichen Gefühle zur Sprache. Die meisten Menschen haben vor Streitgesprächen, vor allem mit ihrem Chef, recht widersprüchliche Gefühle. Das Bedürfnis nach einem solch klärenden Gespräch ist groß, aber ebenso groß sind auch die Bedenken dagegen. Sie hoffen zwar, daß Ihre Offenheit die rauhen Kanten in Ihrer Beziehung ein wenig glättet, doch wissen Sie nicht genau, ob Ihr Vorgesetzter darauf nicht mit Ärger oder gar Wut reagiert. Einem solchen emotionalen Dilemma wirkt man am besten entgegen, indem man darüber spricht. Sie könnten beispielsweise sagen: »Um ganz ehrlich zu sein, Frau Schmitz: Ich habe recht widersprüchliche Gefühle, was dieses Gespräch anbetrifft. Einerseits halte ich es für wirklich wichtig und hoffe, daß sich dadurch unsere Zusammenarbeit verbessern läßt, aber auf der anderen Seite weiß ich nicht, wie Sie auf das, was ich Ihnen zu sagen habe, reagieren werden.« Es gibt mehrere gute Gründe, das Gespräch auf diese Weise zu beginnen.

Zunächst einmal trägt das Aussprechen von widersprüchlichen Gefühlen dazu bei, ihre Intensität zu verringern. Dadurch vermindern Sie das Risiko, Ihre eigenen Spannungen auf Ihren Vorgesetzten zu übertragen. Zwar haben verhaltensblinde Menschen meist ein sehr dickes Fell, wenn man ihnen Vorwürfe macht oder sie kritisiert, aber gegenüber unausgedrückten Gefühlen sind sie oftmals sehr empfindlich und können mit heftiger Abwehr reagieren.

Zweitens: Nachdem Sie Ihrem Chef angekündigt haben, daß das, was Sie zu sagen haben, möglicherweise eine defensive Reaktion hervorrufen wird, wird es kaum möglich sein, sich in letzter Sekunde doch noch vor der Konfrontation zu drücken. Dieses »Abbrechen der Brücken« kann bewirken, daß Sie Ihr Vorhaben tapfer durchführen, obwohl Sie im Grunde gerne fliehen möchten.

Und der dritte und wichtigste Punkt: Vorgesetzte, und ganz besonders die schwierigen, können nur selten der Versuchung widerstehen, Ihnen zu beweisen, daß sie durchaus in der Lage sind, Ihre Ehrlichkeit mit freundlicher Toleranz zu honorieren, mit einer Haltung also, die man nur von reifen und vernünftigen Menschen – und für solche halten sie sich natürlich – erwarten kann. Mit anderen Worten: Sie bringen sie dazu, sich das, was Sie zu sagen haben, aufmerksam anzuhören.

Helfen Sie Ihrem *Gegenüber*, das Gesicht zu wahren. Menschen, die sich angegriffen fühlen, ändern sich selten zum Besseren. Statt dessen reagieren sie extrem defensiv oder nehmen sämtliche Schuld auf sich. Keine dieser beiden Reaktionen hilft der angegriffenen Person, sich zu ändern oder weiterzuentwickeln. Dies trifft besonders dann zu, wenn diejenigen, deren Verhalten geändert werden müßte, sich der Probleme, die sie verursachen, gar nicht bewußt waren. Da es Ihnen darum geht, das unproduktive und verletzende Verhalten Ihres Vorgesetzten abzustellen, sollten Sie versuchen, anklagende Untertöne weitgehend zu vermeiden. Versuchen Sie, sich darauf zu konzentrieren, was geändert werden muß, und nicht darauf, *wer* an den Problemen die Schuld trägt, und halten Sie, wenn möglich, eine Entschuldigung für in der Vergangenheit begangene Sünden bereit (etwa, daß Sie der Meinung wären, Ihr Chef sei sich gar nicht bewußt gewesen, wie sehr sein Verhalten Sie – und andere – gestört hat). Auf diese Weise rücken Sie sich selbst in ein positives Licht und erscheinen eher als hilfreicher Freund denn als Ankläger und Gegner. Sie könnten Ihre Aussage etwa folgendermaßen formulieren: »Ich spreche diese Sache überhaupt nur deshalb an, Herr Fleischhauer, weil ich glaube, daß ich Ihnen noch nie gesagt habe (oder: weil ich mich frage, ob wir Ihnen schon jemals gesagt haben), wie sehr einige Dinge, die Sie tun, meine (unsere) Arbeit beeinträchtigen.«

Beschreiben Sie das schwierige Verhalten. Nachdem Sie den Weg für absolute Ehrlichkeit geebnet und das Ego Ihres Vorgesetzten ausreichend gestärkt haben, ist es an der Zeit, in aller Sachlichkeit sowohl über das schwierige Verhalten Ihres Chefs zu reden, als auch über die Auswirkungen, die dieses Verhalten auf Sie und andere hat. Denken Sie dabei immer an die beiden eisernen Regeln, die man beim Übermitteln von negativem Feedback beachten muß: Nennen Sie (a) bestimmte Beispielfälle, und stellen Sie diese (b) so ausführlich wie möglich dar. Der Psychologe Jack Gibb, der sich mit den Umständen befaßte, die eine defensive Reaktion begünstigen, stellte fest, daß Menschen abwehrender reagieren, wenn man ihnen irgendwelche allgemeinen Anschuldigungen an den Kopf wirft – »Sie kommen dauernd zu spät!« –, als wenn man die Anschuldigung an einem bestimmten Vorfall festmacht: »Sie sind gestern und heute zehn Minuten zu spät gekommen.« Das gleiche gilt, wenn man die betreffende Person in eine bestimmte Schublade einzuordnen versucht: »Tom, Sie sind ein Besserwisser!« Die meisten Menschen reagieren weniger defensiv, wenn man ihnen in aller Sachlichkeit beschreibt, welches Verhalten man im einzelnen als störend empfindet: »Jedesmal, wenn ich bei einem Belegschaftstreffen etwas sage, scheinen Sie das Gesagte noch einmal erklären zu müssen.« Hier noch ein paar weitere Beispiele für genaue und eher beschreibende Aussagen:

> »Als meine Vorgesetzte haben Sie natürlich das Recht, über Ihre Arbeitszeit selbst zu bestimmen, Frau Schmidt, aber ich bin mir nicht sicher, ob Sie sich des Problems bewußt sind, das sich für mich ergibt, wenn Sie beispielsweise erst um neun Uhr dreißig zur Arbeit erscheinen. Ich muß dann nämlich unseren Kunden häufig erklären, warum Sie nicht da sind, um Ihre Anrufe persönlich entgegenzunehmen. Sie wollen dauernd wissen, um welche Zeit sie denn nun anrufen sollen, um Sie zu erreichen.«
>
> »Wenn Sie sich, wie am letzten Freitag, so voller Verbitterung darüber auslassen, daß Hans und Karin so schlechte Arbeit leisten, dann habe ich natürlich auch keine große Lust, mit den beiden zusammenzuarbeiten.«

Natürlich dauert es länger, etwas ausführlich zu beschreiben, als allgemeine Anschuldigungen vorzubringen oder Menschen gedanklich in eine Schublade zu packen. Sie vergrößern dadurch jedoch die Chance, Ihr Anliegen wirklich an den Mann zu bringen.

Bringen Sie nochmals Ihre Annahme zum Ausdruck, daß eine Verhaltensblindheit vorlag. Sobald Sie Ihr negatives Feedback vorgebracht haben, bauen Sie Ihrem Chef noch ein zweites Mal die Brücke, die Sie ihm schon zu Anfang des Gesprächs gebaut hatten und die ihm half, das Gesicht zu wahren. Sagen Sie beispielsweise: »Wie ich bereits sagte, Herr Fleischhauer – ich bin mir ziemlich sicher, daß Sie sich nicht bewußt waren, wie sehr mich diese Dinge stören und wie sehr sie unsere Produktivität beeinträchtigen.«

Achten Sie auf Zeichen für Akzeptanz. Wenn Sie Ihren Chef tatsächlich emotional erreicht und möglicherweise sogar getroffen haben, werden seine Miene und sein ganzes Verhalten Schock, Verwunderung, ja sogar Entsetzen widerspiegeln. Ein starrer Gesichtsausdruck oder eine starre Körperhaltung, ein Erblassen oder andere Anzeigen für innere Anspannung sind in solchen Momenten nicht unüblich. Menschen, die zum ersten Mal einen Spiegel vorgehalten bekommen, können sich dadurch zutiefst erschüttert fühlen.

Bieten Sie Ihre Unterstützung an. Nachdem Sie also den Verteidigungswall Ihres Chefs – zumindest für den Augenblick – durchbrochen haben, müssen Sie die Gelegenheit beim Schopf packen, indem Sie ihm so viel Unterstützung wie möglich anbieten. Zunächst ging es Ihnen darum, einen insgesamt akzeptablen, jedoch gelegentlich etwas unsensiblen Chef dazu zu bringen, bestimmte unangenehme Angewohnheiten abzulegen; jetzt müssen Sie darauf achten, daß das Fenster der Einsicht auch weiterhin geöffnet bleibt. Hier einige Beispiele, wie Sie das erreichen können:

- Hören Sie sich geduldig an, was Ihr Vorgesetzter an Erklärungen und Entschuldigungen vorbringt, und beweisen Sie ihm, daß Sie ihn nicht für einen Unmenschen halten, indem Sie das Gesagte mit Ihren eigenen Worten wiederholen: »Sie haben also mit mir über die anderen Mitarbeiter gesprochen, um herauszufinden, wie Sie sich ihnen gegenüber verhalten sollen, ja?«, oder: »Sie haben also versucht, ein Problem zu lösen [mit wem kann ich darüber sprechen?], und haben dadurch unabsichtlich ein neues geschaffen [meinen inneren Loyalitäts-Konflikt]«.

- Anerkennen Sie die gute Absicht: »Ich verstehe, daß Sie auf diese Weise lediglich versucht haben, Ihrer Aufgabe besser gerecht zu werden.«
- Machen Sie eines deutlich: Sie erwarten keine sofortige »Perfektion«, sondern es geht Ihnen lediglich darum, daß Ihr Vorgesetzter einen ersten positiven Schritt tut.
- Machen Sie problembezogene Vorschläge: »Könnten Sie nicht die Leute in der *Personalabteilung* um Rat bitten, wie Sie mit Hans und Karin umgehen sollen?«
- Deuten Sie an, daß Sie gerne bereit sind, Ihren Chef auf sein unerwünschtes Verhalten, sollte es erneut auftreten, unmißverständlich hinzuweisen: »Soll ich Sie, falls ich Sie in Zukunft wieder bei den Kunden entschuldigen muß, an mein Problem erinnern?«

Auch eine »Generalprobe« könnte Ihnen weiterhelfen. Die meisten Leute empfinden es als beängstigend, einem schwierigen Chef negative Dinge sagen zu müssen. Um diese Angst weitgehend abzubauen, sollten Sie Ihre Rolle vorher einüben – entweder allein oder, noch besser, mit einem Freund, der den Part Ihres Vorgesetzten übernimmt. Ihr Freund sollte dann so reagieren, wie es Ihr Chef wahrscheinlich tun würde (wenn Ihr Freund nicht gerade ein Kollege ist, müssen Sie ihm Ihren Chef vorher beschreiben). Er kann auch einfach nur dasitzen und finster dreinschauen. Sie dagegen werden die aktive Rolle übernehmen und genau das sagen und tun, was Sie sich für das Treffen mit Ihrem Vorgesetzten vorgenommen haben. Sie spielen die ganze Angelegenheit vorher einmal durch: wie Sie das Treffen vereinbaren (vor allem, wenn Sie sich dabei vermutlich unwohl fühlen werden), wie Sie darum bitten, daß keine Anrufe durchgestellt werden, wie Sie Ihre widersprüchlichen Gefühle beschreiben und so fort. Bitten Sie Ihren Freund, Ihnen Feedback zu geben. Fragen Sie ihn insbesondere, wie Ihre Vorgehensweise auf ihn wirkte. Waren Sie sachlich, oder wirkten Sie anklagend oder gereizt? Haben Sie andererseits Ihr Anliegen auch wirklich deutlich gemacht, oder waren Ihre Aussagen zu allgemein? Wiederholen Sie jeden Schritt, bei dem Sie unsicher oder aggressiv waren. Wenn Sie sicher sind, die Vorgehensweise zu beherrschen, dann belohnen Sie sich dafür. Greifen Sie beherzt zum Telefon, und vereinbaren Sie das Treffen.

Zwischenmenschliche Unfälle reparieren

»Wie konnte ich nur jemals annehmen, daß Peggy Teller eine gute Chefin sei«, sagte Mike Wolfe an einem trüben Samstagmorgen voller Selbstmitleid zu seiner Frau. »In den letzten zwei Wochen habe ich gemerkt, wer sie in Wirklichkeit ist: eine doppelzüngige, egoistische, zugeknöpfte Ziege, der es nur um den eigenen Vorteil geht. Auf Konferenzen putzt sie mich ständig herunter. Sie kritzelt besserwisserische Bemerkungen auf meine Entwürfe, und gestern hat sie mich, in Anwesenheit aller, angestarrt und gesagt, Sie müsse vielleicht ein paar Marketing-Leute entlassen. Aber zu diesem Spiel gehören zwei! Wenn sie sowieso an allen meinen Entwürfen herumverbessern will, sehe ich keinen Sinn darin, mich anzustrengen, um erstklassige Arbeit zu liefern. Soll sie doch das ganze Wochenende arbeiten, um mein

Zeug umzuschreiben. Das geschieht ihr nur recht!«
»Machst du es ihr damit nicht nur noch leichter, dich schließlich hinauszuwerfen?« fragte seine Frau Millie.
»Na wenn schon«, sagte Mike und griff nach den Seiten der Morgenzeitung, auf denen die Stellenangebote standen. »Ich habe sowieso keine Lust, noch länger für diese blöde Ziege zu arbeiten!«

Hat Mike recht? Ist Peggy Teller tatsächlich eine Art Dr. Jekyll und Mr. Hyde – bisher nett und hilfsbereit, jetzt aber gemein und rachsüchtig? Schon möglich. Wahrscheinlicher ist jedoch, daß sie im Grunde eine ganz normale, umgängliche Person ist, die in der Spirale der gegenseitigen Aggressionsaufschaukelung feststeckt. Um besser verstehen zu können, wie sich diese Spirale immer weiter nach oben dreht, müssen wir zu einem fast trivialen Ereignis zurückgehen, das sich zwei Monate zuvor abspielte. Dieses Ereignis war der Grund dafür, daß sich Mikes anscheinend ideale Arbeitssituation dramatisch verschlechterte. Sechs wundervolle Monate lang hatte er sich als neuester Mitarbeiter der winzigen Marketing-Abteilung eines kleinen, aber aufsteigenden Unternehmens äußerst wohl gefühlt. Er hatte bewiesen, daß er fähig war, gute Texte zu entwerfen, und er hatte viel gelernt: über Marktforschung, Kundenwünsche und wie sich eine Produktserie noch besser vermarkten läßt. Das beste an dem neuen Job war jedoch, daß er in Peggy die perfekte Vorgesetzte gefunden hatte. Sie war schlagfertig, sie kam mit jedermann gut zurecht, sie bemühte sich nach Kräften, Mike über die Anfangsschwierigkeiten hinwegzuhelfen, und ließ sich von Mikes jugendlichem Enthusiasmus selbst mitreißen. Und dann geschah es: Bei einer Mitarbeiterbesprechung machte er eine unwichtige, scherzhafte Bemerkung. Peggy demonstrierte gerade an einer Klapptafel ihre Idee für eine neue Werbekampagne, als Mike, in dem Hochgefühl, an einer wichtigen Planungssitzung teilzunehmen, einwarf: »Du bist zwar eine sehr kluge Frau, Peggy. Aber das ist wirklich eine dumme Idee.« Peggy zuckte nicht einmal mit der Wimper. Satt dessen lächelte sie, sagte: »Vielleicht hast du recht«, und fuhr mit ihrer Präsentation fort. Mike beteiligte sich auch weiterhin lebhaft an der Diskussion, ohne sich bewußt zu sein, daß er etwas Unpassendes gesagt hatte. Die ersten Katastrophensignale bemerkte er zwei Tage später. Als er in Peggys Büro trat, teilte ihre Sekretärin ihm in ziemlich scharfem Ton mit: »Ich werde Sie wissen lassen, wann Miß Teller für Sie zu sprechen ist. Falls Sie ihr einen Entwurf vorlegen wollen, können Sie ihn auch bei mir lassen.« »Seit wann muß man sich denn bei Peg anmelden?« witzelte er. »Ist Sie auf dem Status-Trip?« Darauf erhielt er keine Antwort.

Da er der Meinung war, die Sekretärin sei wohl nur ein wenig übereifrig gewesen, fragte er Peggy später in der Kantine, wann er sie persönlich sprechen könne. Sie sah ohne zu lächeln auf und antwortete: »Frag Fay [ihre Sekretärin], wann sie dich in meinem Terminplan unterbringen kann.« Jetzt war Mike ernsthaft verwirrt. Ist sie mit meiner Arbeit nicht zufrieden? fragte er sich. Um sicherzugehen, daß er in seiner Arbeitsleistung nicht nachgelassen hatte, erledigte er seine nächsten beiden Aufträge mit besonderer Sorgfalt. Deshalb war er auch völlig verblüfft, als seine beiden Entwürfe kurz vor dem Schlußtermin mit dem Kommentar: »Das kannst du doch wohl besser!« wieder auf seinem Schreibtisch landeten. Zwei Tage später kam er zu spät zu einer Besprechung und starrte Peggy die ganze Zeit fragend an. Am Ende der Woche war er zwar nicht mehr besonders überrascht, deshalb aber nicht weniger wütend, als er feststellen mußte, daß Peggy anstelle seiner beiden zurückgegangenen Entwürfe einen eigenen Text geschrieben hatte und ihn darüber hinaus davon in Kenntnis setzte, daß er in Zukunft die Gestaltung des internen Informationsblattes übernehmen solle – eine Aufgabe, die bisher von Auszubildenden übernommen worden war. Mikes Reaktion war zwar verständlich, aber nicht sehr konstruktiv: Er gab es auf, gute Leistungen zu bringen, und versank in den Zustand, in dem wir ihn an jenem trüben Samstagmorgen antrafen, als er zwei Monate später die Stellenangebote studierte.

Um den bösen Zauber verstehen zu können, der intelligente und umgängliche Menschen wie Mike und Peggy in verstockte Kinder verwandeln kann, müssen wir uns intensiver damit befassen, wie eine solche gegenseitige Aggressionsaufschaukelung eigentlich entsteht. In gewissem Sinne ist sie durch die soziale Natur des Menschen bedingt. Wir möchten fast alle wissen, was andere, die uns wichtig sind, von uns halten. Wir suchen in ihrem Gesicht, ihrem Verhalten und ihrer Wortwahl nach Hinweisen, die uns darüber Aufschluß geben. Wissen sie es zu schätzen, wie wichtig, kompetent, liebenswert oder mächtig wir sind? Welche Absichten hegen sie uns gegenüber? Wenn diese Hinweise – korrekt interpretiert oder nicht – uns sagen, daß wir ignoriert, abgewiesen, brüskiert oder in irgendeiner anderen Weise nicht ernst genommen worden sind, ziehen wir uns zurück, werden aggressiv oder versuchen, uns nichts anmerken zu lassen – manchmal sogar alles zugleich. (Die kluge Peggy hat sich zurückgezogen und zugleich sehr wirkungsvoll angegriffen, indem sie Mike ihrer herablassenden und wichtigtuerischen Sekretärin überlassen hat!) Diejenigen, die diesen unfreundlichen Reaktionen ausgesetzt sind und die sich oftmals gar nicht bewußt waren, jemandem zu nahe getreten zu sein, reagieren darauf, indem sie nun selbst die Zähne fletschen. Wir wiederum sehen dieses unzivilisierte Verhalten als Beweis dafür, daß unsere erste negative Einschätzung nur allzu korrekt war, und so schaukeln sich die Aggressionen immer mehr auf. Je enger die Beziehung und je größer die gegenseitige Abhängigkeit, desto empfindlicher reagieren die Beteiligten auf das kleinste Anzeichen dafür, nicht richtig geliebt, geschätzt oder bewundert zu werden. Nicht das, was gesagt oder getan wurde, war der Auslöser für die gegenseitige Aggressionsaufschaukelung, sondern vielmehr die Interpretation der Absichten und Handlungen des anderen. Der arme Mike hatte seine Bemerkung über die »dumme Idee« durchaus nicht als Beleidigung gemeint. Sein »Herumalbern«, wie er es später nannte, war vielmehr die Folge seines übermütigen Selbstbewußtseins. Naiverweise hatte er angenommen, daß Peggys Kompetenz der Beweis für ein unerschütterlich starkes Ego sei und daß ihre freundliche und umgängliche Art ein Zeichen dafür sei, daß sie auf eine respektvolle Beachtung ihrer Rolle als Vorgesetzte keinen Wert lege. Mit beiden Annahmen lag er unglücklicherweise völlig daneben. Peggy hatte das Gefühl gehabt, in aller Öffentlichkeit lächerlich gemacht worden zu sein, und war außer sich vor Wut darüber, daß er, ein Neuling, den sie »adoptiert« hatte, es wagte, die Richtigkeit ihrer Überlegungen vor allen anderen Teilnehmern in Frage zu stellen. Anschließend hatte sie – was vielleicht nicht sehr klug war – mit Fay über ihren Ärger gesprochen. Fay wies sie pflichtschuldigst darauf hin, daß Mike, obwohl er angeblich glücklich verheiratet war, »zu oft und zu lange mit den jungen Sekretärinnen« plauderte. Außerdem, fügte Fay hinzu, »zweifeln einige Kollegen an seiner Aufrichtigkeit.« Natürlich hätte Peggy sich über das Gefühl der Kränkung hinwegsetzen und Mike zu sich bestellen sollen, um ihm mitzuteilen, daß sie seine Bemerkung für äußerst unangebracht gehalten habe; dann hätte sie in aller Ruhe herausfinden können, was er damit bezweckt hatte. Es ist nichts weniger als vernünftig, sich Klarheit darüber zu verschaffen, ob jemand nur ein wenig taktlos oder wirklich übelwollend war. Doch leider wird die Vernunft durch verletzte Gefühle meist völlig zum Schweigen gebracht, und daher reagierte Peggy so, wie die meisten Menschen reagieren würden, nämlich eher heftig als mit Bedacht. Und das tat auch Mike. Seine Annahme, daß Peggy zornig sei, weil sie sich über die mangelhafte Qualität seiner Arbeit geärgert habe, führte ihn in die falsche Richtung. Seine danach besonders sorgfältig ausgearbeiteten Entwürfe interpretierte die argwöhnische Peggy dann als schlauen Versuch, sich zu profilieren und sie erneut an die Wand zu drängen. Ihre einzig mögliche Reaktion – und alle, denen sie Mikes Verhalten beschrieb, teilten natürlich diese Meinung – bestand darin, Mike unmißverständlich zu zeigen, wer der Boß war. Einem uneingeweihten Beobachter, der nichts von Peggys gutem Verhältnis zu den anderen Mitarbeitern des Teams wußte, wäre sie wahrscheinlich als ein Paradebeispiel für eine einschüchternde Vorgesetzte erschienen. Derselbe Beobachter würde sich vielleicht auch gefragt haben, warum sich Mike wie ein schlechtgelaunter Teenager aufführte. Das jedenfalls fragten sich seine Kollegen und seine Frau. Hätte man jedoch die beiden Streithähne selbst zur Rede gestellt, hätte jeder dem anderen die Schuld zugeschoben. Es ist die Unvereinbarkeit der unterschiedlichen Wahrnehmungen, die fast alle gutgemeinten Versuche, diese bitteren Gefühle durch eine offene Aussprache beizulegen, zum Scheitern verurteilt. Gelegentlich können solche Versuche sogar noch zu einer weiteren Eskalation des Mißtrauens führen. Wenn nämlich das Vertrauen erst einmal verlorengegangen ist, kann es auch durch noch so heftige Beteuerungen nicht wieder zurückgewonnen werden. Glücklicherweise lassen sich solche Mißverständnisse durchaus wieder aufklären. Dazu bedarf es allerdings gewisser Hintergrundkenntnisse und eines schrittweisen und umsichtigen Vorgehens. Bevor wir uns der Lösung des Problems zuwenden, müssen wir zunächst noch eine andere Frage stellen: Woran erkennt man, ob man sich in einem Netz zwischenmenschlicher Mißverständnisse verstrickt hat oder ob man es mit einem besonders schwierigen Mitmenschen zu tun hat? Woran läßt sich – beispielsweise in Mikes Fall – erkennen, ob Peggys Bösartigkeit das Ergebnis gegenseitiger Aggressionsaufschaukelung ist oder ob sie einfach nur die Merkmale einer typischen Kopfabreißer-Persönlichkeit aufweist?

Das Muster der gegenseitigen Aggressionsaufschaukelung erkennen

Das Verhalten der schwierigen Vorgesetzten, die wir in den vorangegangenen Kapiteln beschrieben haben, ist nicht leicht von dem zu unterscheiden, was am Ende bei einer Beziehung herauskommt, die durch gegenseitige Aggressionsaufschaukelung verdorben wurde. Wenn jedoch zwei der nachfolgend genannten Faktoren vorhanden sind, handelt es sich höchstwahrscheinlich um eine Aggressionsaufschaukelung: (a) eine plötzliche Verschlechterung der Situation, (b) ein auslösendes Ereignis, (c) Beweise dafür, daß beide Streitpartner zu anderen Menschen eine gute Beziehung haben und (d) die Einsicht, daß Sie schon auf ein geringfügiges Fehlverhalten äußerst gereizt reagieren.

Eine plötzliche Verschlechterung der Situation. Verhaltensänderungen, die durch gegenseitige Aggressionsaufschaukelung verursacht wurden, treten im allgemeinen sehr rasch zutage – innerhalb weniger Tage, Wochen oder Monate – und sind nicht Teil eines sich langsam verschlechternden Prozesses. Da die meisten Menschen in gewissem Maße von Stimmungen abhängig sind, sich also an manchen Tagen besser fühlen als an anderen, mag es nicht sofort offenkundig sein, ob eine sarkastische Bemerkung auf eine schlaflose Nacht oder auf eine Verschlechterung der zwischenmenschlichen Beziehung zurückzuführen ist. Allerdings sollte eine plötzliche Veränderung des emotionalen Klimas grundsätzlich als ein Zeichen gewertet werden, daß etwas, was Sie getan haben, die Gefühle Ihres Vorgesetzten verletzt haben könnte.

Ein auslösendes Ereignis. Ein weiterer Beweis für die Richtigkeit Ihres Verdachts, daß das plötzliche Mißtrauen, die Kälte oder die Verärgerung Ihres Chefs durch eine Aggressionsaufschaukelung verursacht wurde, liegt vor, wenn Sie sich an einen Zwischenfall erinnern können, bei dem der eine oder andere von Ihnen sich möglicherweise herabgesetzt gefühlt hat. Übersehen Sie dabei nicht Ereignisse, die zum damaligen Zeitpunkt als unwichtig abgetan wurden, denn ein ständiger aggressiver Machtkampf kann auch schon durch die trivialsten Anlässe ausgelöst werden. Vor ein paar Jahren lernte ich eine Krankenpflegerin und einen Umweltschutzbeauftragten kennen, die sich zwar das Büro und das Dienstauto teilten und für den gleichen Bezirk zuständig waren, jedoch seit mehr als fünf Jahren kein Wort mehr miteinander gewechselt hatten. Das auslösende Ereignis war ein Zettel gewesen, den die Krankenschwester dem Umweltschutzbeauftragten auf den Tisch gelegt hatte. Darauf stand: »Wagen waschen«. Sie erinnerte sich später daran, daß sie eigentlich noch ein Fragezeichen dahinter hatte setzen wollen, es in der Eile jedoch versäumt hatte. Zugegeben, die beiden Worte fielen auf fruchtbaren Boden, da die beiden bis dahin nicht geklärt hatten, wer von ihnen in ihrem kleinen Gemeindebüro eigentlich der Chef/die Chefin war (beide wollten es sein – ein erschreckendes Beispiel für Erwartungen, die nicht miteinander in Einklang zu bringen sind). Allerdings hatte diese Frage bereits zwei Jahre lang im Raum gestanden, ohne daß es zu einer derartigen Eskalation gekommen war. Es war die Reaktion des Umweltschützers auf die handgeschriebene Notiz, die die Flut von Feindseligkeit auslöste.

Solche auslösenden Ereignisse aufzuspüren ist deshalb besonders schwierig, weil die meisten Menschen sich ihrer eigenen Empfindlichkeit zwar durchaus bewußt sind, jedoch davon ausgehen, daß die anderen eigentlich zu vernünftig sein sollten, um sich kleine Taktlosigkeiten und unbedachte Bemerkungen zu Herzen zu nehmen. »Reg dich nicht über Kleinigkeiten auf« ist ein kluger Ratschlag, aber die meisten Menschen haben ein so verletzliches Selbstwertgefühl, daß es ihnen schwerfällt, danach zu handeln.

Ihre Aufgabe muß also darin bestehen, sich in Erinnerung zu rufen, was kurz vor der unangenehmen Verhaltensänderung schiefgelaufen sein könnte. Beispielsweise könnten Sie es versäumt haben, Ihren Chef zu Ihrer spontanen Pizza-Party mit den Kollegen einzuladen. Natürlich hatten Sie angenommen, daß er sowieso nicht gerne gekommen wäre (und daß er, falls er doch erschienen wäre, allen anderen den Spaß verdorben hätte). Aber jetzt fällt Ihnen ein, daß er immer gerne bei allem »mitmischen« möchte und daß er von seinen Mitarbeitern am liebsten als »guter Kumpel« angesehen werden will. Wenn Sie also versuchen, sich an einen Vorfall zu erinnern, der den Stein ins Rollen gebracht hat (einer meiner Mitarbeiter spricht in diesem Zusammenhang von »zwischenmenschlichen Unfällen«; ich selbst sehe dann immer uns arme Menschen vor mir, die wir durchs Leben torkeln und einander munter Dellen in die psychischen Kotflügel drücken, ohne je einen Blick auf die Schäden zu werfen, die wir angerichtet haben), müssen Sie immer daran denken, daß nicht das eigentliche Ereignis entscheidend ist, sondern wie Ihr Chef es interpretiert.

Die Beziehungen zu anderen sind gut. Die gegenseitige Aggressionsaufschaukelung führt dazu, daß Sie und Ihr Chef sich einander nur von Ihrer schlechtesten Seite zeigen, während Sie zu anderen Menschen natürlich auch weiterhin gute Beziehungen haben. Wenn Sie überprüfen wollen, ob das der Fall ist, vergessen Sie nicht, daß Ihre Kollegen Ihnen wahrscheinlich kaum widersprechen werden, wenn Sie sich bei ihnen über Ihren Chef beklagen. Achten Sie jedoch auf verständnislose Blicke, halbherziges Lächeln, leichtes Kopfnicken oder andere Hinweise darauf, daß man Sie lediglich zu beschwichtigen sucht. Es geht Ihnen darum, Fakten zu klären, nicht Sympathiepunkte zu sammeln. Also sollten Sie es Ihren Kollegen erleichtern, Ihnen deutlich zu sagen, was sie von Ihrem Chef halten. Möglicherweise sind sie von ihm auch nicht gerade begeistert, brauchen sich aber nicht mit denselben schwierigen Verhaltensweisen herumzuplagen, die Ihnen selbst so zusetzen. Das entscheidende Kriterium, das zeigt, ob Sie in eine Spirale der Aggressivität hineingeraten sind, ist Ihr eigener Gemütszustand.

Sie sind emotional extrem labil. Während Ihr Chef ständig angespannt und ärgerlich ist, fühlen Sie sich gereizt und niedergeschlagen zugleich. Sie beide sehen im anderen einen

Schurken und leben die eigenen negativen Verhaltensmuster ungehemmt aus. Wenn sich Ihr Magen zusammenkrampft, wenn Sie mit den Zähnen knirschen und von hilfloser Wut übermannt werden, sobald Sie nur die Schritte Ihres Vorgesetzten auf dem Flur hören, können Sie davon ausgehen, daß Sie in ein Problem der zwischenmenschlichen Interaktion verstrickt sind.

Aber inzwischen sind Sie darauf vorbereitet, die nötigen Schritte zu tun, um die Beziehung wieder ins Lot zu bringen.

Wie man sich aus der Aggressionsspirale befreit

Nicht lange nach jenem deprimierenden Samstag morgen suchte Mike – zum Teil, weil seine Frau ihn dazu gedrängt hatte – Peggy kurz nach 17 Uhr in ihrem Büro auf. Dort fand dann folgendes »Gespräch« statt:

> **Mike:** Sag mal, Peggy, wieso soll ich jetzt plötzlich diesen blöden Informationsbrief machen? Das hast du doch überhaupt nicht mit mir besprochen!
> **Peggy:** Ich brauche gar nichts mit dir zu besprechen, und außerdem kannst du froh sein, daß ich dir überhaupt noch eine Aufgabe gegeben habe.
> **Mike:** Hör mal, was habe ich denn eigentlich Schlimmes getan?
> **Peggy:** *(nimmt ihre Handtasche und ihren Aktenkoffer)*: Wenn du das nicht weißt, bist du ein hoffnungsloser Fall.
> **Mike:** *(leise vor sich hin murmelnd, während sie den Flur hinuntergeht)*: Besser ein hoffnungsloser Fall als ein kastrierendes Flintenweib wie du! Verdammt! Mit einer solchen Hexe *kann* man einfach nicht vernünftig reden.

Wer versucht, eine getrübte Beziehung durch ein offenes Gespräch zu klären, muß häufig feststellen, daß sich die Situation dadurch nur noch verschlimmert. Worte, die eigentlich zu einer Annäherung verhelfen sollten, wühlen statt dessen die alten Kränkungen wieder auf. Oftmals endet das Gespräch dann in einer Flut gegenseitiger Beschimpfungen. Wenn das Vertrauen weitgehend verlorengegangen ist und die verletzten Gefühle – begründet oder nicht – noch immer schmerzen, dann ist es nicht leicht, das emotionale Chaos zu ordnen und die Situation in Ruhe zu analysieren. Dies gilt besonders dann, wenn die Kränkungen unbeabsichtigt oder sehr subtil waren oder wenn sie längst in Vergessenheit geraten sind, denn die meisten Menschen sind sich nicht bewußt, daß gestörte zwischenmenschliche Beziehungen die Tendenz haben, sich immer weiter zu verschlechtern. Um den Wall von Bitterkeit zu durchbrechen, brauchen wir schon stärkere Instrumente als nur den Vorschlag: »Laß uns doch mal darüber reden«. Zwar ist ein klärendes Gespräch in jedem Fall der wesentliche Schritt zu einer Verbesserung, aber es geht auch darum, wie, wann und wo Sie ein solches Gespräch ansetzen.

Schritt 1:

Vereinbaren Sie kurzfristig einen Gesprächstermin.

Im vorigen Abschnitt, in dem es darum ging, einem verhaltensblinden Chef die Augen zu öffnen, schlug ich Ihnen vor, einen offiziellen Gesprächstermin zu vereinbaren. Das hat den Vorteil, daß sich Ihr Chef auf eine ernsthafte Diskussion einstellt und daß Sie sich selbst den ersten Schritt in ein unbekanntes Territorium erleichtern. Diese Vorteile sind auch hier von Bedeutung, wobei jedoch zu beachten ist, daß der Zeitraum zwischen der Planung des Gesprächs und dem Gespräch selbst möglichst kurz sein sollte. Um eine weitere

Eskalation zu vermeiden, sollten Sie versuchen, die klärende Diskussion so bald wie möglich zu führen. Bitten Sie beispielsweise um vierzehn Uhr um einen Termin für fünfzehn Uhr. Vielleicht äußert Ihr Chef Zweifel an der Wichtigkeit Ihres Anliegens; schließlich bringt er Ihnen zur Zeit nicht gerade freundschaftliche Gefühle entgegen. Unterdrücken Sie jedoch den Drang, auf der Stelle in eine Diskussion einzusteigen, etwa im Flur oder am Telefon. Sätze wie: »Es ist wichtig, aber ich kann mich erst um fünfzehn Uhr näher dazu äußern«, oder »Es ist wirklich zu kompliziert, um jetzt gleich darauf einzugehen, aber es ist wirklich wichtig«, können Ihnen da weiterhelfen. Sorgen Sie dafür, daß Sie genügend Zeit haben, um den Beziehungsknoten zu entwirren. Der späte Nachmittag ist wahrscheinlich der beste Zeitpunkt. Zwar sind Sie dann möglicherweise ein wenig müde, aber Sie können wenigstens nach Büroschluß noch so lange wie nötig weiterdiskutieren. Sie sollten mindestens eine ganze Stunde (ohne Unterbrechungen) Zeit haben. Wenn Sie oder Ihr Chef allerdings gerade mitten in einer persönlichen oder beruflichen Krise stecken, dann muß die Unterredung auf einen späteren Zeitpunkt verlegt werden.

Schritt 2:
Bereiten Sie den Boden für Ihr Vorhaben.

Sobald Sie das Büro Ihres Vorgesetzten betreten haben, bitten Sie darum, daß während des Gesprächs keine Anrufe durchgestellt werden. Ich war angenehm überrascht, wie häufig selbst einschüchternde oder wütende Vorgesetzte dieser Bitte entsprachen, wenn sie sachlich vorgetragen wurde. Sollte sie jedoch abgelehnt werden, akzeptieren Sie das ohne große Diskussion. Möglicherweise ist Ihr Chef schon so mißtrauisch, daß er nicht mehr gewillt ist, Ihnen in irgendeiner Weise entgegenzukommen.

Nachdem Sie gegenüber Ihrem verhaßten (ekelhaften, gefürchteten, verabscheuungswürdigen) Chef Platz genommen haben, sind Sie wahrscheinlich in Versuchung, sich Hals über Kopf in die Konfrontation zu stürzen. Doch statt dessen sollten Sie zunächst einmal den Boden für das Gespräch bereiten. Bemühen Sie sich, die Atmosphäre zu entspannen, indem Sie zunächst einmal zum Ausdruck bringen, wie sehr Sie es zu schätzen wissen, daß Ihr Chef sich bereit erklärt hat, sich mit Ihnen zu treffen. Überprüfen Sie, falls das nicht bereits geschehen ist, wieviel Zeit Ihnen für diese Aussprache zu Verfügung steht. Das wichtigste ist jedoch, ein paar Worte darüber zu sagen, was Sie sich von dieser Aussprache erhoffen – nämlich eine Wiederherstellung der bestmöglichen Arbeitsbeziehung. Gehen Sie jedoch nicht davon aus, daß Ihre aufrichtige Beteuerung durch eine gleichermaßen aufrichtige Beteuerung Ihres Chefs erwidert wird. Wenn Ihr Chef Sie nämlich in dieser Situation nur eines kalten Blickes würdigt, dann sind Ihre Gefühle möglicherweise doppelt verletzt. Legen Sie deshalb, nachdem Sie Ihre einleitenden Worte gesagt haben, am besten eine *kleine* Pause ein. (Machen Sie sich bewußt, daß eine Aggressionsaufschaukelung in jedem Fall dazu führt, daß beide Parteien voneinander enttäuscht sind.)

Schritt 3:

Sprechen Sie über den Status quo Ihrer Beziehung.

Nachdem Sie also den Boden für Ihr weiteres Vorgehen bereitet haben, schildern Sie, wie Sie Ihre Beziehung augenblicklich wahrnehmen. Versuchen Sie, die Situation in nüchternen Worten zu beschreiben und nicht etwa anzuklagen, zu jammern oder zu schimpfen. Nehmen Sie sich genausoviel Zeit, Ihr eigenes Verhalten zu beschreiben wie das Ihres Chefs, und vermeiden Sie es, Fakten oder Ereignisse zu über-

treiben oder herunterzuspielen. Artikulieren Sie am Ende Ihre Vermutung (die Sie als solche auch kennzeichnen sollten), wie Ihr Chef Sie wahrscheinlich sieht. Wären Sie beispielsweise Mike, könnten Sie Ihr Anliegen folgendermaßen formulieren: »Ich bin mir zwar nicht ganz sicher, wie du die Sache siehst, Peggy, aber ich bin mit der Art, wie wir beide in letzter Zeit zusammengearbeitet haben, ziemlich unzufrieden. Ich habe den Eindruck, daß ich in meinen Leistungen ziemlich nachgelassen und Entwürfe abgegeben habe, die nicht meinen Fähigkeiten entsprechen. Auf der anderen Seite habe ich das Gefühl, daß du mich bei einigen Besprechungen ziemlich heruntergeputzt hast. Vermutlich ist es nicht nur bloße Einbildung, daß wir bei weitem nicht mehr so freundschaftlich miteinander umgehen wie noch vor ein paar Monaten. Ich vermute, daß du von mir zur Zeit die Nase ziemlich voll hast. Was sagst du dazu?«
(Auch wenn es Ihnen nebensächlich erscheint – ich schlage vor, daß Sie Ihre Aussage nicht mit der Frage: »Bist du nicht auch dieser Meinung?« enden lassen. Erstens wissen Sie dann nicht genau, welchem Teil Ihrer Aussage Ihr Gesprächspartner eigentlich zustimmt. Wichtiger jedoch ist, eine Situation zu vermeiden, in der Ihnen ein: »Darauf kannst du Gift nehmen, daß ich auch dieser Meinung bin!« an den Kopf geworfen wird, auf das dann ein langes, gereiztes Schweigen folgt.)

Schritt 4:
Seien Sie darauf vorbereitet, heruntergeputzt zu werden.

Nachdem Sie also einem Gesprächspartner, der zur Zeit sehr schlecht auf Sie zu sprechen ist, auf diese Weise das Wort überlassen haben, wird es Sie wohl kaum verwundern, daß er Ihnen erst einmal eine Menge wüster Beschimpfungen an den Kopf wirft. Sie müssen, als ersten Schritt zu einer besseren Verständigung, zunächst einmal darauf vorbereitet sein, als

Bösewicht dargestellt zu werden. Dadurch wird Ihr Entschluß, alles wieder ins reine bringen zu wollen, möglicherweise auf eine harte Probe gestellt. Unter Umständen werden Ihnen nämlich schreckliche Dinge vorgeworfen, die Sie gar nicht begangen haben, und es werden Ihnen – häufig in sehr bildhafter Sprache – die schlimmsten Absichten unterstellt. Vielleicht erklärt man Ihnen, was für ein schlechter Mitarbeiter und/oder Mensch Sie sind. Leider ist diese anfängliche Phase der Beschimpfungen und Vorwürfe für den Erfolg Ihrer Strategie unvermeidbar. Aber nicht, weil Sie Ihrem Gegner Gelegenheit gibt, erst einmal Dampf abzulassen, sondern weil der erste und unvermeidliche Schritt zur Wiederherstellung des verlorengegangenen Vertrauens darin besteht, das Mißtrauen und die verzerrten Wahrnehmungen deutlich zu artikulieren, damit man auf beides eingehen kann.

In seltenen Fällen wird die einzige Antwort, die Sie von Ihrem Chef erhalten, ein kühles: »Nein, durchaus nicht, es ist alles in Ordnung« sein. Wenn Ihr Chef leugnet, daß es irgendwelche Probleme in Ihrer beider Beziehung gibt, sind Sie vielleicht versucht, sich mit ihm über diesen Punkt zu streiten. Das ist jedoch meistens unklug. Statt dessen sollten Sie zum Ausdruck bringen, wie erfreut Sie darüber sind, daß Sie sich anscheinend geirrt haben, und die Zukunft Ihrer Beziehung in den leuchtendsten Farben schildern. »Wunderbar, Peggy! Das heißt, daß wir wieder zusammen zu Mittag essen können, wie wir es früher immer getan haben, und daß einige der Bemerkungen, die du über mich gemacht hast, einfach nur als Scherz gemeint waren. Also, du wirst sehen, daß ich mich bei den Entwürfen, die ich dir demnächst schicke, in Zukunft wieder unheimlich ins Zeug lege!« Nachdem Sie sich also so oder ähnlich geäußert haben, werden die Beschimpfungen und Vorwürfe dann möglicherweise doch noch kommen. Ansonsten fahren Sie mit der Beschreibung Ihrer glücklichen gemeinsamen Zukunft fort. Wenn Ihr Chef sich auch weiterhin verschlossen zeigt, kehren Sie zurück zu Schritt 1. Wenn es Ihnen auch dann nicht gelingt, zu ihm durchzudringen, liegt die Vermutung nahe, daß Sie es mit einem »schwierigen Chef« zu tun haben. Lesen Sie nochmals die Kapitel 2 bis 5.

Schritt 5:

Zeigen Sie Verständnis, ohne sich jedoch zu rechtfertigen oder zu entschuldigen.

Den meisten von uns fällt es schwer, auf heftige Kritik nicht defensiv zu reagieren. Da wir uns wegen bestimmter Vorfälle und Verhaltensweisen tatsächlich schuldig fühlen, versuchen wir, uns zu rechtfertigen oder wutentbrannt mit gleichermaßen scharfen Bemerkungen zu kontern. Leider sind diese durchaus menschlichen Reaktionen nicht besonders hilfreich. Deshalb ist das schwierigste an diesem Schritt, das, was Sie spontan tun möchten, *nicht* zu tun.

Statt dessen sollten Sie sich bemühen, Ihrem Gesprächspartner zu zeigen, daß Sie das, was er gesagt hat, gehört und verstanden haben, ohne jedoch Ihre Zustimmung oder Ablehnung zu äußern. Fassen Sie die Beschwerden Ihres Chefs mit Ihren eigenen Worten zusammen – und bringen Sie zugleich zum Ausdruck, daß Sie die Gefühle verstehen, die den Beschwerden vermutlich zugrunde lagen.

Das könnte sich etwa so anhören:

> »Als ich mich abfällig über deinen Plan äußerte – indem ich sagte, er wäre dumm –, hattest du also das Gefühl, ich würde dir dadurch in den Rücken fallen. Du hattest den Eindruck, ich wollte auf deine Kosten vor den anderen angeben. Für dich war jedoch das schlimmste an der Sache, daß dies

alles von jemandem kam, mit dem du deiner Meinung nach besonders freundlich umgegangen warst.«

Nachdem Sie auf diese Weise bewiesen haben, daß Sie die Botschaft verstanden haben, gehen Sie ohne Pause zum nächsten Schritt über: der Beschreibung Ihrer wahren Absichten.

Schritt 6:

Beschreiben Sie Ihre wahren Absichten.

Da die Aggressionsspirale durch die mißtrauischen Vermutungen, der andere führe Böses im Schilde, immer weiter in die Höhe getrieben wird, geht es im wesentlichen darum, die wahren Absichten klarzustellen. Die wichtigsten Bestandteile dieser korrigierenden Botschaft sind zwei Sätze: 1) Gewisse Ereignisse ließen Sie glauben, daß ich Böses im Schilde führe, und: 2) Das war jedoch nicht meine Absicht. Ein Beispielsatz: »Was ich auch immer in der Vergangenheit getan habe, meine Absicht war stets, ehrlich zu dir zu sein (meine Arbeit so gut wie möglich zu erledigen, ein Mitglied des Teams zu sein, usw.).« In Anbetracht der Anspannung, unter der solche Aussprachen stattfinden, kann es durchaus sein, daß Ihr Chef nur das hört, was zu seiner vorgefaßten Meinung paßt – nämlich, daß Sie ein Mistkerl/eine ekelhafte Ziege sind. Seien Sie also darauf gefaßt, die Kritik, die Ihnen schon einmal an den Kopf geworfen wurde, erneut vorgesetzt zu bekommen. Sollte das der Fall sein, wiederholen Sie Schritt 6 und bringen Sie erneut Ihre Absicht zum Ausdruck. Vermeiden Sie es, Ihre Handlungen als Reaktion auf etwas, das Ihr Chef getan hat, darzustellen: »Als deine Sekretärin mich abwimmelte, verlor ich die Lust daran, mir mit meiner Arbeit besonders viel Mühe zu geben.« Statt dessen bringen Sie *Ihren* damaligen Eindruck zum Ausdruck: »Als deine

Sekretärin mich abwimmelte, dachte ich, du seist mit meiner Arbeit nicht mehr zufrieden.« Indem Sie Ihre *Interpretation* der damaligen Ereignisse – statt der Ereignisse selbst – schildern, vermeiden Sie es, eine weitere frustrierende Runde von Gegenbeschuldigungen einzuleiten.

Möglicherweise waren Ihre Bemühungen erfolgreich, obwohl es zunächst gar nicht den Anschein hat. Ihre Chefin beugt sich beispielsweise nach vorn, starrt Sie einige schreckliche Sekunden lang an und sagt mit ärgerlicher Stimme: »Schon möglich, daß das deine Absicht war, Mike, aber das war weiß Gott nicht das, was du getan hast!« Ein solcher Satz drückt immerhin das Einverständnis aus, daß Sie wohl tatsächlich keine bösen Absichten hegten. Ihre Chefin hat damit ihre eigene Interpretation Ihres Verhaltens in Zweifel gezogen. Jetzt ist der Weg frei für den letzten, aber nicht weniger wichtigen Schritt: die eigentliche Lösung des Problems.

Schritt 7:

Arbeiten Sie auf eine Lösung des Problems hin.

Bei der eigentlichen Problemlösung geht es darum, den Blick auf die Zukunft zu richten. Zwar haben Sie es mit Problemen zu tun, die sich in der Vergangenheit ergaben, aber Sie müssen darauf hinarbeiten, die Dinge in Zukunft besser zu machen.

Es ergibt sich also natürlicherweise Gesprächsstoff für beide Parteien. Dadurch umgehen Sie ein peinliches Schweigen oder die angespannte Distanziertheit, die das zerbrechliche Vertrauen, das Sie so hart erkämpft haben, wieder zerstören kann. Was jedoch noch wichtiger ist: das Suchen und Finden einer Lösung ist ein Mittel, zukünftige Eskalationen zu vermeiden. Sie könnten zum Beispiel übereinkommen, eine Art Sicherheitsmechanismus einzuführen, um Mißverständnisse in Zukunft frühzeitig auszuräumen.

Das Problemlösen braucht gar nicht besonders umständlich zu sein. Ein einfacher Einleitungssatz wäre beispielsweise: »Was müßten wir beide tun, um ein derartiges Mißverständnis in Zukunft zu vermeiden?« Nachdem Mike sich durch sämtliche vorher beschriebenen Schritte hindurchgearbeitet hatte, stellte er schließlich diese Frage. Er war sich ganz und gar nicht sicher, wie Peggy darauf reagieren würde. Nach ihrem heftigen Ausruf: »Das mag ja deine Absicht gewesen sein ... « hatte sie den Kopf zum Fenster gewandt und saß völlig regungslos und unnahbar da, bis Mike – der das Schweigen nicht mehr länger ertragen konnte – die problemlösende Frage stellte. Peggys Antwort zeigte jedoch, daß das Warten sich gelohnt hatte. »Du hast Talent, Michael [sie hatte ihn nicht mehr Michael genannt, seit ihre Beziehung sich zu verschlechtern begonnen hatte]. Du mußt es einfach nur nutzen. Und ... «, fügte Sie dann noch hinzu, »paß ein bißchen besser auf, was du sagst.«
»Das erste ist einfach«, antwortete er. »An dem zweiten Punkt werde ich allerdings etwas arbeiten müssen. Wäre es möglich, daß du mir eine Rückmeldung gibst, wenn ich etwas äußere, das dir unangebracht erscheint? Es kann eine Zeitlang dauern, bis ich lerne, wann es in Ordnung ist, einfach loszuquasseln, und wann ich besser meinen Mund halten sollte.«
»Okay«, erwiderte Peggy. »Wir können uns darüber noch unterhalten, wenn wir unsere wöchentlichen Besprechungen unter vier Augen haben.«
»Ach übrigens«, sagte Mike, als sie sich zum Gehen anschickten, »es tut mir wirklich leid, daß du dich so über mich geärgert hast.«
»Na ja«, gab Peggy zurück, »ich schätze, ich habe dir das Leben auch nicht gerade leichtgemacht.«

Zwar können zu früh vorgetragene Entschuldigungen eine ausführliche Kommunikation vorzeitig unterbrechen, aber später, nachdem man sich geeinigt hat, haben sie oftmals eine aufbauende Wirkung. Der Tenor der Entschuldigung sollte sein: »Es tut mir leid, daß es dir wegen dieser Sache schlechtging«, und nicht etwa: »Es tut mir leid, daß ich so gemein war.« Die erste Aussage drückt nur aus, daß Sie an dem anderen interessiert sind, die zweite kann wie eine Bitte um Vergebung wirken. Da Vergebung sowohl dem Bittenden als auch dem Vergebenden in gewissem Maße das Gefühl gibt, herabgewürdigt worden zu sein, bringt sie nur zusätzliche Verwirrung in eine Beziehung, die Sie gerade zu klären versuchen. Da ich Mike zuvor auf diese Tatsache aufmerksam gemacht hatte, beantwortete er Peggys Feststellung mit einem Lächeln und unterdrückte die Bemerkung: »Ach ja, schon gut, ich nehm's dir nicht weiter übel.«

8 Aktiv werden: Überlegen, planen, sich schützen

Tillie sprang von dem Tisch in der Cafeteria auf, ohne auf ihren Stuhl zu achten, der hinter ihr auf den Fußboden krachte. »Jetzt reicht's mir endgültig«, zischte sie. »Ich habe Ihnen den Brief gezeigt, den wir alle unterschrieben haben; ich habe versucht Ihnen zu erklären, auf welche Weise Sie Ihren Angestellten Steine in den Weg legen, und alles, was ich von Ihnen zu hören bekomme, ist nur noch mehr von dem Mist, den Sie schon immer von sich gegeben haben!«

»Aber Tillie!« sagte Nancy, Tillies Abteilungsleiterin. »Ich habe doch nur versucht, Ihnen zu erklären ... «

»Hören Sie mal gut zu, Sie feiges Miststück«, kreischte Tillie, »Sie *können* gar nicht erklären, warum Sie meine Bitte um eine Gehaltserhöhung gar nicht erst nach oben weitergeleitet haben. Sie können sich Ihre Einladung zum Mittagessen in den ... «

»Jetzt reicht es aber, Tillie!«, gab Nancy erregt zurück. »Es wäre vielleicht besser, wenn Sie jetzt erst einmal einen längeren Spaziergang machen würden, um sich abzukühlen, bevor die Dinge hier außer Kontrolle geraten!«

Tillie ergriff ihre Aktentasche und sah sich um. Einige Gäste an den Nachbartischen beugten sich wieder über ihre Teller, andere starrten sie weiterhin mit unverhohlener Neugier an.

»Da haben wir den Salat«, dachte Tillie, als sie auf den Ausgang der Cafeteria zustürmte. »Dabei wollte ich Nancy doch nur sagen, daß sich die Mitarbeiter der Abteilung ein bißchen mehr Unterstützung von ihr wünschen, und jetzt habe ich die ganze Sache erstklassig in den Sand gesetzt. Na ja, immerhin habe ich ihr irgendeine Reaktion abringen können, auch wenn diese nur darin bestand, mich anzubrüllen. Aber was soll ich jetzt bloß den anderen erzählen?«

Arme Tillie! Es gibt zwar durchaus Zeiten und Anlässe, bei denen Spontaneität und rückhaltlose Ehrlichkeit angebracht sind, aber ein klärendes Gespräch mit einem schwierigen Vorgesetzten gehört ganz sicher nicht dazu.

Tillies Absichten waren vollkommen korrekt – sie wollte ihrer Chefin Nancy einige der ärgerlichen Ausweichmanöver vor Augen führen, derer Nancy sich anscheinend nicht bewußt war. Doch Nancys geduldige und eher passive »Erklärung« schien nur auf ein weiteres Ausweichmanöver hinauszulaufen. Und genau dieses unentschlossene Verhalten hatte ja Tillie und ihre Kollegen so schrecklich verärgert. Im nachhinein ist es also leicht verständlich, warum Tillies hochherziges Angebot, sich stellvertretend in die Höhle des Löwen zu begeben, ein so unglückliches Ende nahm. Ein paar schlecht gewählte Worte, geäußert in einer lauten Umgebung und in einem anklagenden Tonfall, forderten es geradezu heraus, daß Nancy sich in eine Abwehrhaltung flüchtete. In ihrem Übereifer – oder vielleicht nur in ihrem ängstlichen Bedürfnis, das Ganze so schnell wie möglich hinter sich zu bringen – hatte Tillie sich impulsiv in den Kampf gestürzt, ohne sich vorher einen »Schlachtplan« zurechtzulegen oder den Boden für ihr Vorhaben zu bereiten. Das Ergebnis: eher ein Rückschlag als größere Zufriedenheit. Bevor Sie es mit einem schwierigen Vorgesetzten aufnehmen, sollten Sie sich stets die Zeit nehmen, eine genaue Strategie auszuarbeiten.

Zum einen müssen Sie ihre eigene innere Anspannung in Betracht ziehen. Durch die Angst vor einem heftigen Streit befinden Sie sich möglicherweise in einem Zustand fast unerträglicher innerer Überreizung, der nur allzuoft zu Tränen, Beschimpfungen oder Kurzschlußhandlungen führt. Das Wissen jedoch, daß Sie sich eine Art Landkarte ausgearbeitet und den besten Weg durch unbekanntes Territorium gefunden haben, wird Ihre Ängste vermindern und Ihre Zuversicht steigern. Beispielsweise sollten Sie von vornherein in Ihre Planung einbeziehen, wie Ihr Chef möglicherweise reagieren wird. So sind Sie gegen Überraschungen gefeit und können den Schaden begrenzen, wenn die Situation außer Kontrolle zu geraten droht. Und genau das hatte Tillie nicht getan.

Mit Hilfe eines Plans können Sie es vermeiden, die falsche Technik in der falschen Art und Weise auf das falsche Problem anzuwenden. Ohne entsprechende Planung könnten Sie beispielsweise eine Konfrontation mit einem schwierigen Vorgesetzten zu einem unpassenden Zeitpunkt suchen, dazu möglicherweise an einem Ort, der einem persönlichen Gespräch nicht förderlich ist. Wie Tillie zu ihrem Leidwesen feststellen mußte, fühlen sich manche Menschen durch die Anwesenheit anderer irritiert, auch wenn diese kaum etwas von dem Gesagten hören können.

Zwar bedürfen wichtige Gespräche auch eines entsprechenden Umfelds, aber das heißt noch lange nicht, daß diese Gespräche immer mit ernsten Gesichtern und in einer »seriösen« Atmosphäre geführt werden müssen. Es gibt manche Gespräche – wenn Sie beispielsweise einem schwafelnden Vorgesetzten Ihre persönliche Unterstützung zusichern müssen –, für die ein unbeschwertes Mittagessen genau das richtige ist. Im Grunde geht es um Folgendes: Ohne eine Überprüfung dessen, was in der Vergangenheit passiert ist, ohne das Setzen von erreichbaren Zielen und ein umsichtiges Auswählen von Methoden, um die schlechten Nachrichten am günstigsten an den Mann zu bringen, werden Sie womöglich nicht die positiven Ergebnisse erzielen, die Sie sich gewünscht und zu Recht erhofft haben. Um Erfolg zu haben, müssen Sie eben ein wenig planen.

Die nun folgenden Planungsfragen sollen Ihnen dabei helfen zu überdenken, was in der Vergangenheit passiert ist. Sie sollen es Ihnen erleichtern, realistische Ziele zu stecken, Weggefährten zu erkennen, die Ihnen eventuell behilflich oder aber auch hinderlich sein könnten, und die Techniken auszuwählen, die für Sie und Ihre Situation am passendsten scheinen. Es geht auch darum, Ihnen Entscheidungshilfen zu bieten, anhand derer Sie feststellen können, wann der beste Zeitpunkt ist, um Ihren Handlungsplan in die Tat umzusetzen.

Nachdem Sie all diese Fragen beantwortet haben, werden Sie vielleicht feststellen, daß Sie die Dinge objektiver sehen. Ihre anfängliche Skepsis weicht dann möglicherweise einer vorsichtig optimistischen Einschätzung, wonach es vielleicht doch den einen oder anderen nützlichen Schritt geben mag, den Sie unternehmen können, um Ihre Lage zu verbessern.

Planungsfrage 1:
Was an dem Verhalten Ihres Chefs ist das eigentlich Störende?

Welche Verhaltensweisen Ihres Chefs haben Sie veranlaßt, ihn als schwierig einzuschätzen? Analysieren Sie die Situation so genau wie möglich. Wählen Sie einige der schlimmsten Vorfälle aus, und beschreiben Sie genau, was Ihr Chef Verurteilenswertes getan oder gesagt hat.

Planungsfrage 2:
Wie haben beide Parteien, Sie und Ihr Chef, reagiert?

Wie haben Sie auf das schwierige Verhalten Ihres Vorgesetzten reagiert? Was haben Sie gesagt oder getan? Wie hat Ihr Chef auf das reagiert, was Sie gesagt oder getan haben? Versuchen Sie, sich so gut wie möglich an Details zu erinnern. Sind Sie aufgestanden? Hat Ihr Chef mit dem Finger auf Sie gezeigt? Haben Sie zu Boden geschaut? Einzelheiten dieser Art deuten auf Handlungsweisen hin, mit denen Sie vielleicht unbewußt Ihren Vorgesetzten in seinem schwierigen Verhalten noch bestärkt haben.

Planungsfrage 3:
Mit welcher Kategorie von schwierigem Vorgesetzten haben Sie es zu tun?

Führen Sie sich einmal Ihre problematische Lage vor Augen, und suchen Sie nach verborgenen Ursachen, die, wenn Sie sich nur auf das konzentrieren, was Ihnen Kummer bereitet, möglicherweise nicht erkennbar sind. Gibt es Mißverständnisse in bezug auf Erwartungen oder Machtbefugnisse? Haben Sie es mit einem Fall von Verhaltensblindheit zu tun? Scheint die Kommunikation immer schlechter zu klappen? Entspricht das Verhalten Ihres Chefs teilweise oder ganz den Beschreibungen, die wir in den Kapiteln 2 bis 6 gegeben haben? (Denken Sie stets daran, daß etwa fünfunddreißig Prozent der schwierigen Vorgesetzten, denen zu begegnen Sie das Pech haben, meist zwei oder mehr der schwierigen Verhaltensweisen an den Tag legen, wenn auch nur selten gleichzeitig.)

Es ist möglich, wenn auch unwahrscheinlich, daß in der Beziehung zu Ihrem Chef sämtliche oben genannten Probleme vorhanden sind. Aber geben Sie nicht auf! Statt dessen erstellen Sie eine Liste, die von »am zutreffendsten« zu »am wenigsten zutreffend« rangiert, und arbeiten Sie sich dann von oben nach unten durch.

Planungsfrage 4: Was sind Ihre besonderen Ziele?

Hier müssen Sie sich die Frage stellen: Was soll meiner Meinung nach mein Chef häufiger, weniger häufig oder anders tun? Widerstehen Sie der Versuchung, sich bei Ihrem Chef Tugenden und positive Eigenschaften zu wünschen, die er einfach nicht hat. Überlegen Sie sich, was Sie am meisten stört oder was Ihre Arbeitsleistung am stärksten beeinträchtigt. Schätzen Sie das ehrliche Feedback Ihres Vorgesetzten, wünschen sich aber, daß er es nicht in so sarkastische – oder auf andere Art herabwürdigende – Worte kleiden würde? Wenn Sie damit rechnen könnten, daß Ihr Chef sich bei der nächsten Beförderungsmöglichkeit aktiv für Sie einsetzen würde, wäre es dann leichter für Sie, darüber hinwegzusehen, daß er ansonsten als Vorgesetzter ziemlich untauglich ist?

Vielleicht wäre es Ihnen eine kleine Hilfe, wenn Sie eine Wunschliste aus bestimmten Adjektiven erstellen würden, beispielsweise: *stärker, weniger feindselig, weniger entscheidungsschwach*. Jedoch sollte die endgültige Definition Ihrer Ziele auch solche Gesichtspunkte enthalten, die erkennen lassen, daß Sie Ihr Ziel erreicht haben. Bedenken Sie in diesem Zusammenhang, was Ihr Chef tut und wie Sie darauf reagieren, und vergleichen Sie ähnliche, jedoch nicht identische Situationen. Wenn Ihr Chef zum Beispiel die Charakteristika eines Feuerspuckers aufweist, wäre das ein Hinweis darauf, daß Sie Fortschritte gemacht haben: *Er erkennt,* *wann er kurz davor ist, an die Decke zu gehen, und erlaubt mir, sein Büro zu verlassen, bis er sich wieder beruhigt hat.* Oder: *Ich weiß jetzt besser darüber Bescheid, was meinen Chef auf die Palme bringt und wie ich die Situation entschärfen kann, bevor er explodiert.* Oder: *Sie fährt noch immer hin und wieder aus der Haut, da ich aber jetzt den Grund weiß, macht es mir nicht mehr so viel aus.**

Planungsfrage 5:
Wie sieht Ihr Handlungsplan aus?

An diesem Punkt haben Sie, so weitgehend wie möglich, festgestellt, welcher Art das schwierige Verhalten Ihres Vorgesetzten ist und welche Ursachen es hat. Ihr nächster Schritt besteht nun darin, festzulegen, welche Aktionen die besten Erfolgschancen versprechen. Lesen Sie noch einmal die Teile des Buches, die für Ihre persönliche Situation am relevantesten erscheinen. Schreiben Sie auf, was Sie zu Ihrem Chef sagen wollen, wie Sie es sagen wollen, welches der passendste Zeitpunkt und der passendste Ort sein könnten und wie Ihr Chef wahrscheinlich (nicht hoffentlich!) zunächst darauf reagieren wird. Seien Sie so genau wie möglich. Eine vage Aussage wie:

* Ich unterschätze immer wieder, wie heilsam es sein kann, schwieriges Verhalten weniger persönlich zu nehmen. Wenn ich Klienten frage: »Und – haben Sie Ihr Verhältnis verbessern können?«, fühle ich mich stets seltsam frustriert, wenn man mir fröhlich erwidert: »Ja, ganz enorm! Jetzt, da ich weiß, daß Tom so leicht aus der Fassung gerät, warte ich einfach in aller Ruhe ab, bis er sich wieder beruhigt hat.« Obwohl ich spüre, daß der fragliche Klient meine Hilfe wirklich zu schätzen weiß, bin ich dennoch enttäuscht. Ich nehme an, daß meine unausgesprochene Kritik folgendermaßen lautet: »Wie konnten Sie unsere kreativen Pläne, die wir uns so mühsam erarbeitet haben, nur so gedankenlos verwerfen?«

»Meinem Boß sagen, daß er mich nicht genug unterstützt« ist wahrscheinlich nicht besonders hilfreich. Solche allgemein gefaßten Vorsätze können dazu führen, daß Sie genau in dem Augenblick, in dem Sie sich besonders vorteilhaft darstellen wollten, mit einem trockenen Mund und einem leeren Kopf vor ihm stehen. Je nervöser Sie in einer solchen Situation erwartungsgemäß sind, desto mehr sollten Ihre Notizen einem Filmskript ähneln – einschließlich sämtlicher Regieanweisungen.

Fangen Sie bescheiden an. Wählen Sie ein paar Handlungsvarianten, mit denen Sie sich wohl fühlen und die Ihnen nicht allzu riskant erscheinen. Erst einmal einen Zeh ins kalte Wasser zu tauchen, bevor man sich kopfüber hineinstürzt, kann das Selbstvertrauen enorm stärken. Außerdem: Wenn Sie sich zunächst einmal vorsichtig an das Problem herantasten, sind die Konsequenzen nicht allzu gravierend. Wenn Ihr Chef also beispielsweise ein Kopfabreißer-Typ ist, der Sie ständig unterbricht, könnten Sie es mit einem: »Herr Braun, Sie haben mich unterbrochen« versuchen.

Überlegen Sie sich auch, welcher Ort und welche Zeit für Ihr Vorhaben am günstigsten wären. Wenn es beispielsweise darum geht, ein zwischenmenschliches Beziehungschaos zu entwirren, wäre ein Treffen am späten Nachmittag am günstigsten, da Sie so die Möglichkeit haben, auch nach Büroschluß weiterzudiskutieren. Außerdem ist die Zeit kurz vor und nach Geschäftsschluß für private Gespräche am günstigsten, weil Sie dann vor unerwünschten Unterbrechungen weitgehend sicher sind. Vielleicht gehört Ihr Chef zu den eher launischen Menschen. In dem Fall sollten Sie sämtliche Maßnahmen zu einer besseren Verständigung – außer vielleicht den gänzlich ungefährlichen – in Zeiten ergreifen, in denen er in einem emotionalen Hoch ist.

Planungsfrage 6:
Welche anderen Personen müssen Sie in Ihren Plan einbeziehen?

Manchmal werden Sie in Ihren Plan auch Kollegen, Leute aus der Personalabteilung oder sogar den Chef Ihres Chefs mit einbeziehen müssen.

Kollegen. Zusammen mit Kollegen über einen schwierigen Vorgesetzten zu schimpfen, ist ein beliebter Sport, der jedoch nicht ganz ungefährlich ist. Sich wütend über jemanden zu beschweren, mag als ein harmloses Mittel erscheinen, angestauten Emotionen Luft zu machen. Dennoch sind die meisten Experten, die sich mit der menschlichen Aggression befassen, übereinstimmend der Meinung, daß dieses Verhalten das Gefühl hilfloser Wut nur noch *verstärkt*, anstatt es abzuschwächen. Außerdem besteht die Gefahr, daß Schimpfen und Meckern Energien verbraucht, die man besser darauf verwenden sollte, aktiv etwas gegen die unangenehme Situation zu unternehmen.

Aber andererseits ist es wichtig, einige Ihrer Kollegen von Ihrem Plan in Kenntnis zu setzen. Erstens brauchen Sie sich dann nicht mehr so viele Gedanken darüber zu machen, wie Ihre Kollegen Ihr verändertes Verhalten wohl aufnehmen werden. Wenn diese nämlich wissen, warum Sie zu Ihrer Vorgesetzten sagen: »Frau Klinke, da muß ich Ihnen leider widersprechen«, geraten sie nicht in Panik. Und entsprechend werden sie auch nicht glauben, daß Sie plötzlich zum Kriecher geworden sind, nur weil Sie einer besserwisserischen Chefin ein wenig schmeicheln.

Vielleicht möchten Ihre Kollegen sich sogar an Ihrem Vorhaben beteiligen. Das kann in vielerlei Hinsicht von Vorteil sein. Wenn Sie wissen, daß Sie nicht allein dastehen, wird Ihre Selbstsicherheit wachsen, und Ihre Angst vor möglichen

Vergeltungsmaßnahmen wird abnehmen. Außerdem: Je erfolgreicher Ihre Mitarbeiter es vermeiden, das schwierige Verhalten Ihres Vorgesetzten durch die gewohnheitsmäßigen Reaktionen, die es ja eigentlich erst so befriedigend machen, zu fördern, desto eher wird dieses Verhalten eingestellt (oder, wie es in der Lernpsychologie heißt: »gelöscht«).

Und wenn einige Ihrer Kollegen mit Schritten, die Sie planen, nicht einverstanden sind, ist es besser, wenn Sie das rechtzeitig wissen, so daß Sie Ihr Vorgehen eventuell noch ändern können. Wenn Sie beispielsweise einen Super-Delegierer dazu bewegen wollen, regelmäßige Besprechungstermine festzusetzen, ist es günstig, schon im Vorfeld zu wissen, daß Kollegen, die an solchen Besprechungen nicht interessiert sind, Ihre Idee nicht boykottieren.

Mitarbeiter der Personalabteilung. Es ist meistens klug, wenigstens einen Mitarbeiter der Personalabteilung darüber zu informieren, was Sie in Zusammenhang mit Ihrem Chef planen. Bevor Sie Ihren Plan jedoch erläutern, sollten Sie sich vergewissern, daß Ihre Ausführungen vertraulich behandelt werden. Während die meisten Mitarbeiter von Personalabteilungen davon überzeugt sind, daß Diskretion für ein gegenseitiges Vertrauensverhältnis absolut notwendig ist, muß man andere immer wieder daran erinnern. Das Personalbüro gehört in der Firmenhierarchie zur Ebene des Managements; also kann es passieren, daß die Mitarbeiter dort in einen Loyalitätskonflikt geraten: Einerseits möchten sie als Berater für Angestellte in Schwierigkeiten angesehen werden, andererseits betrachten sie es aber auch als ihre Pflicht, die Chefetage auf dem laufenden zu halten. Natürlich kann es durchaus zu Ihrem Plan gehören, die Personalabteilung als sicherstes und vielleicht effektivstes Sprachrohr zu benutzen, höhere Ebenen der Firmenhierarchie über herrschende Mißstände zu informieren. Wenn das der Fall ist, dann müssen Sie das Gespräch äußerst sorgfältig vorbereiten. Bevor Sie sich überlegen, auf welche Weise Sie Ihre Bedenken vortragen wollen, sollten Sie am besten die Abschnitte des sechsten Kapitels noch einmal durcharbeiten, in denen es darum geht, unethisches Verhalten öffentlich anzuprangern.

Der Chef Ihres Chefs. Häufig ist mir von frustrierten Angestellten berichtet worden, daß die Männer und Frauen der Chefetage genau wissen, wie unmöglich sich einige der leitenden Angestellten ihrer Firma benehmen, daß sie diese Tatsache jedoch einfach ignorieren oder das schwierige Verhalten sogar noch unterstützen. Wie ich allerdings festgestellt habe, ist dies nur zu einem Teil richtig. Normalerweise sind die Führungskräfte über das schwierige Verhalten der ihnen untergebenen leitenden Angestellten im Bilde und verurteilen es auch, wissen jedoch oftmals nicht, was sie dagegen tun sollen. Möglicherweise haben sie bereits versucht, Einfluß zu nehmen (»Sie müssen mehr auf Ihre Leute hören, Frau Hammer«), oder sie haben hier und da eine versteckte Andeutung fallen lassen (»Sie leisten wirklich hervorragende Arbeit, Herr Bäcker. Aber vielleicht sollten Sie sich doch bemühen, mit Ihren Untergebenen zu einer besseren Kommunikation zu gelangen«). Nachdem sie dann angeblich alles getan haben, was sie konnten, wenden sie ihre Aufmerksamkeit wieder ihrem Arbeitsalltag zu. Nur wiederholte und entschiedene Hinweise darauf, daß das Problem noch immer nicht aus der Welt geschafft ist, können sie dazu bewegen, sich noch einmal zu bemühen.

Vielleicht werden Sie sich deshalb dazu entschließen, sich direkt an den Chef Ihres Chefs zu wenden. Wenn Sie ein einigermaßen gutes Verhältnis zu ihm haben, möchten Sie möglicherweise auch später, nachdem Sie Ihren Plan umgesetzt haben, die veränderte Situation mit ihm besprechen. Oder Ihr Chef hat sich uneinsichtig gezeigt, und Sie suchen deshalb als letzten Ausweg ein Gespräch mit seinem Vorgesetzten. Für alle Fälle möchte ich Sie auf einige Gefahren und Vorsichtsmaßnahmen hinweisen.

Seien Sie nicht überrascht, wenn der Chef Ihres Chefs zunächst voller Mißtrauen reagiert – beispielsweise mit einer oberflächlichen Freundlichkeit, die jedoch erkennen läßt, daß in Wahrheit Sie derjenige sind, der Probleme macht und Unruhe stiftet. Natürlich ist es auch möglich, daß Sie von Anfang an rückhaltlose Unterstützung bekommen, aber das ist meiner Erfahrung nach leider die Ausnahme. Dabei ist es der Firmenleitung durchaus nicht gleichgültig, wenn Angestellte schlecht behandelt werden. Das Problem ist, daß die leitenden Manager in ein quälendes Dilemma geraten – einerseits sehen sie sich gezwungen, etwas Konstruktives zu unternehmen, andererseits vermuten sie, daß alles, was sie nun in Angriff nehmen müssen, sehr zeitraubend und lästig sein wird. Der einfachste – wenn auch nicht ehrenvollste – Weg, sich aus diesem Dilemma zu befreien, besteht für den Chef Ihres Chefs darin, anzunehmen, daß in Wirklichkeit *Sie* der Störenfried sind – möglicherweise ein chronischer Nörgler oder einer von den Angestellten, die sich an ihrem Chef rächen wollen, weil sie eine schlechte Beurteilung bekommen haben. In einem solchen Fall ist es das beste, *nicht* darauf zu bestehen, daß der Chef Ihres Chefs »etwas unternehmen« soll.

Statt dessen können Sie – und das ist der spannende Teil dieser Aufgabe – den Widerstand der Chefetage verringern und gleichzeitig an Macht und Einfluß gewinnen, wenn Sie *ausdrücklich* darum bitten, sich in dieser Sache zurückzuhalten, bis Ihre eigenen Bemühungen Wirkung zeigen. Diese Herangehensweise hat zwei Vorteile – einen offensichtlichen und einen weniger klar erkennbaren. Der offensichtliche Vorteil besteht darin, daß Sie sich selbst als ehrlichen Angestellten präsentieren, der gewillt ist, seine Probleme selbst zu lösen, und dadurch den Chef Ihres Chefs von der unangenehmen Aufgabe befreit, etwas Lästiges selbst tun zu müssen. Der zweite Vorteil resultiert aus jener seltsamen Widersprüchlichkeit des menschlichen Wesens, die sich schon Tom Sawyer zunutze machte. Er verkündete nämlich, daß er die Aufgabe, den Zaun seiner Tante zu streichen, so sehr genieße, daß er nicht bereit sei, jemand anderen mitmachen zu lassen. Mit anderen Worten: Seien Sie nicht überrascht, wenn der »big Boß«, nachdem Sie ihn ausdrücklich um Zurückhaltung gebeten haben, die Sache früher in die Hand nimmt, als Sie es sich hätten träumen lassen.

Natürlich dürfen Sie auf keinen Fall den Eindruck erwecken, Sie seien ein chronischer Nörgler und hätten an allem und jedem etwas auszusetzen. Auf eine Beschwerde, die mit einem jammernden Unterton vorgebracht wird, reagiert der Adressat oftmals eher mit Abwehr als mit Unterstützung. Deshalb sollten Sie sachlich und nüchtern beschreiben, wann und wo Ihr Vorgesetzter ausfallend wurde oder welche seiner Handlungen Ihnen unfair oder rachsüchtig vorkamen. Beschreiben Sie auch vergangene Ereignisse, um zu beweisen, daß es sich hierbei keineswegs um einen Einzelfall handelt, aber vermeiden Sie es, Ihren Zuhörer mit allzu vielen Details zu verwirren. Legen Sie während dieses Gesprächs nach Möglichkeit irgendwelche sarkastisch formulierten Memos oder andere Beweisstücke vor, die Ihre Aussagen untermauern. Genauso wichtig ist es, daß Sie belegen können, was Sie bereits unternommen haben, um etwas an der

Situation zu verbessern. Sie könnten beispielsweise schildern, wann und wo Sie das Problem Ihrem Chef bereits persönlich vorgetragen haben, wie er darauf reagierte und ob sich danach an seinem Verhalten etwas geändert hat.

Auch wenn es Ihnen widerstrebt – schließlich wissen Sie ja, daß nicht Sie das Problem sind –, sollten Sie darauf vorbereitet sein, Belege für Ihre guten Leistungen und Ihr Engagement vorzulegen. Viele Manager betrachten positive Beurteilungen allerdings eher mit Skepsis, da sie nur allzu oft erlebt haben, daß diese dazu mißbraucht wurden, Angestellte zu besänftigen oder ihnen den Weg für eine Versetzung zu ebnen. Ergänzen Sie die Beurteilungen mit anderen Belegen dafür, daß Sie ein tüchtiger und wertvoller Mitarbeiter sind. Es geht darum zu zeigen, daß nicht *Sie* der Bösewicht sind und daß Sie, falls eine offizielle Untersuchung durchgeführt werden sollte, das auch beweisen können. Ein Hinweis dafür, daß man *Sie* für denjenigen hält, der die Probleme verursacht, und nicht für jemanden, der Unterstützung verdient, sind subtile Einwände von der Art: »Komisch, daß ich davon nicht schon früher etwas gehört habe«, oder »Tja, wissen Sie, Frau Schmiedel stand in letzter Zeit unter ziemlich großem Termindruck.« Sie sollten auf diese Möglichkeit vorbereitet sein, aber die Selbstzweifel, mit denen Sie Ihre Wahrnehmung in Frage stellen (»Vielleicht ist Frau Schmiedel ja wirklich nicht so schlimm«), entschieden beiseite schieben. Ebenso sollten Sie es vermeiden, Ihrer Frustration durch eine wütende Beschimpfung des Chefs Ihres Chefs Luft zu machen (»Sie stecken ja doch mit ihm unter einer Decke!«).

Seien Sie im Hinblick auf Ihre Ziele realistisch. Natürlich würden Sie am liebsten mit eigenen Augen zuschauen, wie Ihr unfähiger, inkompetenter oder gemeiner Chef in Unehren entlassen wird – schließlich wäre das das wenigste, was Sie als Entschädigung für Ihre Qualen erwarten können. Aber auf diese Lösung, nämlich die Entlassung Ihres Chefs, sollten Sie erst dann hinarbeiten, wenn alle anderen Bemühungen sich als vergeblich erwiesen haben. Beginnen Sie Ihre Beschwerde mit »Ich würde mir wünschen, daß ... «, und konzentrieren Sie sich auf Veränderungen, die es Ihnen ermöglichen würden, effektiv mehr zu leisten. Wenn Sie den Chef Ihres Chefs darum bitten, Herrn X zu ermahnen, mit seinen Untergebenen weniger »schroff« umzugehen – und das Wort »schroff« kann natürlich sehr unterschiedlich interpretiert werden –, stellen Sie ihn vor eine unlösbare Aufgabe. Es wird also wahrscheinlich überhaupt nichts geschehen, oder Herr X wird halbherzig ermahnt, er möge »seine Angestellten doch ein bißchen netter behandeln, da einige ziemlich unzufrieden sind«. Die schwierigen Chefs dieser Welt lassen sich jedoch selten von derartigen Bitten beeindrucken. Wenn Sie aber darum ersuchen, daß Frau X Sie nicht mehr länger beleidigen, Sie in Anwesenheit anderer anbrüllen oder sarkastisch herunterputzen und daß sie rechtzeitig auf Ihre Bitte um Beförderung oder Gehaltserhöhung reagieren möge, äußern Sie konkrete Wünsche nach Verhaltensänderungen, die durchgeführt und überwacht werden können. Darüber hinaus werden öffentliche Beschimpfungen, ausfallende Bemerkungen und die fehlende Unterstützung für berechtigte Wünsche von Angestellten grundsätzlich als Zeichen für mangelnde Führungsqualitäten angesehen. »Schroffes Verhalten« wird andererseits eher als fest eingeschliffener Charakterzug betrachtet – und den zu verändern wäre eine Aufgabe, der sich die meisten Manager nicht gewachsen fühlen.

Wenn es Ihnen gelingt, Ihr Anliegen sachlich vorzutragen, werden Sie die Unternehmensleitung mit Ihrer persönlichen

Reife und Ihrem Engagement für das Wohl der Firma beeindrucken. Eine solche Einschätzung Ihrer Person ist von großer Tragweite, denn nichts stellt die Position Ihres Vorgesetzten stärker in Frage, als überzeugende Berichte darüber, daß er Untergebene, die als seelisch stabil, reif und leistungsfähig angesehen werden, schlecht behandelt. Und wenn alles andere nichts gefruchtet hat, haben Sie sich dadurch eine exzellente Ausgangsposition geschaffen, um zum Chef Ihres Chefs sagen zu können: »Herrn Meyers Verhalten hat sich nicht geändert. Gibt es keine andere Möglichkeit, um mein Problem zu lösen?« Es ist immer einfacher, mit Hilfe der Firmenleitung eine günstige Versetzung in ein anderes Büro, in einen anderen Bezirk oder zu einem anderen Vorgesetzten zu erwirken, als eine solche Versetzung selbst durchboxen zu müssen, oder, was noch schlimmer ist, die Zustimmung genau des Vorgesetzten einholen zu müssen, von dem Sie sich trennen wollen.

Wenn der Chef Ihres Chefs zugibt, daß er über das Verhalten Ihres Vorgesetzten besorgt ist, jedoch nicht weiß, was er dagegen tun kann, dann versuchen Sie es mit folgenden Vorschlägen, die in Form eines hilfreichen »Winks mit dem Zaunpfahl« vorgebracht werden sollten:

- Bitten Sie den Firmenchef, eine Drei-Personen-Besprechung einzuberufen – mit Ihnen, Ihrem Chef und dem Chef Ihres Chefs –, um dabei zu erörtern, wie Sie und Ihr Chef in Zukunft effektiver zusammenarbeiten können.
- Weisen Sie darauf hin, daß Ihr Chef vielleicht weniger defensiv reagieren wird, wenn man sein schwieriges Verhalten als »Übertreibung von etwas im Grunde Positivem« darstellt: »Wir haben Sie zur Managerin gemacht, Frau Steinhauer, weil Sie in geschäftlichen Dingen knallhart sein

können. Vielleicht übertreiben Sie aber diese grundsätzlich gute Charaktereigenschaft im Umgang mit Ihrem Personal ein wenig?«

- Schlagen Sie vor, daß der Chef Ihres Chefs mit einem Firmenberater zusammenarbeiten sollte, der Ratschläge zum Umgang mit problematischen Vorgesetzten geben kann. Häufig kann die Personalabteilung einen bestimmten Berater empfehlen.

Weisen Sie darauf hin, daß Sie die Sache weiterverfolgen werden. Der Chef Ihres schwierigen Vorgesetzten hofft natürlich – wenn auch unrealistischerweise –, daß er nie wieder etwas von Ihnen hören wird. Wenn Sie ihm diese Hoffnung nicht erfüllen, veranlassen Sie ihn, aktive Schritte einzuleiten, um den Mißstand zu beheben, auch wenn er die – meist völlig korrekte – Annahme hegt, daß das, was ihm bevorsteht, recht unangenehm werden dürfte. Meist genügt schon der Vorschlag, ihm in etwa einem Monat über die Situation Bericht zu erstatten. Ihre Bitte um ein weiteres Treffen, bei dem Sie ihm den Stand der Dinge erläutern, sollte nicht bedrohlich wirken. Das Ziel eines solchen Treffens sollte vielmehr sein, daß zwei Menschen, die daran interessiert sind, das gleiche Problem zu lösen, ihre Gedanken austauschen können. Erinnern Sie ihn daran, daß ein erneutes Treffen mit Ihnen einem wichtigen Zweck dient. Ohne einen Mechanismus, mit Hilfe dessen überprüft werden kann, wie wirkungsvoll die bisher angewandten Maßnahmen waren, wird der Chef Ihres Chefs wahrscheinlich irrtümlich annehmen, daß das, was er unternommen hat, ausreichte, um das Problem zu lösen. Versuchen Sie, ihm klarzumachen, daß es Ihnen leichter fällt, objektiv zu bleiben, wenn Sie eine Art »emotionales Überdruckventil« – nämlich das Gespräch mit ihm – zur Verfügung haben. Dadurch, so erklären Sie ihm, wird sich die Gefahr, daß Ihnen in aller Öffentlichkeit der Kragen platzt, daß sich irgendwelche gravierenden Arbeitsstreitigkeiten entwickeln oder sogar möglicherweise rechtliche Schritte eingeleitet werden müssen, erheblich vermindern.

Sie sollten bereits vorher entscheiden, ob Sie ihn darum bitten wollen, Ihr Gespräch vertraulich zu behandeln. Vielleicht haben Sie Angst vor möglichen Vergeltungsmaßnahmen, oder Sie möchten eine unangenehme Konfrontation vermeiden. Aber auch wenn man Ihnen Vertraulichkeit zugesichert hat, kann es geschehen, daß Ihr Name irgendwann erwähnt wird. Der Chef Ihres Chefs mag zwar *die Absicht* haben, Ihren Namen aus zukünftigen Diskussionen herauszuhalten, vielleicht rutscht er ihm aber dennoch heraus, oder er wird von Ihrem Vorgesetzten so lange bearbeitet, bis er ihn endlich preisgibt.

Überlegen Sie sich, wie Sie reagieren wollen, falls das geschieht und Ihr Chef Sie zur Rechenschaft zieht. Die beste Reaktion könnte das ehrliche Eingeständnis sein: »Ich habe versucht, mit Ihnen darüber zu reden, aber Sie schienen mir nicht zuzuhören.« Schlagen Sie anschließend vor, daß Sie beide sich einmal mit dem Chef Ihres Chefs zusammensetzen, um einen Handlungsplan auszuarbeiten. Auch wenn Ihr Chef aggressiv wird und Ihnen erklärt, daß Sie die Behandlung, die Ihnen in der Vergangenheit zuteil wurde, durchaus verdient hätten, bleiben Sie sachlich und zeigen Sie, daß es Ihnen darum geht, das Problem aus der Welt zu schaffen. Sie könnten beispielsweise sagen: »Frau Schmidt, können wir das nicht alles einfach vergessen? Sagen Sie mir doch einmal ganz genau, was Sie von mir erwarten und nach welchen Maßstäben Sie meine Leistungen beurteilen. Ich bin wirklich bereit, mein Bestes zu tun, um Ihren Anforderungen gerecht zu werden. Im Gegenzug erwarte ich jedoch, daß Sie mich mit der Höflichkeit behandeln, die jedem zusteht. Beispielsweise würde ich es sehr begrüßen, wenn Sie keine sarkastischen Bemerkungen mehr machen würden, wenn ich mal einen Fehler gemacht habe.« Wenn Sie sich erneut mit dem Chef Ihres Chefs treffen, achten Sie darauf, daß Sie ihm über alle Fortschritte berichten, die es in der Beziehung zu Ihrem Chef gegeben hat. Vermeiden Sie es, den Eindruck zu erwecken, daß Sie jemand wären, der nun in die Rolle eines Richters oder Lehrers geschlüpft ist. Es würde lediglich herablassend wirken – immerhin geht es um Ihren Vorgesetzten, und es steht Ihnen nicht zu, über ihn zu richten. Halten Sie sich statt dessen auch weiterhin an problemorientierte Formulierungen wie beispielsweise: »Mich interessiert, was in Zukunft geschehen wird, und selbstverständlich werde ich Frau Schwarzkopf über alle Veränderungen informieren, die sich bei unserer Zusammenarbeit ergeben haben.«

Planungsfrage 7:
Wie wollen Sie das Funktionieren Ihres Planes überprüfen?

Ein charakteristisches Merkmal von Plänen ist, daß man sie gelegentlich ändern muß. Wenn bei diesen Plänen jedoch Menschen eine Rolle spielen, dann ist das sogar *immer* der Fall. Daher ist es unbedingt notwendig, daß Sie ständig überprüfen, ob Ihr Plan auch funktioniert. Um das Funktionieren Ihres Plans überwachen zu können, müssen Sie sich beispielsweise folgende Fragen stellen:

- Tue ich wirklich das, was in meinem Plan vorgesehen ist?
- Habe ich meinen Chef vielleicht in die falsche Kategorie

der schwierigen Vorgesetzten eingeordnet? Habe ich möglicherweise einen ständig schikanierenden Kopfabreißer mit einem Feuerspucker verwechselt, der nur dann explodiert, wenn ich meine Termine nicht einhalte?

- Habe ich bereits irgendwelche Erfolge verzeichnen können? Welche Methoden scheinen gut zu funktionieren und welche nicht?
- In welcher Weise sollte ich – unter Berücksichtigung dessen, wie mein Chef auf meine ersten Bemühungen reagiert hat – meinen Plan abändern?
- Wie geht es mir persönlich? Stehe ich der Situation mehr oder weniger hilflos gegenüber?
- Wäre es vielleicht hilfreich für mich, einen Berater aufzusuchen oder an einem Trainingsprogramm teilzunehmen, beispielsweise zum Thema »Kommunikation und Selbstbewußtsein«?

Die Beantwortung dieser Fragen wird Ihnen dabei helfen, Ihren Plan den sich verändernden Bedingungen anzupassen. Darüber hinaus werden Ihnen die gewonnenen Erkenntnisse helfen, objektiv zu bleiben, und Ihnen das Gefühl vermitteln, daß Sie aktiv etwas unternehmen und nicht mehr länger nur ein passives Opfer sind.

Wenn Ihre Bemühungen sich auszuzahlen beginnen – wenn Ihr Chef also tatsächlich Ihren Wunsch nach einer Gehaltserhöhung, einer Beförderung oder einer Erweiterung Ihres Aufgabengebietes unterstützt –, fühlen Sie sich vielleicht erleichtert und sind glücklich darüber, daß Sie es nun überstanden haben. Dennoch ist es gewöhnlich unklug, bereits jetzt in Ihren Bemühungen nachzulassen. Während einige Verbesserungen sich wie selbstverständlich einstellen, sind andere im wesentlichen das Ergebnis Ihrer hartnäckigen und aktiven Bemühungen. Wenn Sie also in diesen Bemühungen zu früh nachlassen, kann es geschehen, daß dieselben inneren Kräfte, die das schwierige Verhalten zunächst verursacht haben, es erneut an die Oberfläche bringen. Sie können solche Rückfälle vermeiden, indem Sie in periodischen Abständen wieder auf Ihre wohlerprobten Techniken zurückgreifen (»Herr Herrmann, Sie unterbrechen mich«) und indem Sie Ihren Chef für seinen Beitrag zur Verbesserung Ihrer Beziehung loben (»Sie sind noch immer ein ganz schön harter Brocken, Herr Herrmann, aber seit wir regelmäßig unsere Gespräche unter vier Augen führen, macht es mir viel mehr Spaß, mit Ihnen zusammenzuarbeiten«).

Überprüfen Sie Ihren Plan zusammen mit einem wohlwollenden Berater.

Es ist oftmals sehr hilfreich, seinen Plan mit einem Freund oder Berater durchzusprechen. Indem Sie sich selbst einmal laut aussprechen hören, in welcher Form Sie vorzugehen gedenken, werden Sie zumindest einen besseren Überblick gewinnen. Am besten wäre es, wenn Sie jemanden fänden, der als eine Art Trainer fungiert. Er könnte Ihnen Fragen stellen, Verbesserungen oder Vorsichtsmaßnahmen vorschlagen und ein Rollenspiel mit Ihnen spielen. Wollen Sie zuviel auf einmal? Klingen Ihre schriftlich fixierten Feststellungen eher wie eine wütende Denunziation als wie ein sachliches Feedback? Oder sind sie so vage, daß sie Ihren ohnehin schon viel zu zurückhaltenden Chef eher ängstigen als ihn aufbauen?

Professionelle Berater werden dieser Aufgabe meist sehr gut gerecht, besonders wenn sie schon einige Erfahrungen als Unternehmensberater sammeln konnten. Ohne solche praktischen Kenntnisse der Beziehungen zwischen Vorgesetzten und Untergebenen kann es vorkommen, daß ein Berater in bester Absicht den Schwerpunkt der Beratungstätigkeit auf die Frage verlegt, warum das Verhalten Ihres Vorgesetzten Sie so sehr stört. Zwar ist das ein durchaus wichtiger Diskussionspunkt für eine Beratung, aber er ist kein Ersatz für aktive Schritte, mittels derer das schwierige Verhalten Ihrer Vorgesetzten positiv verändert werden kann.

Gute Freunde können sich ebenfalls als hilfreiche Trainer erweisen, sofern sie bereit sind, Ihnen gegenüber ehrlich zu sein, und Ihnen nicht einfach nur bestätigen, daß Ihr Chef ein schrecklicher Mensch sei, um Ihnen dann irgendwelche Schauergeschichten aus eigener Erfahrung zu erzählen. Auch wenn Gespräche nach dem Motto »alle Chefs sind Schweine« durchaus lustig und momentan entlastend sein können, werden sie Ihnen bei Ihrem Versuch, einen gut durchdachten Plan zu entwickeln, nicht besonders weiterhelfen.

Strategien für den Umgang mit schwierigen Vorgesetzten sind eine großartige Idee, aber sie sind nicht leicht durchzuführen.

Wenn Sie so veranlagt sind wie die meisten Menschen, wird schon allein der Gedanke daran, sich mit einem schwierigen Vorgesetzten auseinandersezten zu müssen, Sie in Angst und Schrecken versetzen. Zwar möchten Sie gerne produktiver und streßfreier arbeiten, aber Sie sind sich nicht sicher, ob Sie für diese Vorteile die möglichen Schwierigkeiten, die sich ergeben könnten, in Kauf nehmen wollen. Ihr Zögern, diese Aufgabe in Angriff zu nehmen – und glauben Sie mir, Sie sind nicht der einzige, der vor einer solchen Hürde zurückschreckt –, ist normalerweise durch einen der folgenden drei Faktoren begründet: die Angst, alles nur noch schlimmer zu machen, der Verdacht, *Sie selbst* könnten das Problem sein, und die heimliche Vermutung, daß sich der ganze Aufwand gar nicht lohne, da Ihr Chef ja im Grunde gar nicht so schlimm sei. Der beste Weg, diese letzten Hüter des Status quo zu besiegen, besteht eindeutig darin, sie zu erkennen und sie dadurch auf eine handhabbare Größe schrumpfen zu lassen. Hier einige Gedanken zum Sinn und Unsinn jeder dieser Bedenken.

Die Angst davor, alles nur noch schlimmer zu machen

Vorgesetzte haben die Macht, Ihnen die Freude an Ihrer Arbeit zu vergällen. Sie können Gehaltserhöhungen zurückhalten, anderen die interessanten Aufgaben übertragen und Ihnen die unangenehmen Jobs aufhalsen, sie können Ihre Beförderung ewig hinauszögern und Sie auf hunderterlei andere Arten schikanieren. In Anbetracht dieser Tatsachen ist es kaum verwunderlich, daß viele Menschen sich lieber mit dem schwierigen Verhalten ihres Vorgesetzten abfinden, als eine rachsüchtige Gegenattacke zu riskieren. Meiner Erfahrung nach haben wohlüberlegte Schritte zur Verbesserung der Beziehung zu einem schwierigen Chef jedoch nur in den seltensten Fällen negative Konsequenzen. Dafür gibt es mehrere Gründe.

Ihre Macht ist beschränkt. Zum einen schätzen die meisten Menschen den Einfluß und die Macht ihrer Vorgesetzten viel höher ein, als diese selbst es tun würden. Außer vielleicht in kleinen Familienbetrieben, in denen der Besitzer auch gleichzeitig der Chef ist, dürfen Entscheidungen über Einstellung oder Entlassung von Mitarbeitern sowie über Gehaltsfragen nicht ohne vorherige Zustimmung der Firmenleitung oder der Personalabteilung getroffen werden. Obwohl Vorgesetzte mit Kopfabreißer-Tendenzen auf eine Bedrohung ihrer Machtposition bisweilen äußerst aggresiv reagieren, sind ihre Möglichkeiten, einen Angestellten zu feuern oder beruflich zu benachteiligen, nur weil der es gewagt hat, sich gegen das unmögliche Verhalten seines Vorgesetzten zu wehren, äußerst begrenzt. »Ich will, daß Frau Schulze geht, denn sie hat es sich nicht gefallen lassen, daß ich sie beleidigt habe«, wird als Kündigungsgrund wohl kaum große Unterstützung finden. Natürlich gibt es hinterhältige Mittel, um jemanden zu bestrafen, und diese werden von hinterhältigen Menschen manchmal auch angewandt. Es ist also ratsam, genau zu planen, wie Sie vorgehen wollen, und, während Sie Schritt für Schritt vorangehen, ständig das Terrain zu sondieren. Als weitere Sicherheitsmaßnahme bietet es sich an, Ihre Position mit Hilfe bestimmter Dokumente und Beweismaterialien zu stärken, wie ich es zu Anfang von Kapitel 6 beschrieben habe, damit Sie nötigenfalls auf die rechtlichen und betriebsrechtlichen Möglichkeiten, die Ihnen zur Verfügung stehen, zurückgreifen können.

Die Techniken für den besseren Umgang mit Vorgesetzten sind nicht provokativ. Die beschriebenen Techniken haben sich deshalb als so effektiv erwiesen, weil sie die negativen Wirkungen schwierigen Verhaltens auf nicht provokative Weise abschwächen. Daran sollten Sie sich stets erinnern, wenn Ihnen Bedenken kommen.

Die »Schlimmstenfalls-Analyse«. Und schließlich ist es immer günstig, sich gegen die Furcht vor unangenehmen Racheakten zu wappnen, indem man eine »Schlimmstenfalls-

Analyse« vornimmt. Es geht darum, sich eine Reihe von extrem düsteren Szenarien auszumalen und das Problem dadurch in die richtige Perspektive zu rücken. Die Vorgehensweise ist ganz einfach.

Nehmen wir beispielsweise einmal an, daß Sie sich für die: »Herr Metzger, ich bin da nicht ganz mit Ihnen einer Meinung, aber erzählen Sie mir bitte mehr darüber« -Technik bei einem einschüchternden Vorgesetzten entschieden haben. Sie beginnen also Ihre Schlimmstenfalls-Analyse mit der Frage: Was kann schlimmstenfalls geschehen? – Herr Metzger könnte furchtbar wütend werden und mich anbrüllen, ist möglicherweise eine recht realistische Einschätzung seiner Reaktion. Was würde ich dann tun? – Ich wäre wahrscheinlich vor Schreck wie gelähmt. Was würde dann passieren? – Herr Metzger würde, wenn ich ihn nicht weiter provoziere, sich nach einer Weile wieder beruhigen, und ich wäre dann auch nicht schlimmer dran als zuvor, wäre eine realistische Vermutung. Im übrigen stellten meine Klienten, nachdem ich mit ihnen eine Reihe solcher unangenehmen Konsequenzen durchgespielt hatte, ausnahmslos fest, daß sie gar nicht so ängstlich waren, wie sie eigentlich gedacht hatten, selbst dann, wenn sie aufgrund ihrer eigenen Erfahrungen oder der Erfahrungen anderer, die wirklich schlecht behandelt worden waren, vom schlimmsten Fall ausgingen: daß ihr Vorgesetzter sie feuern würde. Dem Schema der Schlimmstenfalls-Analyse folgend würde ich dann fragen: »Und was würde dann geschehen?« Die Antwort, die ich darauf dann oftmals erhielt, war: »Ich würde erleichtert aufseufzen und mir einen neuen Job suchen.« Nach einem solchen Gespräch waren meine Klienten dann bereit, die ersten Schritte zur Verbesserung ihrer Situation zu unternehmen. Manchmal sah es so aus, als wäre es ihnen aufgrund ihrer persönlichen

Lebensumstände unmöglich, sich einen neuen Job zu suchen. Selbst in einem solchen Fall stehen immer noch eine Reihe von Optionen offen, beispielsweise dadurch, daß man ganz klar zwischen *unmöglich* und *mit Nachteilen verbunden* unterscheidet. Ein Wechsel, der eine weniger prestigeträchtige Stellung oder ein geringeres Gehalt nach sich zieht, kann, wenn das groteske Verhalten Ihres Vorgesetzten Sie ständig wütend oder depressiv macht, letztlich die bessere Alternative sein.

Was ist, wenn auch ich ein schwieriger Mensch bin?

Irgendwann hat Ihnen ein Freund, ein Kollege oder ein Familienmitglied bestimmt schon einmal gesagt, daß Sie ihm ziemlich auf die Nerven gehen, ihn wütend machen oder schwer zu verstehen sind. Und in selbstkritischen Momenten mußten Sie sich möglicherweise eingestehen, daß Sie hin und wieder wirklich ein wenig schwierig sind. Zwar ist eine solche Selbstkritik durchaus lobenswert, aber das Eingeständnis, daß Sie sich gelegentlich zu leicht aufregen, bedeutet durchaus nicht, daß die Wutanfälle Ihres Chefs als akzeptables Verhalten zu werten sind. Zunächst einmal ist es schließlich *seine Aufgabe*, Ihnen zu helfen, optimale Leistungen zu erbringen. Um es noch deutlicher zu sagen: Die Macht, die er in seiner Führungsposition innehat, wurde ihm unter der Bedingung übertragen, daß er verantwortungsvoll genug ist, sie fair und umsichtig zu nutzen. Ich will damit nicht sagen, daß nicht auch Sie an sich arbeiten sollten. Es kann durchaus sein, daß Sie Ihren Chef unabsichtlich provozieren und ihn so dazu bringen, Ihnen seine schlimmste Seite zu zeigen. Gestehen Sie sich ein, daß auch Sie ein wenig schwierig sein können; das ist schon einmal der erste Schritt, um das eigene schwierige Verhalten in den Griff zu bekommen. Aber ob Sie nun beabsichtigen, an sich selbst zu arbeiten oder nicht – Sie haben ein Recht, alles zu tun, was in Ihrer Macht steht, um das schwierige Verhalten Ihres Vorgesetzten auf ein Minimum zu beschränken.

Ist es überhaupt der Mühe wert?

In Anbetracht all der Anstrengung, derer es bedarf, um eine bessere Beziehung zu Ihrem Chef herzustellen, kann es Ihnen verlockender erscheinen, sich einfach mit seinem schwierigen Verhalten abzufinden. Schließlich, so reden Sie sich möglicherweise ein, ist er nicht immer so unerträglich. Am Ende hat jeder seine kleinen Schwächen, und ich habe schon von Vorgesetzten gehört, die bei weitem unangenehmer sind als meiner. Soll ich wirklich so viele Schwierigkeiten auf mich nehmen, um eine Situation zu verbessern, die gar nicht so unerträglich ist?

Gewiß sind nicht alle schwierigen Vorgesetzten gleichermaßen unangenehm. Beispielsweise gibt es manche einschüchternden Vorgesetzten, die ihre Untergebenen nur sporadisch tyrannisieren – sie sind schrecklich, solange sie auf dem Kriegspfad sind, jedoch erträglich, wenn das nicht der Fall ist. Unter diesem Aspekt kann es sinnvoll erscheinen, die Bedeutung von Strategien und aktiven Schritten zur Verbesserung der Beziehung herunterzuspielen und sich seine Kraft lieber für andere Kämpfe an anderen Orten aufzusparen. Einer meiner Klienten drückte es so aus: »Dr. Bramson, Sie wollen offenbar, daß ich mir neben meinem normalen Job noch eine weitere Belastung aufhalse – wer kann das schon gebrauchen?«

Bevor Sie jedoch endgültig beschließen, daß Ihr Chef nicht unangenehm genug ist, um sich mit dem Problem auseinanderzusetzen, schlage ich vor, die folgenden Kriterien zu prüfen. Meiner Meinung nach beschreiben sie das Minimum dessen, was jeder Arbeitnehmer von seinem Vorgesetzten erwarten kann.

Vorgesetzte, die *nicht* schwierig sind, werden:

- Sie höflich behandeln und sarkastische oder beleidigende Bemerkungen unterlassen.
- so verfahren, wie sie es angekündigt haben. Wenn sie zum Beispiel zu Ihnen sagen: »Ich schätze Ihre Beiträge und werde Ihre Meinung einholen, bevor ich eine Entscheidung treffe«, dann werden sie Sie gegebenenfalls tatsächlich um Ihre Meinung bitten. (Bedenken Sie dabei jedoch, daß man einen Ratschlag nicht unbedingt auch befolgen muß. Ihr Chef mag durchaus triftige Gründe haben, das in dem einen oder anderen Fall *nicht* zu tun.)
- die ihnen übertragene Macht dazu verwenden, Firmenziele zu erreichen und nicht, sich das eigene Nest auszupolstern. (Das bedeutet jedoch nicht, daß sie nicht auch persönlich davon profitieren können, wenn sie bestimmte unternehmerische Ziele erreichen.)
- die Bedürfnisse und Wünsche ihrer Untergebenen an höhere Stellen weiterleiten, selbst dann, wenn sie dadurch selbst ein gewisses Risiko eingehen müssen.

Je weniger Ihr Chef diesen durchaus vernünftigen Erwartungen gerecht wird, desto größer ist Ihr Recht – ja, vielleicht sogar Ihre Pflicht sich selbst gegenüber –, aktiv zu versuchen, eine vernünftigere und angenehmere Zusammenarbeit mit ihm zu erreichen. Der für Sie sinnvollste Weg mag weniger davon abhängen, wie schwierig Ihr Chef ist, als davon, wie wichtig Ihnen Ihre Arbeit ist. Wenn Ihre Arbeit ein wesentlicher Stützpfeiler Ihres Selbstwertgefühls ist, dann dürfen Sie es nicht zulassen, daß ein auch nur halbwegs schlechter Vorgesetzter es untergräbt.

Was ist, wenn es nicht funktioniert?

Angenommen, selbst Ihre besten Strategien haben scheinbar keinen Erfolg. Das ständige Tyrannisieren läßt nicht nach, Ihr Ausrede-Weltmeister läßt Sie noch immer im Stich, Ihre besten Entscheidungen werden noch immer im nachhinein kritisiert, und der Chef Ihres Chefs ist nicht in der Lage oder nicht bereit, Ihnen zu helfen. Was dann? Auf diese Frage gibt es keine allgemeingültige Antwort. Bevor Sie jedoch eine Entscheidung treffen, sollten Sie folgende Punkte in Betracht ziehen:

- Waren Ihre Bemühungen, zu Ihrem schwierigen Vorgesetzten ein besseres Verhältnis herzustellen, wirklich so ausdauernd, so gut geplant und so geschickt, wie sie hätten sein können?
- Ist die Sache tatsächlich soviel Energie und Aufmerksamkeit wert?
- Wie schwierig wäre es für Sie, sich aus dem Einflußbereich dieser Person zu entfernen, ohne gleich zu kündigen? Können Sie beispielsweise um eine Versetzung in eine andere Abteilung oder eine andere Filiale bitten? Inwieweit wäre eine Versetzung auf einen weniger gut bezahlten Posten einer ständig frustrierenden Arbeitssituation vorzuziehen?

- Was sind die Kosten für Sie, wenn Sie weiterhin für einen Vorgesetzten arbeiten, dessen Verhalten Sie fortwährend unzufrieden und unglücklich macht? Betrachten Sie die Kosten vor allem unter dem Gesichtspunkt, wie stark Sie unter der krankmachenden Kombination aus Frustration, Wut und Hilflosigkeit leiden. Wenn Sie sich solchen Gefühlen nämlich über längere Zeit aussetzen, dann gefährden Sie Ihre Gesundheit.
- Wie günstig ist zur Zeit der Stellenmarkt? Werden in Ihrer Branche genügend Stellen angeboten, so daß eine Kündigung eine bessere Alternative wäre, als fortgesetzte Bemühungen um eine Verbesserung der Arbeitssituation?

Ich habe diese Fragen schon einer Reihe von äußerst aufgebrachten und frustrierten Klienten gestellt und wurde dann oftmals von einer unerwarteten Wendung der Dinge überrascht. Sie hatten bereits lange unter dem schwierigen Verhalten Ihres Vorgesetzten zu leiden gehabt; sie waren es müde, sich immer wieder um eine Verbesserung der Beziehung zu ihm zu bemühen, und – wie der eine oder andere mir gegenüber zugab – sie hatten es satt, sich von mir irgendwelche klugen Ratschläge anzuhören. Ihnen blieb, so meinten sie, keine andere Möglichkeit, als sich so schnell wie möglich von uns beiden zu trennen. Nachdem sie sich zu dieser Entscheidung durchgerungen und also nicht mehr viel zu verlieren hatten, bemühten sie sich dennoch noch ein letztes Mal, ihre Situation zu verbessern, diesmal jedoch mit soviel Energie und Selbstsicherheit, daß es tatsächlich funktionierte. Schwierige Chefs wurden zumindest erträglich – in manchen Fällen sogar großartig –, und das Gefühl ihrer eigenen Tüchtigkeit baute diese Klienten unglaublich auf.
Das Nachdenken darüber, wie man das Verhältnis zu einem schwierigen Vorgesetzten verbessern kann, hat immer etwas

Beunruhigendes, und die Schritte auf dem Weg dorthin sind oftmals beängstigend. Dennoch hat alles, was ich erlebt habe, mich zu der Überzeugung gebracht, daß es durchaus Grund für Optimismus gibt. Mit Hilfe der Strategien, die ich in diesem Buch beschrieben habe, ist es vielen meiner Klienten gelungen, das Verhältnis zu ihren schwierigen Vorgesetzten zu verbessern und wieder Freude an ihrer Arbeit zu finden. Und was meine Klienten konnten, das können Sie auch!

Literaturverzeichnis

Bandura Albert: Social Foundations of Thought and Action. Prentice Hall 1986.

Bramson, Robert: Schwierige Leute und wie man am besten mit ihnen umgeht.

Bramson, Robert: Coping With the Fast Track Blues. New York, 1990.

Burley-Allen, Madelyn: Managing Assertively: How to Improve Your People Skills, New York 1983.

Ellis, Albert: A Guide To Rational Living. Hollywood 1975.

Fisher, R. und W. Ury: Getting to Yes, Boston 1981.

Fromm, Erich: Psychoanalyse und Ethik, Stuttgart 1954.

Frost, P., V. Mitchell und W. Nord: Organizational Reality Reports from the Firing Line. 3rd ed. Glenview, Ill. 1986.

Grothe, M. und P. Wylie: Problem Bosses – Who They Are and How to Deal with Them, New York 1982.

Harrison, A. und R. Bramson: The Art of Thinking, New York 1982.

Kelly, George: Die Psychologie der persönlichen Konstrukte, Paderborn 1986.

Kets de Vries, Manfred und Danny Miller: The Neurotic Organization, San Francisoco 1984.

Lombardo, Michael und Margan McCall: »Coping With an Intolerable Boss«, Center for Creative Leadership Special Report, January 1984.

McDonald, D.: »How to Tell Your Boss He Is Wrong«, Management Solutions, December 1988.

Monat, Allen und Richard Lazarus: eds. Stress and Coping, New York 1985.

Morrisey, George: Getting Your Act Together, New York 1980.

Plas, Jeanne und Kathleen Hoover-Dempsey: Working Up a Storm, New York 1988.
Schaef, Anne: Co-Abhängigkeit, München 1992.
Schaef, Anne und Fasel, Diane: Suchtsystem Arbeitsplatz, München 1994.
Tavris, C.: Wut, München 1995.
Weisinger, H.: The Critical Edge, New York 1989.